广西高校人文社会科学重点研

新时代 京族
文化传承与发展

—— 2018年防城港市"京族文化传承
与发展"研讨会论文集

吴小玲　林世勇　许大俭　主编

世界图书出版公司
广州·上海·西安·北京

图书在版编目（CIP）数据

新时代京族文化传承与发展：2018年防城港市"京族文化传承与发展"研讨会论文集 / 吴小玲，林世勇，许大俭主编 . — 广州：世界图书出版广东有限公司， 2019.3（2025.1重印）

ISBN 978-7-5192-5834-4

Ⅰ.①新… Ⅱ.①吴… ②林… ③许… Ⅲ.①京族—民族文化—中国—文集 Ⅳ.① K288.2

中国版本图书馆 CIP 数据核字 (2019) 第 004791 号

书　　名	新时代京族文化传承与发展——2018 年防城港市"京族文化传承与发展"研讨会论文集
	XINSHIDAI JINGZU WENHUA CHUANCHENG YU FAZHAN——2018 NiAN FANGCHENGGANG SHI "JINGZU WENHUA CHUANCHENG YU FAZHAN" YANTAOHUI LUNWENJI
主　　编	吴小玲　林世勇　许大俭
责任编辑	程　静
装帧设计	米非米
责任技编	刘上锦
出版发行	世界图书出版广东有限公司
地　　址	广州市新港西路大江冲 25 号
邮　　编	510300
电　　话	020-84451969　84453623　84184026　84459579
网　　址	http：//www.gdst.com.cn
邮　　箱	wpc_gdst@163.com
经　　销	各地新华书店
印　　刷	悦读天下（山东）印务有限公司
开　　本	787mm×1092mm　1/16
印　　张	18.25
字　　数	329 千字
版　　次	2019 年 3 月第 1 版　　2025 年 1 月第 2 次印刷
国际书号	ISBN 978-7-5192-5834-4
定　　价	88.00 元

序

　　京族是我国民族大家庭中唯一的既沿边又临海、以海洋捕捞为主的民族，京族主要聚居在广西防城港市东兴市江平镇的氵万尾、巫头、山心三个小岛上，部分分布在江平镇的谭吉、红坎、恒望、寨头、互村、米漏、三德等村及东兴市区、钦州市区内。据 2010 年第六次全国人口普查统计，京族人口为 2.8199 万人，其中广西有 2.33 万人。

　　京族文化是我国海洋文化的典型代表。京族人民一直以渔业生产为主要的生产活动，在长期与海洋博弈中，铸就了京族人民独特的海洋文化，具体表现在民族宗教、信仰、风俗习惯、道德情操、学术思想、文学艺术、制度等方面。贯穿京族文化的是无处不在的海洋性。

　　京族文化具有独特的民族性，明显区别于我国的其他 55 个民族。京族以海为生，与海相伴，形成了独特、丰富多彩的传统风俗，体现在节庆、建筑、服饰、饮食、生活习俗、民间艺术等方面。独弦琴、哈歌、竹竿舞被誉为京族文化的三颗"珍珠"。集各种传统仪式于一身的哈节是京族最隆重、最热闹的民族传统节日。

　　京族文化承载着丰富的历史文化内涵，是中国民族文化宝藏中最富有特色的内容。在长期的历史发展中，京族人民创造了独特、丰富多彩的民族文化，体现了边疆文化与内陆文化、大陆文化与海洋文化交融结合的特点。研究和探讨京族文化的传承和发展问题，实质上就是发掘京族文化的传承和发展的脉络关系，探讨京族文化的精神及其文化精髓。

　　党的十九大报告明确指出："中国特色社会主义进入新时代，我国社会主要矛盾已经转化为人民日益增长的美好生活需要和不平衡不充分的发展之间的矛盾。"报告强调文化建设的重要性，深刻指出："文化是一个国家、一个民族的灵魂。文化兴国运兴，文化强民族强。"在中国特色社会主义进入新时代的新形势下，京族文化如何建设、如何传承，这是每一个京族同胞必须考虑的重大问题，也是社会科学研究的重大课题。为此，北部湾大学（原钦州学院）海洋文化研究中心联合防城港市京族文化研究学会于 2018 年 10 月 18—20 日在东兴市京族三岛举办了"新时代京族文化传承与发展研讨会"。会议收到了来自厦门大学、中央民族大学、广西师范大学、广西民族大学等多所高校的专家、学者及防城港市、钦州市等市社科部门的学者所写的论文 36 篇。论文围绕"新时代京族文化传承与发展"这一主题，集中探讨新时代京族传统文化传承发展的目标、任务与策略；京族传统文化传承发展的现状、面临的挑战与机遇；京族文化传承与防城港市社会发展的关系；文化自信与新时代京族文化传承和发展；如何实现新时代京族文化的创造性转换创新性发展；新时代环北部湾京族文化发展图景展望；京族民间跨境交流传统文化与中越民相亲；跨境民族的乡土植根与国家认同、京族文化与其他民族文化发展的关系；京族文化典籍的收集、整理与研究；京族传统美德、传统民间信仰、传统服饰、文学艺术、文化网络传播、在传统社会组织、乡村振兴与现代京族文化旅游建设、京族海洋特色小镇建设；广西对越民间外交在"一带一路"倡议中的地位和作用等问题。这是近年来召开的京族文化研讨会中，人数最多、规模最大的一次，不仅实现了京族本土文化研究者与学术界的对话、宣传和扩大了京族文化研究品牌效应，也是北部湾海洋文化研究中心主动服务地方经济社会发展、充当地方智库的体现。为了及时地把会议的相关成果进行转化，以更好地服务地方社会，特编撰本论文集出版。

由于研究水平的有限和时间上的仓促，本次会议所研讨的主题还不够深入，研究论文部分还较为粗糙，研究水平有些还停留在资料收集的层次。我们也希望能在今后的研究中得到加强，同时也希望行家们能够提出宝贵的意见。

是为序！

编者

目　录

1

新时代京族传统文化
传承发展的目标、任务与策略

林世勇

一、新时代京族传统文化传承发展的目标

（一）背景

改革开放 40 年来，尤其进入新世纪以来，京族传统文化传承发展，无论是硬件建设还是软件建设都取得了令人瞩目的成就。具体表现如下：以潕尾金滩、巫头万鹤山湿地公园为核心的京岛风景名胜区成为 4A 级旅游区，每年吸引了近百万游客来旅游观光；京族传统节日——哈节近年来采用"民间举办，政府引导"的运作模式，既隆重热闹又神秘古朴，成为京族文化的一张熠熠生辉的名片；京族三岛的巫头、山心、潕尾及红坎等村的哈亭与众多庙宇等都进行了修缮或扩建、重建，京族同胞民间宗教活动有了个好去处；京族博物馆、京族文化广场、潕尾海边文艺舞台等公共文化场所的兴建并投入使用，发挥了应有的作用；东兴市京族字喃传承研究中心、防城港市京族文化研究学会及京族文化研讨会等京族文化研究机构、团队与学术交流平台相继成立，京族文化的学术研究与交流正常开展并取得丰硕的成果；"哈妹组合"、京族独弦琴天籁艺术团、京族业余文艺表演队等文艺演出团队，登上各级各类演出舞台，不但展示了独具特色的京族风情，还为京族赢得了声誉；东兴市京族学校成立后，开设了京语课，举办了独弦琴、京族歌舞、竹竿舞等兴趣班，成为传承京族传统文化的重要教育基地；京族非物质文化遗产的申报立项成绩斐然，目前有国家级项目 2 项、自治区级项目 5 项、市级项目 7 项，京族非物质文化遗产传承人 18 人；[①]京族历史文献资料的抢救、挖掘、整理成果

---

① 吴小玲：《京族文化传承与京族地区旅游产业发展研究》，《中国民族报》，2017 年 3 月 3 日。

显著。京族及京族文化研究成果迭出，据不完全统计，全国公开出版的著作有 30 多部，发表的论文有 200 多篇，内容涉及京族社会历史文化的综合研究、京族文学艺术、京族风俗、京族海洋文化研究、京族传统文化与现代社会、京族人口、语言、体育等领域。[①]但离党和人民的要求，还有很大的差距。

（二）文件依据

2018 年年初，中共中央办公厅、国务院办公厅印发了《关于实施中华优秀传统文化传承发展工程的意见》（下面简称《意见》）。《意见》对实施中华优秀传统文化传承发展工程的重要意义、总体要求、主要内容、重点任务、组织实施和保障措施等做了全面的阐述和具体部署[②]。这一纲领性的文件，就是我们制定京族传统文化传承发展目标、任务的主要依据。

（三）总目标

根据《意见》的精神，结合京族传统文化传承发展的实际，我们认为新时代京族传统文化传承发展的总目标：到 2025 年，京族优秀传统文化传承发展体系基本形成，研究阐发、教育普及、保护传承、创新发展、传播交流等方面协同推进并取得重要成果，具有海洋文化特色的文化产品更加丰富，文化自觉和文化自信显著增强，京族优秀传统文化影响力明显提升。

二、新时代京族传统文化传承发展的重点任务

根据《意见》的精神，结合京族传统文化传承发展的实际情况，实施京族优秀传统文化传承发展工程重点任务是：

1. 深入阐发京族优秀传统文化精髓，充分发挥其在凝聚人心、教化群众、淳化民风中的重要作用。

这里所谓"传统文化精髓"是什么呢？《中共中央　国务院关于实施乡村振兴战略的意见》（2018 年）提出："深入挖掘农耕文化蕴含的优秀思想观念、人文精神、道德规范，充分发挥其在凝聚人心、教化群众、淳化民风中的重要作用。"由此可见，"传统文化精髓"指的是蕴含在京族优秀传统文中的"思想观念""人文精神""道德规范"。不可否认，新世纪以来，学术界对此进行了认真的探讨和阐发。但从所取得的研究成果来看，对京族优秀传统文化精髓进行深入而全面的挖掘、梳理、提炼、升华，还是很不够的，要取得学术界

① 黄译乐：《论京族哈节与民族文化传承的关系——基于对广西东兴市京族地区的调研》，《传承》，2012 年第 17 卷第 4 期第 22~23 页。

② 中共中央办公厅、国务院办公厅：《关于实施中华优秀传统文化传承发展工程的意见》，新华网（news.xinhuanet.com/politics），2017 年 1 月 25 日。

的共识并为京族同胞认可，还有很长的路要走，还有很多艰苦的工作要做。

2. 深入开展京族优秀传统文化教育，着力提高京族同胞的文化认同和文化自信。

京族有自己本民族的语言——京语，但现在大多数京族人已是京—汉双语人，只会京语的已经不多了。京族有自己本民族的文字——喃字。但现在京族绝大部分人都是用汉字，喃字的使用人群日趋萎缩，会喃字的人已不多了。

京语与喃字被京族人弃用，原因是多方面的，其中一个重要原因是京族同胞的文化认同和文化自信的观念淡薄。

所谓文化认同，是指个体对所属文化的归属感及内心的承诺，从而获得保持与创新自身文化属性的社会心理过程。民族文化认同是民族生命力、创造力和凝聚力的根本保证。强调民族文化认同，就是要提高民族内聚力，聚敛民族精神。

所谓文化自信，指的是一个民族、一个国家，以及一个政党对自身文化价值的充分肯定和积极践行，并对其文化的生命力持有的坚定信心。弃用京语与喃字，说明京族同胞对本民族的文化认同与文化自信都不强。因此，必须加强京族优秀传统文化教育，以提高京族同胞文化认同与文化自信。

3. 切实保护京族文化遗产，推动优秀文化遗产合理适度利用。

文化遗产有物质文化遗产与非物质文化遗产之分。在物质文化遗产方面，已经做了大量卓有成效的工作，像哈亭、水口龙王庙、三婆庙等京族民间宗教建筑，在政府的关怀支持下，或重建或扩建或修缮，面目一新。但京族"农耕文化遗产"的保护利用还是一个薄弱环节。根据《中共中央 国务院关于实施乡村振兴战略的意见》（2018年）有关"切实保护好优秀农耕文化遗产"，"划定乡村建设的历史文化保护线，保护好文物古迹、传统村落、民族村寨、传统建筑、农业遗迹、灌溉工程遗产"的精神，还须对京族"优秀农耕文化遗产"进行全面、深入的普查，对那些有价值的优秀农耕文化遗产采取切实的措施加以保护。

在非物质文化遗产方面，目前，京族非物质文化遗产项目国家级的有2项、自治区级的有5项、市级的有7项，非物质文化遗产传承人18人。哈节是京族人民极为重要的传统节日，是京族文化的见证，对凝聚、团结京族人民和传承京族文化有着深远的影响。但官方和媒体更多地宣传澫尾哈节，对巫头、山心和红坎的哈节基本上忽略了。其实京族聚居区各村哈节举办的时间不一

样，各村应充分利用哈节资源，采取"民间举办，政府引导"的运作模式，认真操办，以扩大影响。

另外，"京族服饰"虽然已被列为市级非物质文化遗产项目，但制作京族服饰的人员少，而且是作坊的形式，影响甚微①。如何扩大规模与影响，让其产生更大的社会与经济效益，值得认真研究。至于像风吹饼这样的京族特色小食也应该力争进入非物质文化遗产名录。

4. 深入挖掘京族优秀传统文化资源，滋养和繁荣京族文艺创作。

京族优秀传统文化资源极其丰富。仅民间文学方面，就有大量的神话、传说、故事等，如京族神话主要有《五位圣神及其神绩传说》《青提婆传》《水晶公主》《柳行公主》《石生故事》《蜈蚣精》和《点雀神武大王》等；京族历史人物传说主要有著名统领苏光清，抗法英雄杜光辉，抗法人物杜光达、裴琦英等；京族民间人物传说有宋珍的传说、金仲与阿翘的传说、石生与李通的传说和水晶公主的传说；京族风物传说主要有"阮柳和碧桃""独弦琴的声音""对花屐""哈妹和琴哥""独弦琴的神效""独弦琴的来历""金汁""三岛传说""三岛来历""田头公""武士碑""选统领"和"黑神"等；京族民间故事主要有"三老庚""东辛和三妹""看牛郎吟诗""新老状元""金仲与阿翘""扛鼓抓贼""三姑爷揽鸭"等。此外还有《金云翘传》《潵尾史歌》《巫头史歌》《山心史歌》等京族史歌。②

近十年来，地方政府文化宣传部门和文艺工作者，以京族为素材，拍摄了一些风光宣传片，制作发行了一些音乐光盘，创作了一些文学作品。但数量不多，质量也不是很高。因此，如何挖掘和利用京族优秀传统文化资源，采用超常的措施，积极组织开展京族题材文艺创作活动，是文化宣传部门和文艺工作者的重要任务。

5. 将京族优秀传统文化融入生产、生活，并内化为京族薪火相传的人文素养。

京族优秀传统文化的传承与发展，单靠景区、哈亭、庙宇等硬件建设和哈节、节目表演等是远远不够的，必须融入京族同胞的日常生产、生活当中。

随着社会的发展和科技的进步，京族生产方式发生了巨大的变化。相当多的京族同胞从事边贸生意和旅游服务业，即所谓"上岸"了，那些没有"上岸"继续从事海洋渔业的渔民，他们的捕捞工具由木船、渔网变为机船、拖

---

① 陈丽琴：《民俗传统：京族民歌传承的文化生态》，《广西师范大学学报》（哲学社会科学版），2014 年第 17 卷第 2 期第 108~112 页。
② 兰武芳：《京族海洋文化遗产保护》，《广东海洋大学学报》，2017 年第 23 卷第 1 期第 46~50 页。

网，有的渔民则是利用海湾、滩涂和盐碱地开展网箱养鱼、池塘养鱼、养虾。京族三岛最富特色的传统捕捞方式拉大网、塞网而今已变成了渔家乐的一项活动，高跷捕鱼则变成摄影爱好者聚焦的对象和舞台表演的一个特色节目。京族三岛最富特色的渔具——渔箔、稠网和掂缯，除渔箔继续发挥作用之外，后两者几乎绝迹。但不等于说，京族优秀传统文化的传承发展无法融入生产活动。京族传统的海洋渔业方式——从作业方式到捕捞工具，无不体现京族人民的精神品格与智慧。例如，拉大网体现了同心协力的团队精神，高跷捕鱼则体现了京族人民的智慧。这种团队精神和劳动智慧，不管生产方式和生产工具发生了多大的变化，都需要继承和弘扬。

改革开放以来，特别是边境贸易的兴盛和旅游业的崛起，京族人民不仅生活水平迅速提高，被誉为最富裕的少数民族，而且包括审美观念在内的思想观念也发生了很大的变化。衣食住行基本汉化，如京族青少年几乎没有人穿本民族服装了，连中老年人也只是在一年一度的哈节穿那么几天。但不等于说，京族优秀传统文化的传承发展无法融入日常生活。家庭成员间的尊老爱幼，乡亲邻里的和睦相处，待人接物的热情有礼、内外有别，为人处世的诚信谦让、尚德崇善、衣食住行的量入为出、勤劳节俭等，京族人民的这些传统美德，都应该倡导和发扬。①

6. 加大宣传教育力度，使保护京族文化遗产，传承和发展京族传统文化成为京族人民的责任担当。

京族传统文化传承发展，既要当地党委政府的高度重视和采取切实可行的措施，又要京族人民群众的密切配合、大力支持和积极行动。而要做到这一点，必须启发、引导和教育京族群众，使广大京族群众深刻认识到传承发展京族传统文化的重要性和迫切性。因此，当地党委、政府应以丰富多样的渠道，如会议、广播、板报、标语、QQ群、微信公众号等，大力宣传传承和发展京族传统文化的重要意义。与此同时，京族地区的党团组织、村委会、村民小组、学校，还有京族社会特有的民间组织"翁村"等都要行动起来，通过灵活、有效的方式，教育京族群众自觉保护京族文化遗产，同破坏、损毁京族文化遗产的行为做斗争。要在"村规民约"中，添加保护京族文化遗产的条款；要引进奖惩机制，对保护京族文化遗产做出贡献的单位和个人予以表彰、奖励，对蓄意破坏、损毁京族文化遗产的进行批评教育，后果严重、影响恶劣者要追究刑事责任。从而在整个京族地区和京族社会，形成热爱京族文化遗产，保护京族文化遗产的良好风气。

5

---

① 任才茂：《东兴市澫尾京族独特的春节习俗及其文化特征》，《钦州学院学报》，2014年第26卷第12期第1~6页。

7. 充分利用京族三岛地缘优势与丰富资源，广泛开展中外文化交流互鉴。

京族是跨境民族，跟越南有着天然的联系；京族聚居的京族三岛与越南隔海相望；以潭尾金滩和山心万鹤山湿地公园为核心的京岛风景名胜区，是4A级旅游区，每年到此旅游观光的游客络绎不绝。凭借上述地缘优势和旅游、文化等方面的丰富资源，开展京族与越南、京族与祖国各民族的文化交流。通过交流，互相学习与借鉴，构建和弘扬具有鲜明海洋文化特色，又有时代色彩的京族文化，有着极为广阔的空间和美好的前景。因此，当地党委、政府、民间组织、研究机构和学术团体，要有计划地组织开展各种层次、各种形式、各种规模的文化交流活动。

8. 打造京岛风景名胜区升级版，为京族优秀传统文化搭建广阔的展示、交流与传播平台。

京岛风景名胜区是以潭尾金滩、巫头万鹤山湿地公园为核心的国家4A级景区。景区面积13.7平方千米，其中核心景区金滩，面积约25万平方米。沙滩位于潭尾岛西面，长达15千米。海湾海水清澈，沙滩宽阔洁净，沙质金黄细柔，可同时容纳3万—4万人进行海浴和沙滩运动。除金滩之外，景区内有京族哈节为代表的京族文化和民俗风情；有"京族博物馆""京族哈亭""荷塘风光"等代表性的景点。是集观光、休闲、度假、康体、运动于一体的区域性国际滨海旅游胜地。

这里所说的打造京岛风景名胜区升级版，就是要在近期使之升格为5A级景区。为何要升格？

一是发展旅游业的需要。大凡旅游景区有三种情况，以自然风光闻名景区，如北海银滩；以人文景观闻名的景区，如北京故宫；自然风光和人文景观荟萃的景区，如苏州园林。从旅游角度看，只有自然风光而没有人文景观的景区，有明显的旺季与淡季；只有人文景观而没有自然景观的景区，一般来说，对游客的吸引力不大。而荟萃自然风光和人文景观的景区，一年四季都是旅游旺季。京岛风景名胜区就目前而言，吸引游客的主要是它的名称和可以跟北海银滩相媲美的金滩。因此，京岛风景名胜区必须加大人文景观的挖掘、建设和包装、宣传的力度。

二是京族传统文化传承和发展的需要。这是因为：其一，京族传统文化单靠京族同胞传承和发展是远远不够的，它需要更多的人、更浓厚的氛围、更广阔的的空间。其二，京族传统文化传承和发展不仅仅有益于京族人民，而且应该惠及祖国各族人民。因此，提升京岛风景名胜区的档次，提高其知名度和美誉度，以吸引更多的中外游客，是京族传统文化传承和发展这篇大文章的应有之义。①

如何提升京岛风景名胜区的档次呢？这就要对照国家5A级景区的条件，逐项落实与完善。其中，建设京族风情一条街或京族风情是要优先考虑的重要项目。因为，如今游客进入景区，除吃海鲜、泡海水之外，看不见京族传统民居，吃不到京族传统小食，穿不上京族传统服饰，尤其京族男女盛装，听不到京语，欣赏不到京族风情歌舞，买不到具有京族标志性的纪念品。

以上八项重点任务，前七项是中央文件指定的"规定动作"。最后一项是根据京族三岛的实际的"自选动作"。不管有多大的困难，都必须全力以赴去完成。

三、新时代京族传统文化传承和发展的策略

（一）京族传统文化传承和发展应选择一个切入点

优秀的思想观念、人文精神、道德规范，具有凝聚人心、教化群众、淳化民风的重要作用。传承发展京族传统文化，如果仅仅停留在穿衣吃饭、捕鱼捉蟹、唱歌弹琴、祭祖娱神等形式与仪式上，那么是肤浅、无意义的。我们所有的传承和发展及发扬光大的是蕴含在上述生产生活、风俗习惯中的思想观念、人文精神、道德规范，为今天的社会主义精神文明建设服务，这是传承和发展京族传统文化的出发点和归宿。因此，挖掘、辨析、凝练京族传统文化的思想观念、人文精神、道德规范，是今天传承和发展京族传统文化的切入点与突破口。为此，应该组建一个有专家、群众和领导参与的团队，采取个别访谈、召开座谈会、问卷调查、专家研讨等多种方式，经过由下而上，又由上而下几次反复，最后凝练出群众满意、专家认同、领导首肯的京族精神及其表述，并公布于众。

（二）京族传统文化传承和发展应抓紧建设两个平台

所谓两个平台，是指"京族风情园"和"京族文化创意与传媒中心"。

关于建设"京族风情园"的重要性与迫切性，上文已经说过，不再重复。这里着重谈谈创建"京族文化创意与传媒中心"问题。据笔者所知，在京族三岛，目前只有一个由独弦琴艺术国家级非物质文化遗产传承人苏春发为主要负责

① 吴小玲：《利用海洋文化资源发展广西海洋文化产业的思考》，《学术论坛》，2013年第25卷第6期第204~208页。

人的京族风情歌舞表演队，演职员大约 15 人；也没有一个以宣传京族及其传统文化为主的新媒体平台，只有宣传板报、宣传画。这样的规模、档次和渠道，跟丰富多样的京族文化极不相称，不能满足每年进入京族名胜风景区的近百万游客的要求，使得人数更为庞大潜在的游客，只能通过一些风光照片和简单文字，了解京族社会历史文化及其独特民族风情。因此，迫切需要创建"京族文化创意与传媒中心"，凡是跟宣传、包装推介京族传统文化有关的演出、展示、出版、比赛、研讨、传播等活动，都由这个文化产业统一规划与建设、组织与协调。有了这样一个文化产业，京族传统文化的传承和发展，就有一个承载和传播的平台，就有一个规范有序、畅通无阻的渠道。

（三）京族传统文化传承和发展应做到四个融入

1. 京族传统文化传承和发展应融入"乡村振兴战略"构架

2018 年 1 月 4 日，新华社受权发布《中共中央 国务院关于实施乡村振兴战略的意见》（俗称"中央一号"文件），对实施乡村振兴战略进行了全面部署。文件的第五部分"繁荣兴盛农村文化，焕发乡风文明新气象"，明确提出："要传承发展提升农村优秀传统文化。立足乡村文明，吸取城市文明及外来文化优秀成果，在保护传承的基础上，创造性转化、创新性发展，不断赋予时代内涵、丰富表现形式。切实保护好优秀农耕文化遗产，推动优秀农耕文化遗产合理适度利用。深入挖掘农耕文化蕴含的优秀思想观念、人文精神、道德规范，充分发挥其在凝聚人心、教化群众、淳化民风中的重要作用。支持农村地区优秀戏曲曲艺、少数民族文化、民间文化等传承发展。"

"中央一号"文件是中共中央、国务院于每年年初颁布的针对"三农"问题指导性的工作文件，各级党委、政府，以及涉农结构必须以积极的态度，认真贯彻落实 。一是在推进公共文化有效供给上下真功夫、硬功夫，要设身处地为百姓着想，着眼丰富群众精神文化生活，搭建丰富多彩的平台，聚集乡土人才，让本地贤人志士发挥积极的作用，带动乡村文化发展。二是要弘扬和践行社会主义核心价值观，加强农村思想道德建设，传承发展提升农村优秀传统文化，让农民有良好的精神风貌，厚植文化根基，培养良好家风、文明乡风、淳朴民风，不断提高乡村社会文明程度。只有乡村文化振兴起来、繁荣起来，乡村发展的根和魂才能牢固，乡村风貌才会日新月异，百姓的幸福生活才能有滋有味。三是要正确引导农民积极参与，把百姓作为乡村文化兴盛的主力军，要聚民智、用民力、携民手，聚焦文化，共同登台。因此，将京族传统文化传承和发展融入"乡村振兴战略"构架，是当地党委、政府不可推卸的重要工作任务。

2. 京族传统文化传承发展应融入海上丝路南向通道、向海经济建设的布局

2013年3月28日，经国务院授权，国家发展改革委、外交部、商务部联合发布了《推动共建丝绸之路经济带和21世纪海上丝绸之路的愿景与行动》。文件第六部分《中国各地方开放态势》提到，要"发挥广西与东盟国家陆海相邻的独特优势，加快北部湾经济区和珠江—西江经济带开放发展，构建面向东盟区域的国际通道，打造西南、中南地区开放发展新的战略支点，形成21世纪海上丝绸之路与丝绸之路经济带有机衔接的重要门户"。2017年4月19—21日，习近平总书记视察广西，指示广西要"立足独特区位，释放'海'的潜力，激发'江'的活力，做足'边'的文章，全力实施开放带动战略"。[①] 为落实国家"一带一路"倡议，贯彻习近平总书记的重要指示精神，自治区党委、政府做出了"建设南向通道，发展向海经济"的部署。京族聚居区既沿边又沿海，位于"南向通道"的关键节点，"海洋经济"是京族三岛三大经济支柱（海洋经济、边贸经济和旅游经济）之一，将京族传统文化传承发展融入海上丝绸之路南向通道、发展向海经济建设，符合国家战略和各级政府的要求。

表面上看，京族传统文化传承发展与海上丝绸之路南向通道、发展向海经济建设似乎风马牛不相及。其实不然，众所周知，经济建设与文化建设不能孤立进行，因为两者的关系是互为促进、互为依存的关系，经济的繁荣发展势必促进文化的繁荣发展，而文化的繁荣发展也会助力经济的繁荣发展。因此，京族传统文化传承发展要融入海上丝路南向通道、向海经济建设的布局。

3. 京族传统文化传承发展应融入防城港市边海经济带建设

2014年12月，防城港市人民政府提出了边海经济带建设的战略构想，期待利用当地沿海、沿边的地缘优势，通过"边海联动，点轴配合"的总体布局，全面推进地方经济发展。京族传统的生计方式，用京族群众的话来说，就是"靠海吃海，靠边吃边"，由此，形成了具有鲜明海洋生活特色的京族文化表现形式。这种异于其他地区独特的文化表现形式，不仅在当代群众的社会生活中扮演着重要角色，而且已成为彰显防城港边海经济带文化软实力的重要平台。一方面，要充分认识到京族文化传承发展，对防城港市海洋经济、口岸经济、旅游经济和生态经济的发展创造良好的社会环境，推动边海经济

9

---

① 刘华新、庞革平、李纵等：《发力"向海经济"广西开放发展再争先》，《人民日报》，2018年5月21日。

健康发展的重要作用。另一方面，要将京族传统文化传承发展融入防城港市边海经济带建设当中，充分利用边海经济带建设政策与机遇，以及人力、物力、财力等资源，促进京族传统文化传承发展工程建设，做到两者相得益彰。

4.京族传统文化传承和发展应融入防城港市大旅游建设

2017年5月24日，防城港市旅发委发布《防城港市旅游业发展"十三五"规划重点内容》（防城港市人民政府门户网站2017-05-24）。据该文介绍："十三五"期间，防城港市加快构筑"1223"，即"一带、两区、两山、三品牌"的北部湾国际旅游目的地发展大格局。"一带"，即边海旅游带；"两区"，即东兴—芒街跨境旅游合作区和江山半岛旅游度假区；"两山"，即重点规划建设十万大山国际山地旅游区和南山文化旅游度假区；"三品牌"，即滨海休闲旅游品牌、边海跨国旅游品牌和生态体验旅游品牌。其中，在阐述打造滨海休闲旅游品牌中，提出须整合包括京族三岛在内的滨海休闲度假旅游资源。这就使上文提到的"打造京族名胜风景区升级版"，立项建设"京族风情园"有了政府规划的依据。

（作者是防城港市社科联主席）

京族传统文化传承
发展的现状、挑战与机遇

许大俭

一、京族传统文化传承发展现状

（一）京族文化的"硬件"建设

1. 哈亭

哈亭是东兴京族聚居区独有的建筑。在节日里它具有神庙、宗祠、乡饮堂、音乐观赏厅等多种功能，在平时它则是村社组织议事的场所。可以说，哈亭是京族民间宗教祭祀活动中心和民间政治活动中心。

在京族聚居的京族三岛，每个村都建有哈亭，其中澫尾哈亭最为壮观。澫尾哈亭始建于明末。最早的哈亭为竹木结构，人字形屋顶，上覆茅草，顶下无遮拦。继而为石木结构，屋顶为青瓦铺盖，四壁为石墙所砌。今为砖混结构，高大宽敞，人字形屋顶上覆以琉璃瓦，地板、墙面饰以瓷砖，富丽堂皇。新的澫尾哈亭于 2002 年 4 月建成，是现今世界上最大的哈亭，高 9.8 米，建筑面积 1100 平方米，占地面积约 5000 平方米，总投资 40 多万元。哈亭为二进式结构，屋顶采用反翘曲线式样，上面饰以红瓦，与白色的主体建筑形成鲜明的对比，屋脊正中是双龙戏珠图案雕塑。前殿龙庭内供奉镇海大王、高山大王、广泽大王、点雀大王和兴道大王五位圣神；龙庭左右两边设有"左昭""右穆"牌位，供奉本村京族的祖先。灵位后的正墙两侧书有一副对联：上联"汪洋圣泽庇村中"，下联"显威神佑护人民"，眉联"万事英灵"。灵位前常年设有香炉、烛台，两侧陈列有罗伞与兵器等。中殿正中有一香案，上置香鼎。后殿过道上摆有敬酒台，上置酒壶、酒杯及一些纸质的宝帛等，正厅两侧设有可容纳一二百人的阶梯形坐席，供唱哈时不同辈分（或等级）的人入席和听哈时就座。殿内的柱子上都雕着具有民族特色的楹联或诗词。

每年农历六月初九至十六为哈节，举节时，前、中、后三殿还要加供各种必需的祭品。

2. 庙宇

京族是一个多神信仰的民族。京族三岛有众多的庙宇，供奉各路神灵。澫尾庙宇有水口庙、东水口庙、南水口庙、四位婆婆庙、灵婆庙、白龙镇海大王庙、高山大王庙、本境土神、六位朝婆庙、公庙婆庙、海龙王水庙和康王庙。山心庙宇有三位婆婆庙、本境土地庙和海边迎神台。巫头庙宇有水晶公主庙、五位圣神大王庙、公庙婆庙、灵光寺、水井庙、海龙王庙。上述庙宇近10多年来都进行了修缮或扩建、重建。京族群众逢年过节或特殊日子，都去祭拜。

3. 京族博物馆

京族博物馆全称为"广西东兴京族博物馆暨东兴京族生态博物馆"，位于东兴市江平镇澫尾京族风景名胜区。占地1.73万平方米，建筑面积3000平方米，以收藏、保护、研究、征集、展示京族物质文化遗产与非物质文化遗产为主要任务。馆内常设基本陈列"大海是故乡——广西东兴京族文化展"，通过实物、场景、图片、音像等形式，集中展示京族民族服饰、字喃风采、生产生活工具、独弦琴、居住环境、民间信仰、婚恋礼俗、地图资料等，全面反映了京族生产生活历程，具有展示、教育、科研等功能，是展现京族传统文化魅力、体现国家民族政策的一个重要窗口。当地政府以该馆为依托，以京族聚居地澫尾、巫头、山心为保护范围，将自然生态与民族传统文化相结合，实行整体保护、动态保护。

4. 京岛风景名胜区

防城港市和东兴市党委、政府大力推进京族地区旅游景区建设，形成了国家4A级的京岛风景名胜区、京族博物馆、巫头村万鹤山湿地公园、交东村贝丘遗址等一大批景区景点。

5. 京族文化广场

京族文化广场位于东兴市江平镇澫尾哈亭对面，2009年11月兴建，2011年竣工，用地面积117亩。京族文化广场的建成，使一年一度的京族哈节有了一个举办场所。

6. 澫尾海边文艺舞台

澫尾海边文艺舞台位于金滩旅游度假区内，是供游客观赏海景的海边半圆形舞台，现称"观海台"。观海台呈半圆形，直径约 35 米。金滩"观海台"计有三个。第一个观海台于 2008 年为庆祝澫尾京族哈节成为"国家级非物质文化遗产"而修建，并作为京族哈节举办场所。2010 年，在第一个观海台的东西两侧 1500 米处，分别修建了同样大小的另外两个观海台。2011 年，京族文化广场建成后，哈节文艺活动的舞台迁往京族文化广场，观海台不再作为哈节文艺舞台，仅供游客观赏海景。

（二）京族文化的"软件"建设

1. 研究团队与交流平台

（1）东兴市京族字喃传承研究中心

东兴市京族字喃传承研究中心于 2009 年 7 月 29 日在东兴市江平镇沥尾哈亭挂牌成立。主要业务是对京族的民间文艺、文化进行搜集、整理、编写和翻译。法人代表为苏维芳。主管单位是东兴市文联。注册资金 3 万元。现有成员 14 人。

（2）防城港市京族文化研究学会

防城港市京族文化研究学会于 2014 年 3 月 14 日在东兴京族博物馆举行挂牌成立仪式。该会是防城港市社科联直属京族文化学术研究机构，是由有志于发掘、整理、研究京族文化遗产的文史研究者和传承工作者自愿组成的学术性、非盈利性社会组织。该学会成立以来，成功地承办了三次京族文化研讨会。

（3）京族文化研讨会

据笔者掌握的资料，京族文化研讨会先后举办了 4 次，已成为京族文化研究与学术交流的平台。

① 2003 年 7 月 7—8 日，由防城港市民委、广西大学等主办，东兴市京族文化开发中心和澫尾村委会承办的"保护和开发京族文化资源研讨会"在防城港市金滩召开。出席研讨会的有来自区内高校与科研机构的专家、学者以及有关方面的代表 30 人。

② 2008 年 7 月 10—12 日，在东兴市举办以"京族文化的传承和发展"为主题的"2008 防城港市京族文化研讨会"。全区各地专家、学者 68 人参加会议，提供论文 45 篇。

③ 2015 年 12 月 12 日，由防城港市社科联主办，东兴市社科联、防城港市京族文化研究学会承办的"京族文化传承与边海经济带建设研讨会"在防

城港市金滩召开。广西区内外有关京族文化研究方面的专家、学者及京族代表共 50 多人出席了会议。

④ 2016 年 11 月 11 日，由防城港市社科联、钦州学院海洋文化研究中心主办，防城港市京族文化研究学会、东兴市社科联承办的"京族文化传承与防城港市旅游发展研讨会"在防城港市金滩召开。广西区内外有关京族文化旅游研究方面的专家、学者及京族代表共 50 多人出席了会议，提供论文 19 篇。

2. 表演团队

东兴京族地区文艺表演团队哈妹组合、京族独弦琴天籁艺术团、京族业余文艺表演队等，其中哈妹组合最负盛名。哈妹组合是京族第三代哈妹苏海珍一手培养的，早在 2007 年就有雏形。当时苏海珍培训六七个东兴女孩儿，和她一起外出参加各种演出活动。2009 年，苏海珍率哈妹组合参加全区青年歌手选拔赛，唱了《出海谣》《过桥风吹》等，获得原生态唱法三等奖。为此，广西主办单位——广西电视台决定选送哈妹组合参加全国青年歌手大奖赛，要求成员都是京族的。为此，苏海珍在京族三岛找了 9 个京族妇女，到南宁培训。两周后有 6 人离开了，只剩下 3 人。于是，紧急补充 1 人，经过一周的强化训练，上京参赛。结果，哈妹组合在这届全国青年歌手大奖赛中获得第 25 名，获全国团体优秀奖。这是广西歌手第一次进入决赛，第一次获得优秀奖。

3. 人才培养培训

位于澫尾岛的东兴市京族学校成立于 2004 年。该校在抓好常规教学管理的同时，大力开展富有京族特色的教学活动，开设了京语课，举办了独弦琴、京族歌舞、竹竿舞等兴趣班，成为传承京族传统文化的重要教育基地。

此外，东兴市京族字喃传承研究中心主任苏维芳，在京族经济能人苏利明的支持下，于 2003—2008 年间，出资开展澫尾时活动。每个歌圩日教唱两首字喃新歌。参加歌圩的人员少的有几十人，重大节日时多达 200 余人。

国家级非物质文化遗产独弦琴艺术传承人苏春发，近 20 年来，免费培训本地和外地的独弦琴爱好者 300 多人。

4. 非物质文化遗产项目的申报立项

目前，京族文化遗产有 2 项成功入选国家非物质文化遗产名录：京族哈节（2006 年 5 月入选），京族独弦琴艺术（2011 年 6 月入选）；有 5 项入选自治区级非物质文化遗产名录：京族独弦琴（2007 年 1 月入选），京族哈节

（2007年1月入选），京族鱼露（2008年11月入选），京族服饰（2009年5月入选），京族民歌（2012年5月入选）。还有7项入选防城港市非物质文化遗产名录：京族哈节（2007年12月），京族独弦琴艺术（2007年12月），京族喃字（2007年12月），京族鱼露（2007年12月），京族服饰（2007年12月），京族民歌（2010年11月），京族哈歌（2010年11月）。此外，还拥有京族非物质文化遗产传承人18人。

5. 学术研究成果

进入新世纪，京族文化的研究成果迭出，公开出版的著作有30多部，发表的论文近200篇，无论是在数量上还是质量上，都远远超过了20世纪所取得的研究成果。研究内容涉及京族社会历史文化的综合研究、京族文学艺术（含京族文学、民间音乐、民间舞蹈）、京族风俗（含节日庆典、习惯法与社会组织、民间信仰、饮食习俗、生产习俗）、京族海洋文化、京族传统文化与现代社会（含京族传统文化的传承现状及保护与开发、文化旅游）、京族人口、语言、体育等。

二、京族文化传承发展面临的挑战

（一）挑战一：汉文化的强势，导致京族人对本民族文化的文化认同和文化自信衰减

文化认同指个体对于所属文化的归属感及内心的承诺，从而获得保持与创新自身文化属性的社会心理过程。民族文化认同是民族生命力、创造力和凝聚力的根本保证。强调民族文化认同，就是要提高民族内聚力，聚敛民族精神，这对于加强各民族的团结合作、实现各民族文化的繁荣与和谐共处意义重大。

文化自信是一个民族、一个国家以及一个政党对自身文化价值的充分肯定和积极践行，并对其文化的生命力持有的坚定信心。文化自信来源于历史深处。我国著名社会学家费孝通先生认为，生活在一定文化历史圈子的人对其文化有自知之明，并对其发展历程和未来有充分的认识。既知道自己的长处，也知晓自己的短处，并且乐于提升自己的各种文化素养，乐于对待不同的观点及态度。

京族同胞文化认同与文化自信衰减，有很多例子。这里仅举京族语言、文字为例。京族有本民族的语言——京语。在京族三岛等地，京语与汉语、粤方言同时流行。从语用学的角度来看，京语主要是家庭内部语言和小范围的社区语言，主要担负着日常生活交际以及传承民族历史、民族文化、民族

共同记忆的功能。而粤方言作为通用语则在集市、商店、学校、机关等领域广泛使用。京族在不同的场合与不同的交际对象，也分别使用不同的语言：在家庭内部，主要说京语，也说粤方言，也有两种语言一起用的。需要指出的是，现在一部分京族人已经实现了语言转用，大多数京族人已是京—汉双语人，只会京语的已经不多了。①

由于历史原因，越南有相当长的时间使用汉字，因此汉字是京族一直使用的书面工具。大约在9世纪，越南出现了记载本民族语言的土俗字——喃字。这是古代越南一些知识分子通过借用或改造汉字逐渐发展而来的独具特色的文字，是按照汉字"六书"原理创制出来的汉字孳乳仿造字。16世纪初京族陆续迁来后，自然也把喃字带了过来。喃字最大的缺点：笔画比汉字更繁，一个字有20多笔画的很多，书写不容易，且还存在一字多义、一义多字的现象，非常不规范。掌握喃字的基础是必须具备一定程度的汉文水平，而在过去，会汉文的京族人毕竟是少数，喃字也因此主要在道公等群体里流传，用以传抄歌本、宗教经书、族谱乡规等，没有得到普及和推广。随着京族与汉族的交往日益密切，京族使用汉字的逐渐增多，到民国期间，汉字取代喃字成为京族地区正式使用的文字，官方文书、民间契约都普遍使用汉字。中华人民共和国成立后，随着国家统一教育的推行及民间宗教活动受到一定限制，汉字得到了普及，汉字早已成为京族人民日常记事以及交际的主要工具。喃字的使用人群日趋萎缩。如今京族人绝大部分都是用汉字，会喃字的人已不多了。②

（二）挑战二：科技的发展和现代物质文明，导致京族传统生产生活文化的蜕变

京族是以海洋渔业经济为主的少数民族，故有"海洋民族"之称。1949年中华人民共和国成立之前，主要以浅海捕捞和杂海渔业为主。浅海捕捞一般以渔箔、拉网、塞网、鲎网、缯网、鱼笼等捕捞工具在近海作业，产量低且不稳定；杂海渔业以极原始的竹筏、麻网、鱼钩、鱼叉、蟹耙、沙虫锹等简陋的工具从事简单的近海渔业生产，经济效益甚微。至于鱼类加工，主要有腌制鱼干、腌制沙蟹汁、干晒沙虫、干晒虾米、螺肉和海蜇加工等。1949年后，渔业生产方式从原来单一、简易的浅海作业逐渐发展到先进的远海作业等多种形式，产量比1949年以前增长数十倍，经济收入逐年递增。1995中华人共

---

① 谢云：《京族文化的传承与创新研究》，《广西社会主义学院学报》，2015年第26卷第1期第67~70页。
② 张玉华：《京族文化下人与自然的和谐——对广西东兴市澫尾村的调查》，《河池学院学报》，2013年第33卷第3期第44~47页。

和国成立年，京族三岛村民有的在海边湿地挖掘虾塘，引入海水发展对虾养殖和蚝螺养殖，有的在海湾进行网箱养殖石斑鱼等经济价值较高的鱼类。此后，京族地区的海水养殖业发展迅速，养殖面积不断增加，产量逐年提高。

改革开放后，特别是 20 世纪 80 年代后期，随着中越关系正常化，中越边境贸易的兴起和旅游业的快速发展，京族三岛的生产方式发生了重大变化，相当一部分京族同胞从事边贸生意和服务游客的营生。拉大网、高跷捕鱼和塞网原属京族三岛最富特色的传统捕捞方式，而今拉大网变成了渔家乐的一项活动，高跷捕鱼则成为风景照的对象和舞台表演的一个节目。而京族三岛最富特色的渔具——渔箔、稠网和掂缯，后两者几乎绝迹。[①]

在生产方式发生变化的同时，京族生活方式也发生了变化。拿服饰来说，京族传统服饰有便装和盛装两种。便装是京族人在平时生产生活中穿着的服装，样式比较简单，装饰也较少。盛装是京族人在节日喜庆和宴会时穿着的服饰。除盛大节日外，过去京族人离村外出、上街入市、探亲访友，都会换上盛装。其样式新颖别致，色彩艳丽。如京族妇女便装：下装既宽又长，没过脚背，看上去像轻柔飘动的长裙；上衣很短，衫脚仅至腰间而不及臀部，故有"长不遮臀"之说，紧身窄袖，无领，不开襟，但有三粒纽扣，不束腰带。颜色较男性服饰更为丰富，而且不同年龄段的女性，其服装的颜色也有所不同。青年女性的上衣一般为白色、青色或草绿色，裤子一般是黑色或褐色；中年女性是青色或浅绿色上衣，配以黑裤；老年女性多用棕色或黑色的衣裤。男女服装都无花饰。盛装：加穿一件类似旗袍但下摆较宽、矮领窄袖的长衫，其颜色大多是黑色、白色或薯莨染成的红褐色。[②]

但不管便装还是盛装，除了像哈节这种传统的、重要的节日和个别老年人外，几乎没有人穿了。

（三）挑战三：市场经济大潮的涌动和政治功利的驱使，导致京族传统民俗文化的变味

哈节是京族人民极为重要的传统节日，是京族文化的见证，对凝聚、团结京族人民和传承京族文化有着深远的影响。然而，在市场经济大潮涌动的形势下，在发展旅游的功利目的驱动下，哈节这一京族传统节日不可避免地染上了政治色彩，散发着浓厚的商业气息。

---

① 杜英蓓：《京族艺术形态商业价值挖掘》，《经营管理者》，2014 年第 12 卷第 35 期第 175 页。

② 陈丽琴、徐少纯：《论京族饮食文化的传承与开发》，《贵州师范大学学报（社会科学版）》，2013 年第 10 卷第 2 期第 30~31 页。

改革开放之前，哈节是纯民间活动，由京族人民自己举办，具有一定的封闭性，极少受到外界的关注和参与。直到2006年5月20日，京族哈节经国务院批准列入第一批国家级非物质文化遗产名录，京族哈节的关注度才逐渐上升。

2008年7月11—17日，哈节首次由政府主办。据广西新闻网—广西日报报道，此次京族哈节项目全、活动多，有京族歌圩、美食节、京族文化研讨会等项目，还穿插有篝火晚会、京族拉大网、沙滩自行车赛、摄影比赛等活动，盛况空前。此外，开幕式还吸引了3万多来自东兴和越南芒街的群众观看，整个活动持续7天，一直到7月17日才结束。2009年7月30日至8月5日，京族哈节再次由政府主导、参办，哈节进一步被开发，促进了当地旅游经济的发展。2010年7月20日，防城港市政府在东兴市体育馆举办了扬帆北部湾大型歌舞晚会暨京族哈节开幕式文艺晚会，来自中国和越南的歌手联袂献唱，为现场观众呈现了一次异彩纷呈的视听盛宴。①

2012年起，哈节不再由政府主办，而由京族人自己举办。这年的潕尾哈节升格为京族文化节，除了传统的迎神祭祀活动之外，还安排了百人独弦琴、百人螺号、百人竹竿舞、百人腰鼓、百人彩旗、百人葵帽、百张渔排出海等反映京族生产生活和民族习惯的文体活动。

虽然采取"民间举办，政府引导"的运作模式，但原汁原味的传统哈节还是再难见到了。

三、京族传统文化传承发展的机遇

（一）《关于实施中华优秀传统文化传承发展工程的意见》的颁布，使传承发展京族传统文化理直气壮

2018年年初，中共中央办公厅、国务院办公厅印发了《关于实施中华优秀传统文化传承发展工程的意见》（下面简称《意见》）。《意见》对实施中华优秀传统文化传承发展工程的重要意义和总体要求、主要内容、重点任务、组织实施和保障措施做了全面阐述和具体部署。

《意见》认为：文化是民族的血脉，是人民的精神家园。指出：随着我国经济社会深刻变革、对外开放日益扩大、互联网技术和新媒体快速发展，各种思想文化交流、交融、交锋更加频繁，迫切需要深化对中华优秀传统文

---

① 陈红玲：《文化产业背景下的京族遗产保护和旅游发展研究》，《桂海论丛》，2013年第29卷第3期第105~109页。

化重要性的认识，进一步增强文化自觉和文化自信；迫切需要深入挖掘中华优秀传统文化价值内涵，进一步激发中华优秀传统文化的生机与活力；迫切需要加强政策支持，着力构建中华优秀传统文化传承发展体系。《意见》提出的总体目标：到 2025 年，中华优秀传统文化传承发展体系基本形成，研究阐发、教育普及、保护传承、创新发展、传播交流等方面协同推进并取得重要成果，具有中国特色、中国风格、中国气派的文化产品更加丰富，文化自觉和文化自信显著增强，国家文化软实力的根基更为坚实，中华文化的国际影响力明显提升。《意见》明确实施中华优秀传统文化传承发展工程的主要内容：（1）核心思想理念；（2）中华传统美德；（3）中华人文精神。《意见》提出实施中华优秀传统文化传承发展工程的重点任务：（1）深入阐发文化精髓；（2）贯穿国民教育始终；（3）保护传承文化遗产；（4）滋养文艺创作；（5）融入生产生活；（6）加大宣传教育力度；（7）推动中外文化交流互鉴。为实施中华优秀传统文化传承发展工程，《意见》强调：一要加强组织领导；二要加强政策保障；三要加强文化法治环境建设；四要充分调动全社会积极性、创造性。①

如果说，我们以往强调传承发展京族传统文化更多是民间的呼声，现在则是中共中央、国务院的指令；如果说，以往要求传承发展京族传统文化更多是把它看作"软"任务，可以慢慢逐步实施，现在则成为从中央到地方各级党委、政府的"硬"任务，必须抓紧实施；如果说，以往传承发展京族传统文化底气不足，声音不够响亮，现在则可以理直气壮、大张旗鼓地去做。此为机遇一。

（二）《中共中央 国务院关于实施乡村振兴战略的意见》的出台，使传承发展京族传统文化有章可循

2018 年 1 月 4 日，新华社受权发布《中共中央 国务院关于实施乡村振兴战略的意见》（俗称"中央一号"文件），对实施乡村振兴战略进行了全面部署。文件的第五部分"繁荣兴盛农村文化，焕发乡风文明新气象"，明确提出要"传承发展提升农村优秀传统文化。立足乡村文明，吸取城市文明及外来文化优秀成果，在保护传承的基础上，创造性转化、创新性发展，不断赋予时代内涵、丰富表现形式。切实保护好优秀农耕文化遗产，推动优秀

19

---

① 中共中央办公厅办、国务院办公厅：《关于实施中华优秀传统文化传承发展工程的意见》，新华网（news.xinhuanet.com/politics），2017 年 1 月 25 日。

农耕文化遗产合理适度利用。深入挖掘农耕文化蕴含的优秀思想观念、人文精神、道德规范，充分发挥其在凝聚人心、教化群众、淳化民风中的重要作用。划定乡村建设的历史文化保护线，保护好文物古迹、传统村落、民族村寨、传统建筑、农业遗迹、灌溉工程遗产。支持农村地区优秀戏曲曲艺、少数民族文化、民间文化等传承发展"。①

  "中央一号"文件是中共中央办公厅、国务院于每年初颁布的针对"三农"问题指导性的工作文件，各级党委、政府以及涉农结构必须以积极的态度，认真贯彻落实。京族三岛属于农村，当地政府以及各村党组织和村委会，都要把传承发展提升京族优秀传统文化，纳入工作计划，并努力组织实施。此为机遇二。

（三）"一路一带"倡议的提出与推进，为传承发展京族传统文化提供了广阔空间

  经国务院授权，国家发展改革委、外交部、商务部于2013年3月28日联合发布了《推动共建丝绸之路经济带和21世纪海上丝绸之路的愿景与行动》。文件第四部分"合作重点"所列一个重点叫"民心相通"。文件指出："民心相通是'一带一路'建设的社会根基。传承和弘扬丝绸之路友好合作精神，广泛开展文化交流、学术往来、人才交流合作、媒体合作、青年和妇女交往、志愿者服务等，为深化双、多边合作奠定坚实的民意基础。"文件的第六部分"中国各地方开放态势"提到在西南地区，要"发挥广西与东盟国家陆海相邻的独特优势，加快北部湾经济区和珠江—西江经济带开放发展，构建面向东盟区域的国际通道，打造西南、中南地区开放发展新的战略支点，形成21世纪海上丝绸之路与丝绸之路经济带有机衔接的重要门户"。②

  京族是跨境民族，与越南有着天然的联系；京族聚居的京族三岛与越南隔海相望；以潿尾金滩和山心万鹤山湿地公园为核心的京岛风景名胜区，是4A级旅游区，每年到此旅游观光的游客高达100万人以上。凭借上述地缘优势和旅游优势，开展京族传统文化与越南文化交流、京族传统文化与祖国各地、各民族文化的交流，构建和弘扬具有鲜明海洋文化特色，又有时代色彩的京族文化，有着极为广阔的空间和美好的前景。此为机遇三。

  综上所述，改革开放以来，尤其是进入新世纪以来，京族传统文化传承

---

① 国务院办公厅：《中共中央国务院关于实施乡村振兴战略的意见》，新华网（news.xinhuanet.com/），2018年2月2日。
② 国家发展改革委、外交部、商务部：《推动共建丝绸之路经济带和21世纪海上丝绸之路的愿景与行动》，新华网（http://www.xinhuanet.com/），2015年3月28日。

发展，无论是硬件建设还是软件建设都取得了令人瞩目的成就。但随着我国经济社会深刻变革、对外开放日益扩大、互联网技术和新媒体快速发展，各种思想文化交流、交融、交锋更加频繁，京族传统文化的传承与发展面临诸多的挑战，与此同时，京族传统文化的传承与发展又遭逢难得的大好机遇。如何直面挑战，把握好机遇，传承与发展京族传统文化，是各级党委政府、京族同胞和有识之士值得深思的重大课题。

（作者是防城港市文化委主任）

文化自觉与新时代京族
文化的创造性转换创新性发展

吕俊彪

一、文化变迁中的"自觉"

20世纪90年代以来，世界政治、经济、文化格局发生深刻变化，人口、技术、资本、信息以及意识形态的全球性流动变得日益频繁。而在西方文化的强力冲击之下，一些后发展地区民族传统文化的传承和发展面临诸多前所未有的危机和严峻的挑战。作为对全球化浪潮的一种回应，以联合国教科文组织为代表的国际机构，提出了一系列旨在保持人类文化遗产的倡议，各国政府也采取了与之相适应的保护措施，为民族传统文化的传承创造条件。然而，在一些民族地区，由于经济发展方式的深刻转变以及城市化进程的急剧推进，传统文化所根植的社会土壤，在经济与社会发展的过程中已被深层解构，文化传承的社会空间受到严重挤压，民族文化的发展难有新的起色，一些传统的文化表现形式正在不断消失。

如何在新的历史发展时期，采取行之有效的措施以保持民族文化的传承和发展，已然成为众多有识之士所关心的焦点话题。在这些话题的讨论当中，有一种现象极其值得关注，那就是作为民族文化主体的当地人，对于文化的传承和发展似乎并没有表现出与其文化身份相吻合的热情和付出，从而使得所谓的文化保持更多地表现为政府官员和专家学者的"一头热"现象。关于这种现象的解释可谓众说纷纭。有些学者认为这种现象的出现与民族文化传统本身的"特点"有关，也有学者认为这是由于当地人对于自己文化的"价值"认识不足所致，但更多的观点倾向于这是由于经济发展所带来的社会后果。

文化是关于人与事物的意义秩序。文化既是一种结构、一种象征、一种实践，更意味着一种变迁的过程，时刻处在"不断再造的洪流之中"。①《周易》中"观乎天文，以察时变；观乎人文，以化成天下"之说，形象地说明了"人文（纹）"之所"化"的过程。然而，在其变迁的过程中，文化各组成部分的演进"速度"往往是不尽一致的。有些部分演进得相对较快（譬如经济、技术等），而有些部分的演进则相对较为缓慢（譬如社会制度、价值观念等），从而导致一种被威廉·费尔丁·奥格本（William Fielding Ogburn）称之为"文化堕距"（culture lag）的现象。② 这种现象的出现，往往会使人产生一种错觉，亦即作为文化主要构成"部件"的结构、象征、意义等，可以游离于社会发展之外，从而诱发了一些人之于"原汁原味"传统文化的诸多想象和期待。

在这种思维模式的框架里，我们对于民族文化保护和发展的一些认识和理解，或是聚焦于某种层面上的"结构"，或者陶醉于各种隐晦的"象征""意义"，民族文化所依存的社会土壤的"基础性决定意义"则在相当程度上被忽视了。由此也导致了一些人对于"原汁原味"传统文化的依恋，他们看不到或者不愿看到民族文化发展的现实"迫力"和内生需求。事实上，任何文化表现形式的生存，都是依托在具体的社会群体的现实生活之上的，并且随着社会生活的变化而发生不同程度的变迁。虽然在此过程中，通常会出现某些"文化堕距"，但这种"堕距"的出现并不否认文化变迁的总体事实，而是从另一个侧面展现了文化演进的可能进路。

对于历史与现实中存在着的文化表现形式来说，它们的形成绝不会是无缘无故的，而总是有着与之密切相关的社会基础。用费孝通先生的话来说，那便是文化总是服务于人的。在此意义上，作为文化主体的人，是不可以轻易抛弃那些他们"生于斯，长于斯"的文化的——除非这种文化对于他们来说已经失去原初的"服务能力"。由此所推断出的一个简单逻辑或许就是，那些不被当地人所热心参与的民族文化保护活动，乃是因为这些文化传统对于他们来说似乎已然失去了其原先的各种"作用"——尽管在一些文化研究者的想象当中，这些不被当地人珍视的文化传统是如此的弥足珍贵。而让文化保护活动的热心者所不愿看到的是，那种以"有用"和"没用"作为评判传统文化价值、有着显而易见的功利主义色彩的理论逻辑——如果可以这么说的话——在我们的田野工作当中却常常不经意地被遇到。

23

---

① ［英］奈杰尔·拉波特、乔安娜·奥弗林：《社会文化人类学的关键概念》，鲍雯妍、张亚辉译，北京：华夏出版社，2009 年，第 91~93 页。

② ［美］威廉·费尔丁·奥格本：《文化变迁——关于文化与先天的本质》，王晓毅、陈育国译，杭州：浙江人民出版社，1989 年，第 265 页。

如果可以由此给予这种来自社会底层的理论逻辑以某种"存在性意义"的话，那么我们对于文化保护的一些看法和观点，可能就需要做出适当调整。首先需要改变的，或许就是对于民族文化发展状态的理论假设。在众多民族文化传承与发展研究的理论阐释中，通常都在有意或者无意之中预设了民族文化某种"完美无缺"的状态，从而为保护所谓"原汁原味"的文化传统提供依据。① 笔者以为，这种悖论性的理论预设，不仅无法说明民族文化形成的原因，也无从讨论它们的发展方向，更从根本上削减了民族文化的自我反思能力。

文化变迁的原因无疑是多方面的。生态环境变化、技术创新、经济发展、文化交流与传播等，皆有可能导致民族文化的变迁。而对于文化主体来说，无意识地适应与有意识地选择，则在更大程度上左右着民族文化发展的方向。事实上，在某些时候，文化主体的"态度"甚至决定了民族文化生存与发展的"命运"。费孝通在《反思·对话·文化自觉》一文中提出，在文化发展的问题上，我们要有一种"文化自觉"。也就是我们对自己的文化要有"自知之明"，要明了文化的来历、形成过程以及所具有的特色和发展趋向。这种自知之明，对于增强文化转型的自主能力，取得决定适应新环境、新时代的文化选择自主地位，具有重要意义。费先生认为，文化自觉是一个艰巨的过程，只有在认识自己的文化、理解所接触到的多种文化的基础之上，才有条件在这个正在形成中的多元文化的世界里确立自己的位置。② 笔者以为，费氏之于"文化自觉"的观点，对于新时代京族传统文化的传承和发展，具有重要的借鉴意义。

二、京族文化传承的时代困局

虽然拥有着沿海、沿江又沿边的区位优势，但是京族地区经济与社会的发展在 20 世纪 80 年代以前一直处在低度发展状态。令人欣慰的是，由于受到外部的"影响"相对较少，京族传统文化表现形式得到较为完整的保持。而京族人也因之得以在 20 世纪 90 年代以后秉持其在文化传统上的这种"优势"，为地方经济与社会的发展注入新的生机与活力。然而，伴随着城市化的快速发展以及地方经济增长方式的转变，京族人的生计模式、生活习惯以及价值观念也发生了显著变化，京族传统文化所依存的社会基础深刻改变，文化保护与传承所需要解决的问题不断增多。尽管近年来得益于地方政府许

---

① 对中国民族学者来说，这种理论预设的出现，一方面来源于他们的学术情结；另一方面则可能是由于受到人类学文化相对主义理论影响的结果。

② 费孝通：《文化的生与死》，上海：上海人民出版社，2013 年，第 419 页。

多行之有效的文化保护措施，以及一些当地人的积极参与，京族传统文化的保护与传承取得了一些阶段性的成效，但在市场经济的冲击之下开始面临诸多新的挑战。

市场经济的发展，改变了京族人对待文化保护与传承的传统理念。20 世纪 90 年代以前，海洋渔业是京族地区经济发展的主导产业，虽然存在有少量的农业、手工业、商业等，但这些行业多是一种补充性的"副业"，对于地方经济发展的影响较为有限。京族传统文化正是在这样的产业基础之上逐渐形成和发展的，因而不可避免地带有海洋生活的特点。实际上，无论是诸如哈节一类的民族传统节日，还是"翁村"这样的社会组织，抑或京族民间信仰以及当地人的风俗习惯等，都与京族人的海洋生活密切相关。20 世纪 90 年代以后，随着中越边境贸易的快速发展，京族地区的产业结构发生重大调整，产业多元化发展的态势日趋明显，而海洋渔业传统的主导地位则逐渐被削弱。这种趋势的出现，不仅深刻改变了京族地区的经济发展方式和京族人的经济生活，而且在相当程度上影响了京族人对待传统文化的"态度"。那些曾经在他们的社会生活中举足轻重的传统，因为"堕距"的出现，其重要地位已经开始发生某些微妙的变化。

城市化的快速推进，严重挤压京族文化传承的社会空间。在市场经济迅猛发展的同时，20 世纪 90 年代以后不断加快的城市化进程，也使京族传统文化的保护与传承面临新的困局。随着城市化的发展，越来越多的京族人，尤其是青年人，不断流向城市或者经济发达地区。一些村子由于青壮年劳动力的大量外流，出现了所谓的"空心村"现象，民族传统文化陷入无人可传的窘境。如果说人口外流对于文化传承的影响只是一种浮现在社会表层的现象，当地人尚且可以经由某种"候鸟式"的回归，从而实现文化传统的保护和传承的话，那么由于对城市生活方式的顶礼膜拜，则极大地型塑了一些京族人的精神世界，形成了京族文化传承的社会空间的严重挤压。近年来，"现代的""先进的"城市生活方式，对"原始的""落后的"乡村生活方式的取代，被一些人看成社会发展的"必然规律"。而在这样一种社会思潮的影响之下，越来越多的京族人把城市生活方式视为当代人社会生活的圭臬，而传统的生活方式，则更多地被看成一种远离现代生活的仪式展演。

游离于现实生活之外的传统文化的表现形式，不能满足当代京族人的生活诉求。京族传统文化的表现形式，虽然自有其丰富的社会内涵，但随着经济与社会的发展以及京族人社会生活的变化，一些建基于传统生产、生活之

上的文化传统，开始逐渐游离于现实生活之外，不能很好地满足当代京族人对于社会生活的期待和诉求。经济发展方式的变化以及城市化进程的不断加快，或可以认为是影响京族文化传承和发展的外部原因，但与现实生活的不相适应，甚至于某种程度上的脱节，则无疑是影响文化传承最为重要的内部原因。对于文化主体来说，任何文化的表现形式总是需要具备一些"功能"的，那些与现实生活相脱节、不能满足社会生活需要的"传统"，无论其外在表现形式如何绚丽多姿，事实上都是很难持续的。当越来越多的京族人不再出海捕鱼、不再沿袭"日出而作，日落而息"的生计，而是在经济高度发达的城市谋求更加多样的职业、追逐更加"现代"的生活，或在家乡从事与渔业生产关系不大的职业，如旅游服务、海产品加工等之时，传统的生活方式显然不能满足他们对于生活的期待。而在此等情况之下，仍然要求当地人保持那种"原汁原味"的文化传统，似乎是不现实的。

被动的文化保护机制，难以适应当代社会突飞猛进的文化发展潮流。长久以来，京族文化的传承是以一种习惯性的社会行为方式，在当地得以"薪火相传"的。因此，文化保护对于偏安一隅的京族人来说，似乎是较为新鲜的事物。确切地讲，这种新事物实际上是在 20 世纪 80 年代以后，为了恢复遭到"文化大革命"严重破坏的地方文化传统而提出来的。在此意义上，京族文化保护机制的形成，从一开始就处在某种被动局面之中，并且一直延续至今。进入 21 世纪以后，这种主要由政府支持、京族民间精英分子参与谋划的文化保护机制，在面对日趋复杂的文化发展潮流之时，往往显得捉襟见肘。由于没有相对稳定的文化保护机构，也没有行之有效的制度性安排，更缺乏文化发展的长远规划和当地人的积极参与，致使民族文化表现形式的挖掘、保护等，在相当多的情况下都是在一种应景性的氛围之中展开的。而在现代信息技术无孔不入，城乡之间、地区之间、民族之间日益频繁的经济与文化交流已成常态的当代社会，这种"传统"的文化保护机制，难以适应文化传承与发展的需要。

毋庸讳言，京族文化传承与发展所面临的这些问题，既是经济与社会发展的一种"结果"，也有文化发展自身的某些原因。当前，中国社会发展的主要矛盾，已从"人民日益增长的物质文化生活需要同落后的社会生产之间的矛盾"，转化为"人民日益增长的美好生活需要和不平衡不充分的发展之间的矛盾"。作为中国最富裕的少数民族之一，京族社会虽然已基本上实现小康，但某种程度上的"不平衡、不充分"现象，不仅存在于当地人的经济生活当中，而且更突出地体现在民族文化的发展之上。而这种现象的出现，客观上要求我们正视民族文化传承与发展面临的困难，并采取有力措施实现传统文化的创造性转化创新性发展。

三、京族传统文化的创造性转化

在当代中国社会的主流话语体系当中，所谓民族文化的创造性转化，一般被认为是"按照时代特点和要求，对那些至今仍有借鉴价值的内涵和陈旧的表现形式加以改造，赋予其新的时代内涵和现代表达形式，激活其生命力"。[①] 有的学者认为，民族文化的创造性转化，简单说来，就是"把文化传统中的符号与价值加以改造，使经过改造的符号与价值转变成有利于变迁的种子，同时在变迁中继续保持文化认同"。[②] 就其思想实质而言，创造性转化则无非是使社会变迁和文化认同统一起来。而在具体的方法上，就是"改造、转化传统的观念，但不是打倒传统的观念"。[③]

京族文化传承与发展中所出现的问题，既带有某些普遍性的特征，也有一定的特殊性。正如前文所言，在经济快速发展、文化交流日益频繁的当代中国社会，20 世纪 90 年代以来那种被动的民族文化保护方式，已经不能很好地适应新时代民族文化传承和发展的需要。这个问题不只是京族文化保护才有的问题，而是一种带有普遍性特点的现象，只有实现传统文化的创造性转化，才能为民族文化的传承和发展打下坚实的基础。京族文化传承的特殊性在于，如何在"靠海吃海"的传统生计方式发生巨大变化的时代背景之下，更好地适应时代发展的要求，实现民族文化的传承和发展。京族社会已然进入一个新的历史发展时期，若想超越京族文化传承和发展面临的种种困境，需要有一种文化自觉的意识，重新审视其在当代社会的"价值"，正视京族文化传统所存在的某些"不适"，审慎改造传统文化的表现形式，改革文化传承机制，以不断焕发京族传统文化的生机与活力。

1. 秉持文化自觉的态度，重新审视京族传统文化的"价值"。

京族传统文化作为当地人长期社会经验的重要结晶，沉淀了繁茂芜杂的社会内涵，它们既是历史与现实的选择，又彰显了自然与人性的灵光，更是京族人最为重要的精神家园，其所蕴涵的巨大社会价值似乎是不言而喻的。尽管如此，我们仍然需要意识到，作为社会生活方式的民族文化，是一种不

[①] 王艺霖：《习近平对中国传统文化的创造性转化和创新性发展》，载《人民网—中国共产党新闻网》，2016 年 2 月 3 日。
[②] 林毓生：《中国传统的创造性转化》，北京：生活·读书·新知三联书店，2011 年，第 283 页。
[③] 陈来：《"创造性转化"观念的由来和发展》，载《中华读书报》，2016 年 12 月 7 日（第 5 版）。

断演进的过程。在经历了 1949 年以后，尤其是 20 世纪 90 年代以来重大的社会转型之后，当代京族人的生产、生活方式和价值观念已悄然发生改变，而传统文化由以生长的社会土壤已发生深刻变化，京族文化所蕴含的一些传统"价值"亟待重新评估。只有以一种"自知之明"的态度，重新审视民族传统文化的各种"特点"，适时调整一些与时代脱节的生活方式和价值观，才能更好地激发文化传承与发展的内生动力，为京族文化的繁荣和发展注入新的活力。

2. 审慎改造传统文化的表现形式，适应当代京族人的文化需求。

以民族学、人类学的学术视角而论，传统的京族社会或可以视之为一种"简单社会"。这不单是说京族社会的生计方式较为单一、社会组织形式相对简单，同时也意味着京族传统文化的"单纯"。这些文化表现形式，是当地人在漫长的历史发展过程中不断创造出来的，自然有其存在的某种"合理性"，我们无从评价它们的"好"与"不好"。然而，我们必须注意到，当代京族人对于传统文化的"态度"，在其传承与发展的过程中起着至关重要的作用。在民族文化交流日益频繁的当代社会，新生代京族人所能接触的异文化表现形式种类繁多，他们的"见识"不断增长，表现形式相对简单的传统文化，对于他们的吸引力正表现出日渐衰减的趋势。如果能够顺应时代发展的需要，审慎转变传统文化的表现方式，使之能为更多的新生代京族人所喜闻乐见，满足其文化需求，将更加有利于京族文化的传承。

3. 改革文化传承体制机制，激发京族文化传承和发展的内生动力。

京族文化传统的传承方式，是在当地人长期的社会生活中"自然"形成的。以"翁村"作为文化传承的主要组织者，以德高望重的村中长者作为主要传承人，依靠"师傅带徒弟"的方式完成各种民间知识与技艺的传承，通过重大仪式活动集中展演传统文化表现形式，实现文化传承的目的，这是 20 世纪 50 年代以前京族文化传承的重要途径。这种传承模式在 1949 年以后发生了深刻变革，作为文化主体的京族人曾一度失去文化传承的主导权。虽然 20 世纪 80 年代以后京族文化传承得到更多重视，但京族人在文化传承中的主导地位仍然有所缺失。而在市场经济条件下迅速形成的"文化搭台，经济唱戏"的新模式中，这种缺失得到更为充分的展示。商业的渗透，固然可以为京族文化的传承提供某些物质上的支持，但过度商业化所造成的社会后果，则是一种需要警惕的倾向。事实上，在"经济唱戏"的影响之下，一些京族传统庆典活动正在失去仪式感，文化保护与传承的严肃性也因之受到严重损害。笔者以为，京族文化的保护与传承，不能走以往那种听之任之的"自然"传承之路，也不能走商业化的邪路。在新时代要转变文化发展理念，完善文化管理体制，在继续发挥政府作用的前提下，给予京族人在文化保护与传承上更多的主导权。与此同时，要充分发挥乡贤在乡村社会建设中的作用，以其威望及对地方社会的影响力凝聚人心。要吸引更多年轻人参与民族文化传承的管理工作，增强文化保护的管理协调能力，更好地服务当地人的社会生活。只有这样，才能更好地唤起当地人的文化自觉意识，激发文化发展的内生动力。

四、京族文化的创新性发展

从某种意义上讲，创造性转化只是在一定程度上解决了传统文化在新的历史发展时期的传承方向问题。这是一种结构性的、系统性的转向，主要体现在文化传承的宏观方面。从某种意义上讲，作为社会结构，甚至意义系统的民族传统文化，可以在一定程度上通过文化的创造性转化来实现其在当代社会的传承，但是作为社会实践的文化，若要赋予其新的生机与活力，以更好地服务于当地人的生活，则需要通过创新来获取发展的更大动力。

京族是我国人口较少的少数民族，虽然由于地理位置上的特点以及独特的历史发展轨迹，京族传统文化表现形式得到了相对较好的保持，但在全球化时代，其所面临的冲击较之其他民族群体往往有过之而无不及。如何在保持文化传统"精髓"的基础上，融合京族人当下的生活需要，通过创新来实现京族文化的传承和发展，是一个亟待解决的现实问题。

1. 进一步丰富文化内涵，不断增强京族文化的时代适应力。

京族文化有着久远的发展历史和丰富的社会生活内涵，在地方经济与社会发展的过程中有着深远影响。这是一个毋庸置疑的社会事实。然而，我们也应该看到，随着社会的发展以及民族文化交流的不断扩大，京族传统文化对包括京族人在内的地方社会的影响有逐渐弱化的趋势。京族文化的传承和发展，不仅要实现观念、体制、表现方式的创造性转化，更需要文化内涵的不断丰富。吮吸京族传统文化的精华，顺应时代发展的现实要求，创新京族文化的表现形式，进一步丰富京族文化的内涵，使之既能继承传统文化的精神要义，又能体现当代京族人的精神需求，这是新时代京族文化发展所亟待解决的现实问题。与此同时，我们必须明了，京族文化的创新发展，绝不是对文化传统的颠覆性改变，而是怀揣着对传统的敬畏之心，以一种现实的紧迫感，在注重对京族文化内涵进行挖掘、保护的基础之上，以更加广阔的胸襟，吸收现代文化和外来文化的合理成分，通过文化的兼收并蓄，进一步丰富京族文化的内涵，不断增强文化的适应力和生命力。

2. 重视民间文艺作品的创作，增进京族文化的再生产能力。

文化不是亘古不变之物，而是一个不断再生产的过程。京族文化的传承，不能完全依赖于传统意义的"保护"。因为每一种事物都有形成、发展、衰落，甚至消亡的过程，文化也同样如此。只有尊重事物发展的普遍规律，重视民族文化的再生产，才能保持传统文化生生不息的状态。京族文化的传承和发展，不仅需要在继承传统的基础上对民族传统文化进行适度创新，而且需要进一步加强京族文化表现形式，尤其是民间文艺作品的创作。民间音乐、民间舞蹈等，是京族传统文化的主要载体，有着重要的审美价值，但由于多年来一直沿用传统的表现方式，没有有影响力的新曲目、新作品的出现，京族民间文艺在京族人社会生活中的地位有不断削减的趋势。由此，在继续挖掘、保护京族传统文化表现形式的同时，加快京族文化产品（作品）创作、生产的步伐，探索京族文化在新时代的再生产方式，满足当代京族人审美情趣的现实需要，乃是保持京族文化旺盛生命力的重要进路。

3. 改进传统文化传承的实践方式，增强京族文化的感召力。

民族文化的传承和发展是需要感召力的。这种感召力来源于文化主体的民族情感，也与他们的日常生活息息相关。京族文化若要实现在当代社会的传承和发展，就不能游离于当地人的社会生活之外，更不能囿于传统社会的思维定式之中而不思创新。"周虽旧邦，其命维新"①，三千多年前的古人尚有如此担当，新时代的京族人对于民族文化的创新和发展更是责无旁贷。笔者以为，在深刻认识、理解传统文化精神实质的基础上，对衣、食、住、行以及与之相关的生活设施、器具进行有意识地"设计"，使之既能彰显海洋文化的特点，又贴近于当代京族社会生产、生活的现实需要，从而实现文化传承与日常生活的有机融合，这是增强京族文化的感召力，夯实文化传承的社会基础的必由之路。唯其如此，京族传统文化传承和创新发展的愿望，才有可能得以最终实现。

创新是事物发展的动力源泉。文化的创新性发展，对于京族文化的传承具有重要的现实意义。随着全球经济一体化进程的不断加快，地区之间、民族之间的经济关系不断密切、文化交流进一步深入，社会生活中"你中有我，我中有你"的现象日益突出，而地域文化、民族文化在互相借鉴之后出现的某些同质化倾向也日趋严重。作为一个人口较少的少数民族，京族文化传承

---

① 《诗经·大雅·文王》，北京：北京出版社，2006年。

所需要面对的问题不断增多，只有结合民族传统文化的特点，回应时代关切，加快民族文化创新性发展的步伐，才能在更好地满足民众美好生活需要的同时获得自身的传承和发展。

五、结束语

京族是一个"以海为伴"的民族，其传统文化有着鲜明的海洋生活气息。20 世纪 90 年代以来，随着国际关系的变化以及地方经济发展方式的转变，京族社会"靠海吃海"的传统经济发展模式和社会组织形式发生着深刻变化，而当地人的生活习惯和价值观念亦与之前有所不同。由于传统文化表现形式所扎根的社会土壤正在逐渐被消解，京族文化保护和传承所面临的压力不断加大，文化发展内生动力不足的问题日益凸显。虽然在地方政府和社会各界的支持之下，近年来京族传统文化的保护收效显著，但由于诸多主、客观方面的原因，其发展形势并不能令人乐观。

在城市化进程不断加快、人口流动和文化交流日趋频繁的当代社会，京族传统文化保护面临的严峻挑战，客观上需要对其进行创造性转变和创新性发展，以适应于当下时代发展的需要。笔者以为，在新的历史发展时期，我们需要秉持高度敏感的文化自觉，重新审视京族传统文化的"价值"，不断创新京族文化的表现形式，积极探索京族文化再生产的方式，把传统文化的精髓融入当代京族人的日常生活当中。只有通过对京族传统文化表现形式的创造性转换和创新性发展，焕发其生机与活力，才能进一步增强京族文化的感召力，增进京族人的文化认同感，夯实京族文化保护和传承的社会基础，促进地方经济与社会的协调发展。

（作者是广西民族大学教授）

试论新时代京族文化
传承与发展策略

陈 锋

讨论新时代京族文化传承与发展策略问题，要解决两个问题：对这个问题"怎么看？"下一步应该"怎么办？"具体涉及三个方面："新时代传承和发展什么样的京族文化""新时代怎样传承和发展京族文化""新时代为谁传承和发展京族文化"。我国有位学者方克立教授在谈到中国文化发展现实道路时，提出"马魂中体西用"论。即"马学为魂，中学为体，西学为用，三流合一，综合创新"，把马克思主义的指导思想地位、中国文化主体地位和外来文化"他山之石"地位三者有机统一起来，准确揭示当代中国文化发展的实质内容和现实道路。受此启发，笔者认为新时代京族文化传承与发展策略应是在做好顶层设计和宏观规划的前提下，遵循"汉魂、京体、越用"三体合一原则和思路，即以"汉学为魂，京学为体，越学为用，三体合一，综合创新"，把中华文化的灵魂地位，京族文化的主体地位和越族文化的"鉴借之石"有机融合、融汇、融通起来，同时重视人才培养，推进京族文化在新时代的传承与发展。

一、"策略为上"：做好顶层设计和宏观规划

毛泽东同志指出："只有党的政策和策略全部走上正轨，中国革命才有胜利的可能。政策和策略是党的生命，各级领导同志务必充分注意，万万不可粗心大意。"①改革开放成功实践40年来，中国特色社会主义建设事业取得令世界瞩目的巨大成就，国内外理论界、学术界都在研究和探讨中国道路、中国模式、中国经验、中国方案、北京共识，得出其中一个重要经验就是中国善于制定国

①《毛泽东文集》（第五卷），北京：人民出版社，1996年，第83页。

民经济和社会发展以及深化改革长远规划，指导经济社会文化建设和各个领域、各个方面改革。要从战略高度和长远角度看待和谋划京族文化传承与发展问题，即从应然与实然相结合视角进行思考和操作。要以系统思维来统筹部署、以整体方式来协调推进、以协同作战方式来相互配合，促使传承不停顿、创新不止步。京族文化传承与发展策略是一个关系京族文化长远发展和能否做大做强的重大问题，是一个涉及方方面面、触及各个阶层的系统工程，不可能单兵突进，必须坚持辩证思维谋划、全面系统部署，提出具体路线图和时间表，在协同配合中推进各项传承与发展，拿出"立得住、叫得响、传得开"的研究成果。

第一，制定好京族文化传承与发展规划。当前，从应然视角看，制约京族文化传承与发展一个重要因素恐怕是缺乏长远规划和宏观谋划。俗话说："不谋全局者，不足以谋一域。不谋万世者，不足以谋一时。"科学处理好"全局"与"一域"、"万世"与"一时"的关系，对于更好地促进京族文化传承与发展起着非常关键而重要的作用。应以 5 年或 10 年为一个周期，甚至更长时期，谋划京族文化传承创新的长远发展，而不是零敲碎打，见子打子，踩着西瓜皮滑到哪儿算哪儿。每年召开研讨会，邀请国内外理论界、文化界专家、学者齐聚一堂交流思想、交换看法，共聚友情、共话发展，很有必要；但是从顶层上制定和谋划好京族文化传承与发展规划，事关京族文化长远发展，兴旺发达，有利于挂图作战，协调相关各方，形成全力推进京族文化传承与发展的合力机制，更为重要。全国政协委员夏宁在参加 2018 年全国两会期间就推动京族传统文化传承和繁荣发展提出意见和建议，认为要"制定京族传统文化传承及发展规划，明确保护和开发京族传统文化的具体措施"。建议"紧紧围绕'一带一路'倡议的实施，以京族文化为切入点，将继承、保护、利用、开发京族文化列入国家层面文化发展总体规划当中，制订切实可行的保护计划。加大京族地区基础设施建设投入，以提升京族文化旅游的民族特色，使京族的文化旅游、文化产品成为经济增长的支撑产业"。[①] 这是充满睿智、富有见地的深谋远虑之见。

第二，制定好京族文化传承与发展年度规划。制定了 5 年或 10 年规划，甚至更长时期远景规划，还要考虑如何分年度推进，每年有每年的发展任务和建设目标。辩证唯物主义认识论认为，积小胜为大胜，从量变到质变，从局部性质变到整体性质变，是事物质量互变的规律性认识。通过分年度、分阶段、分步骤完成一定质和量的项目，小步快走，逐步实现 5 年或 10 年，甚至更长远的发展目标。

---

① 肖亮升、吕东浩：《夏宁委员：保护好京族传统文化》，中国网 (http://cppcc.china.com.cn/)，2018 年 3 月 22 日。

第三，制订好京族文化传承与发展实施方案。如何让 5 年、10 年，甚至更长远规划落地落实，从实然视角看，还要制订具体实施方案，要从创新激励机制、推行运行机制、完善工作机制、健全保障机制、建立健全考核评估机制等方面着手，保证京族文化传承与发展落小、落细、落实。

二、"汉学为魂"：发挥中华文化指导地位

京族祖先"15 世纪末 16 世纪初从越南海防涂山等地陆续迁入我国境内，世代以捕鱼为生，靠海吃海，而后落脚定居下来，经过繁衍生息、开枝散叶，至今约有 500 年历史"。[①] 在争生存、争发展，战天斗地，与中华民族各族人民休戚与共、生死相依，与天斗、与地斗、与人斗的过程中，传承和发展了独具地域性质和民族特色的京族文化。

第一，京族文化是中国优秀传统文化的重要组织部分。"中华文化积淀着中华民族最深沉的精神追求，是中华民族生生不息、发展壮大的丰厚滋养。"[②] 京族人民历经从越南的"流民"到旧中国的"难民"，再到社会主义新中国的"国民"的数百年间，逐步融入中华民族大家族，与壮、汉、瑶等族人民交往、交流、交融，深受中华文化熏陶和影响，感受中华文化浩瀚与深邃，"他们表现于共同文化上的共同心理素质之一，就是承认自己是中华民族大家庭中的一员，而不是越南的越族或别的民族。"[③]

第二，发挥中华文化，特别是中国特色社会主义文化的指导地位。京族人民"在当地基层党组织和人民政府领导下，与当地壮、汉、瑶等民族和睦相处，不断相互学习，促进民族融合，共同稳固祖国边疆，为推动地方经济、促进社会文化发展做出重要贡献，是少数民族与国家之间相互融合的模范，是我国民族关系'三个离不开'的模范，是多民族国家政治认同整合的成功典范"。[④] 沐浴在中国特色社会主义文化光辉之下的京族人民，与其他民族同为命运与共的中华民族大家族一员，共建各族人民美好生活，共享国家繁荣昌盛的荣光，共圆祖国伟大复兴的梦想。

三、"京学为体"：立足京族具体实际

习近平总书记在哲学社会科学工作座谈会上的重要讲话中，讲到中国特

① 陈锋：《海村京族国家政治认同整合研究》，《广西社会科学》，2014 年第 8 期第 132 页。
② 习近平：《谈治国理政》. 北京：外文出版社，2014 年，第 155 页。
③ 习近平：《谈治国理政》. 北京：外文出版社，2014 年，第 42 页。
④ 陈锋：《海村京族国家政治认同整合研究》，《广西社会科学》，2014 年第 8 期第 132 页。

色哲学社会科学建设时，专门谈到12字原则——"不忘本来，吸收外来，面向未来"，可以也应当运用于指导京族文化传承与发展。"京学为体"要从以下两个方面下功夫。

第一，从内容上来看，要立足"京地"，不忘"京味"。一是立足"京地"。不要忘记京族文化是从哪里来的，现在应该做什么，以后往哪里去，如何发展创新。"京族三岛"是京族文化的发源地，传承与发展自然也离不开这个"故地""故里""故乡"。京族文化内涵是什么？要传承的是什么样的京族文化？京族作为海洋民族，在向海求生、耕牧海洋的漫长历史中，创造了光辉灿烂的文化。说起京族或者"京族三岛"，映入人们脑海的首先是代表京族文化的标志性品牌。如旅游胜地——金滩、独弦琴、哈节、哈亭、字喃、京族博物馆、京族姑娘的服饰、岁时习俗等。二是不忘"京味"。京族的风吹饼、酸粉、鲶汁，形神兼具、品相具优，过口难忘。我们不仅要让世人知道"舌尖上的京族"，还要让世人知道"琴声中的京族""节庆文化中的京族""字喃记载中的京族"，更要让世人知道"发展中的京族""开放中的京族""为社会发展做出贡献的京族"。

第二，从表达方式来看，要体现"京韵"，弘扬"京语"。一是体现"京韵"。在话语表达体系等方面充分体现京族特色、京族风格、京族气派。独弦琴、哈节、哈亭、字喃、服饰等，打上浓浓的"京韵"烙印，享誉中外、蜚声海内外。给听众、观众、受众带来视听盛宴感受的独弦琴是京族的文化标志之一。二是弘扬"京语"。字喃是京族人民独创、独有的文字，也是京族文化标志之一。潭尾村设立有京族字喃文化传承研究中心，对京族传统文字进行挖掘和研究，这是民间自发行为，笔者认为这样远远不够，要在新时代让京族文化传承和发展工作走深、走实、走活，扎实有效，有力有序推进，必须上升为政府部门行为，应设立专门机构、配置专门人员、拨出专门经费、加大研究力度等，不能让它湮没在漫漫历史长河之中。夏宁提出一系列真知灼见，即建议加快京族民族语言"字喃"传承与保护进程，把京族民族语言"字喃"列入中国语言资源保护工程。以"京族字喃文化传承研究中心"为基地，打造京族文化传承保护与开发的载体和平台。推动"字喃文化"进校园，招收爱好"字喃文化"的学生、青年村民参加学习。继续收集、整理、编写和翻译"字喃文化"资源，深化"字喃文化"研究工作，加快"字喃文化"继承人的培养，发挥好传承人的作用。①

35

---

① 肖亮升、吕东浩：《夏宁委员：保护好京族传统文化》，中国网 (http://cppcc.china.com.cn/)，2018 年 3 月 22 日。

四、越学为用：敞开胸怀吸收外来

京族文化传承与发展在不忘本来、立足京族具体实际的同时，还必须吸收外来，这样才能更好地面向未来。所以在"汉学为魂"基础上，笔者提出"京学为体，越学为用"的原则。

第一，坚持以京学为主体。这是新时代推进京族文化传承与发展的根基和命脉所在，任何时候都不能动摇、不能离开和不能抛弃京学这个本色、底色，新时代京族人民传习和承接的是京族文化这个根和脉。俗话说："根深才能叶茂。"一是要爱护和保护好这个根系和脉络。这是京族人民安身立命之所。习近平指出："一个不记得来路的民族，是没有出路的民族。"不管走多远，走到哪里，都不能忘记我们是哪里来的，要到哪里去，否则就是本末倒置，会走向歧路和邪路上去。二是要传习好，承接好。在中国特色社会主义新时代，期待越来越多的京族青少年顺应时代潮流、历史呼唤，接过京族文化传承和发展这个接力棒，敢于担当，埋头苦干，以与时俱进、时不我待、舍我其谁的担当精神，接续奋斗，继续为传承和弘扬好京族文化而努力，不断为促进京族经济社会发展做出新的更大贡献。

第二，继承和吸收越南越族文化精髓。京族祖先来自越南，"与越南的主体民族越族山水相连，同根同源，语言相通，习俗相近，文化相似。""从哈亭的碑文、村约和哈节的等级制度中，可以清楚地看到京族同胞生活在封建社会中的苦难境况。由于生活异常艰难，不少渔民曾萌生返回越南老家的念头，海村人还常为去留问题争吵不休。"[①]一是牢记邻居搬不走，亲缘割不断。由于人缘、地缘、亲缘相近关系，每年隔海相望的两个不同国家的两个不同民族——中国京族和越南越族，各自举办哈节时都会互派人员参加；五百年前是一家，平时两个民族也像亲戚串门那样往来走动，所以中国京族与越南越族有着切割不断的血脉联系。二是民族基因测序不能忘。"一个民族最深沉的精神追求，一定要在其薪火相传的民族精神中来进行基因测序。"[②]这些深嵌在两个不同国度、不同民族血脉中的文化基因一直在传承着、发展着、相互影响着。京族文化作为中华文化基因族谱和精神谱系的重要组成部分，已经深深融入中华民族的血脉和灵魂，成为中华优秀传统文化的丰富滋养，成为鼓舞和激励中国人民不断攻坚克难、从

---

① 陈锋：《海村京族国家政治认同整合研究》，《广西社会科学》，2014 年第 8 期第 132 页。
② 陈锋：《海村京族国家政治认同整合研究》，《广西社会科学》，2014 年第 8 期第 44 页。

胜利走向胜利的强大精神动力。要加强对京族优秀民族文化的挖掘和阐发，使京族文化最基本的文化基因与当代文化相适应、与现代社会相协调，把跨越时空、超越国界、富有永恒魅力、具有当代价值的文化精神弘扬起来。要推动京族民族文化创造性转化、创新性发展，挖掘其潜在力，激活其生命力，扩大其影响力，让京族民族文化同中国人民创造的多彩文明一道，为人类提供正确的精神指引。

第三，推进京族文化不断创新发展。① 习近平强调："创新是民族进步的灵魂，是一个国家兴旺发达的不竭源泉，也是中华民族最深沉的民族禀赋。生活从不眷顾因循守旧、满足现状者，从不等待不思进取、坐享其成者，而是将更多机遇留给善于和勇于创新的人们。"② 作为我国最富裕的、人口较少民族，京族人民感恩于中国共产党、中国特色社会主义给他们生产生活带来的巨大变化，获得感、幸福感、安全感不断增强，他们与时俱进，政治站位高，政治敏锐性强，富于时代性，不断把京族传统的文化元素与时代元素相结合，不是抱着民族东西不放，而是注重推陈出新。如在一年一度举办的哈节仪式上引入一些代表国家权力的国家符号。代表国家形象的五星红旗出现在哈节迎神仪式上；哈节期间不断播放红歌；国歌成为哈节迎神仪式序曲；邀请上级政府官员参加哈节；修改哈亭里柱子上的对联，激发海村京族人更加爱国、爱家等。③ 赋予民族原有形式以新的内容，如以京族海歌、舞蹈、民谣等形式歌颂中国共产党的恩情、中国社会主义制度好和京族人民美好的生活等。

五、"人才为要"：不拘一格培养人才

京族文化传承与发展除了现有文字记载的传承之外，还有一些技艺，如独弦琴、哈节仪式、京族海歌、字喃等的传承都离不开作为京族文化载体的传承人。

第一，爱护和发挥好京族文化传承人作用。如京族独弦琴艺术作为国家级非物质文化遗产，最具代表性的传承人是苏春发。还有广西京族哈妹苏海珍，澫尾村京族字喃文化传承研究中心党支部书记、字喃继承人武明志等。

第二，培养后继传承人。苏春发为了传承京族民族文化中最为世人熟知，

① 习近平：《谈治国理政》，北京：外文出版社，2014年，第256页。
② 习近平：《谈治国理政》，北京：外文出版社，2014年，第41页。
③ 陈锋：《京族传统翁村制村民自治的现代考察》，《广西社会科学》，2013年第9期第140页。

最具代表性的独特技艺——独弦琴，他弃商从教，自费组织独弦琴培训班，免费为京族三岛上的孩子教授独弦琴；东兴市教育局、社科联，防城港市京族文化研究学会联合组织开展东兴中小学音乐教师接受独弦琴培训，东兴市京族学校为学生举办独弦琴培训班等，为的就是通过培训，提升音乐教师教学水平，促进优秀民族文化进校园，传承和弘扬民族独特技艺，优化教育教学行为，让地方民族特色融入课堂教学，提升实施艺术课程能力。

第三，院校培养人才。从长远来看，京族文化传承与发展从人才角度考虑应调动和发挥好两个方面的积极性：一方面是民间非物质文化遗产传承人的传承积极性。非物质文化遗产传承人的传与其他人，特别是青少年的承，不可或缺；另一方面是正规院校以专业院系形式培养人才的积极性。要推动京族文化传承与创新发展，只靠少数非物质文化遗产传承人远远不够，而以专业院校方式，经过数年系统性教育及培训，培养出具有理论素养又有实践训练的人才，才是可依靠的创新发展的生力军，这样更有利于把京族文化保护好、传承好、发展好。

六、"贯通为王"：三体合一综合创新

把中华文化的灵魂地位，京族文化的主体地位和越族文化的"鉴借之石"有机融合、融汇、融通起来，三体合一，综合创新，推进京族文化在新时代传承与发展。

第一，"汉魂""京体""越用"三体各具其能，各展其功。京族人民在几百年向海求生的同时，与京族三岛周边陆上日出而作、日落而息，土里刨食的汉、壮、瑶等民族人民一起交往、交易、交融，共生、共荣、共享中华文明时光，特别是在饮食、服饰、住宅、语言、文字，以至节庆岁月、话语体系、表达方式上处处可见"汉化"烙印和影响。毛泽东同志指出："'化'者，彻头彻尾、彻里彻外之谓也。"① 中华文化奠定了其在京族文化中的灵魂地位。与生俱来的与越南越族文化的天然勾连，反倒成了一种"他山之玉"，发挥着"鉴借之石"的作用。三体各成体系，功用不尽相同。

第二，融汇中华文化、京族文化、越族文化互为表里。立足京地，不忘京味，熬炼京韵，坚守京族文化的初心、根脉、底色，不忘京族文化几百年传承。同时要以"中华文化精髓"为指导，融入中华文化的精神谱系，借鉴吸收越

---

① 《毛泽东选集》（第二卷），北京：人民出版社，1991 年，第 841 页。

族文化的精华，与之交流互鉴。汉、京、越三体在中华大地上经过数百年融合发展，已经是你中有我，我中有你，难分彼此。在中国特色社会主义新时代，要把中华文化、京族文化、越族文化融通，推动京族民族文化从基本内容到表现形式、精神内蕴到生发形式的创造性转化和创新性发展。

（作者是北部湾大学马克思主义学院院长、教授）

文化自信与新时代京族
文化传承和发展

吴　滨

党的十九大把习近平新时代中国特色社会主义思想确立为党的指导思想，发出"坚定文化自信，推动社会主义文化繁荣兴盛"的强力号召，把文化自信写进了党章，成为新时代中国特色社会主义思想的重要内容。这是新时代的文化使命，也是新时代对文化建设的要求。

文化自信是一个民族、一个国家、一个政党对自身所禀赋和拥有的文化价值的充分肯定和积极践行，并对其文化的生命力保持坚定的信心和发展的希望。这种坚持和坚守的信心，可以鼓起奋发进取的勇气，克服前进道路上的艰难险阻，激发改革创新的活力。①文化自信是民族自信心和自豪感的源泉，是激发全社会蓬勃向上的强大精神力量。弘扬优秀传统文化是贯彻习近平文化自信重要思想的根本要求，是实现文化自信的前提基础和首要保证。没有民族文化的大力弘扬，文化自信就是一句口号、一句空话。各民族只有真正地建立起文化自觉，树立起文化自信，在社会主义核心价值观的引领下，进一步增强责任感、紧迫感，持续努力、不懈奋斗，才能实现民族优秀传统文化的传承与发展。②

京族，是我国人口较少的少数民族，也是我国唯一的海洋渔业少数民族。京族先民是在 16 世纪初陆续从越南的涂山（今越南民主共和国海防市附近）等地迁来中国的，主要聚居在广西省防城港市下辖的东兴江平镇的"京族三岛"上。据 2010 年第六次全国人口普查统计，京族人口为 2.8199 万人，其中广西有 2.33 万人，占 83.2%。在 500 多年的历史中，京族人民创造了丰富灿烂的京族特色文化。③经过几百年的历史发展，尤其是在今天现代化和全球化进

① 广西文化厅：《坚定文化自信，加快推进民族文化强区建设》，《广西日报》，2018 年 6 月 25 日。

② 孙婷艳：《论民族地区人民文化自信力的养成与弘扬》，《贵州民族研究》，2018 年第 6 期第 10~13 页。

③ 何思源：《中华民族全书·中国京族》，银川：宁夏人民出版社，2012 年第 5 卷。

程中，京族文化呈现出多层次、多维度的风貌。一方面，它既继承了同源的越南京族文化的传统，又受其所在地的强势粤文化深刻的影响；另一方面，由于近年来生态环境、生产模式、产业结构的改变，京族原先的海洋文化特质也有所改变。总之，社会的变迁，深刻地影响着民族文化的发展，在坚守中变化，在传承中发展，是民族文化永恒的主题。故此，在新时期的历史条件下，如何坚持文化自信，谋划京族特色文化的传承与发展是当前我们面临的重要课题。

一、文化自信与民族文化传承和发展的互动关系

（一）文化自信对民族文化传承和发展具有能动作用

文化自信虽是精神层面的概念，但作用于具体生活并指导生活实践，能动地影响着民族地区文化的发展。民族文化得以传承和发展的前提是民族成员认可本民族文化的价值，对祖先创造的文化财富持有敬爱之情，以积极的姿态主动继承传统文化，在与其他民族文化交流的过程中对本民族的文化有强烈的归属感和自豪感，坚定本民族文化持续发展的信念，这就是文化自信。只有文化自信才能正视本民族文化的生命力及潜在能量，进一步保护和开发民族文化，扩大其在现代社会的生存土壤，以丰富的文化产品和服务作为成果来巩固民族成员的文化自信。

防城港市京族文化研究学会自 2014 年 3 月成立以来，坚持以"秉承挖掘、整理京族民俗文化，传承和弘扬民族精神，增进民族团结，繁荣社会主义文化"为宗旨，坚守文化自信，积极开展各种不同形式的活动，特别是通过开展学术研究、成果交流活动，取得丰厚的收获，努力推进京族文化的传承和发展。三年来，防城港市京族文化研究学会先后举办了"京族文化与海洋文化名市建设研讨会""京族文化传承与边海经济带研讨会""京族文化传承与防城港市旅游发展研讨会"和"'中越两国跨境民族民间文化交流与海上丝绸之路建设研究——以京族为例'课题研究"。区内外专家、学者共有 150 多人参加会议，提交学术论文 100 余篇，分别结集出版。学者、专家们的研究成果，对弘扬京族文化，促进地方经济和社会发展提供新的思路。在中国少数民族大辞典编纂委员会的领导和指导下，由防城港市京族文化研究学会组织编纂的《中国少数民族大辞典·京族卷》，历时 6 年，四易其稿，现已定稿交付出版社。该书内容涵盖京族的社会、地理、历史、宗教、风俗、风景名胜、经济、科技、文化艺术、语言文字、教育、医药卫生、体育、人物、典籍论著等

方面，共1500多个条目，35万多字。它的问世，填补了京族辞书的空白，标志着全国人口最少的少数民族之一的京族，从此有了自己的辞书。该书全面系统地展示本民族的社会形态、地理环境、历史沿革、文化特质和生活风貌等。对提高民族自信心，增强民族团结，为民族地区的经济文化建设提供决策依据，为国内外专家、学者了解和研究中国京族提供参考，具有重要的现实意义和历史意义。此外，防城港市京族文化研究学会在对外交流、独弦琴培训等方面也取得了突出的成绩，曾荣获"自治区先进学会"和"防城港市先进学会"称号。这一切都源于京族人民和文化工作者对中华传统文化、京族文化的自信。

（二）民族文化的传承和发展为文化自信提供实现载体和渠道

文化自信是一个抽象概念，它需要依托具体的实践来体现。一个民族的文化建设与传承充分体现在文化产业的繁荣和发展，表明该民族对本民族文化的一种自信。民族地区的文化产业既是经济创收的渠道，也是将文化自信以富含民族元素、民族特色的文化产品实体化。文化产品和服务作为文化产业的最终成果，有利于民族之间的文化交流，促进本民族文化走入更大的视域，被认可、被接受，扩大影响力，进而强化民族文化的认同感和自豪感。

近年来京族文化产业的发展，努力在独弦琴、哈节和竹竿舞这三颗明珠上做文章。不仅彰显了京族传统文化的魅力，而且强有力地表明京族人民对本民族文化的一种自信。尤其是传统节日哈节成为国家级非物质文化遗产项目以来，京族民俗文化越来越受到世人的关注，各级政府逐渐将京族文化的保护和宣传提到较高的位置。把繁荣文化与发展旅游业结合起来，培育了新的经济增长点和新的文化业态。如今，每年一度的京族哈节已成为京族地区旅游的一张名片，京族文化的知名度越来越高，有力地促进了京族地区文化产业的快速发展，更为京族人民对本民族的文化自信提供了实现载体和渠道。

二、民族文化自信主导下的京族文化的传承和发展

党和国家以及各级政府一贯重视发展少数民族地区的经济和文化，实现各民族共同发展进步。京族三岛的发展尤为引人注目。如今，世代以捕鱼为生的京族同胞，通过发展海洋捕捞、水产养殖、边境贸易、旅游和文化产业，迅速成为全国最富裕的少数民族之一。京族民间文化的保护、挖掘和开发工作也不断得到加强。2006年，哈节被列入首批国家级非物质文化遗产保护名录，成为当地重要的民族文化节庆和旅游资源，得到重点保护和开发利用。2011年6月，京族独弦琴艺术也被列入国家级非物质文化遗产保护名录。2007年，

防城港市曾组织专家工作组对京族文化中的喃字、独弦琴、哈节等开展保护和挖掘工作。2009 年、2011 年京族生态博物馆和京族文化广场相继建成使用，京族文化资源得到进一步的保护和开发利用。

然而，在现代化、全球化的进程中，在经济大潮的冲击下，京族文化的传承和发展在新时期、新条件下也面临着诸多的问题。京族民风、民俗逐渐流失和淡化，有些甚至消亡；原生态京族文化土壤遭到破坏，特色文化难以传扬；京族文化产业的开发相对滞后，层次较低；京族文化传承人断层，后继乏人；传统民俗文化缺少新意，传承与发展举步维艰。总之，由于科技手段、文化传媒的日新月异，京族传统文化赖以生存的环境发生了变化，同时受外来文化和生活方式影响的冲击，京族传统文化的保护和传承面临着前所未有的挑战和危机[①]。因此，在新时代的历史条件下，我们要以文化自信主导京族文化的传承和发展。

（一）坚定文化自信，培育民族文化价值认同

传承和发展京族优秀传统文化，首先需要解决好京族文化价值认识上的误区，用正确的思想观念认识京族文化，并对京族文化价值进行深入挖掘、整理、研究，面对社会大众开展更广泛的关于京族文化历史价值、科学价值的有效宣传和教育。当前，趋于对主流文化的认同与模仿，京族年轻人觉得本民族的歌曲"土"，不愿学、不愿唱，随着老一辈的相继去世，京族技艺、京族歌曲、历史与传说等传统文化正面临着消亡的危机。这些都会极大地阻碍民族优秀传统文化传承，弘扬工作的开展。当然，对少数民族文化价值的认识不能一概而论，需要有扬弃继承的科学态度，取其精华，去其糟粕；应立足深入挖掘经典，进行大力传播与弘扬。既沿海又沿边，而且跨境；既渔业又农耕，商业气息与田园风貌并存；海洋文化与民族文化融为一体，构成了京族文化丰富的内涵和特有的形态。京族文化突出的特色决定了其与国内其他少数民族在传统文化方面存在着根本的区别，特别是其海洋渔业民族的特点，更是国内其他少数民族所不能具有的。这就是京族传统文化的独特性和唯一性[②]。因此，我们研究京族的风俗习惯和传统文化，必须注意到该民族本身的特殊性，只有深入挖掘蕴藏于表象之中的文化意义，才能真正把握京族传统文化的内涵，培育民族文化价值认同，增强文化自信心。特别是对

① 陈红玲：《文化产业背景下的京族遗产保护和旅游发展研究》，《桂海论丛》，2013 年第 29 卷第 3 期第 105~109 页。
② 黄安辉：《中国京族研究综述》，《广西民族研究》，2010 年第 10 卷第 2 期第 125~130 页。

年轻一代的教育，提振他们对本民族文化的认同感和自豪感尤为重要。

（二）提升文化自觉，走活态传承之路

京族的海洋渔业、跨境民族的文化特色，无不根植于京族三岛的生存环境之中，民俗、宗教、艺术等，与日常生活的各种行为息息相关。所以京族特色文化得以保留，与其居住环境有密切联系。但是随着边境地区的开放开发，以及乡村旅游的快速发展，京族原生态环境不断改变，京族传统文化显现出不稳定性且发生了变迁。京族传统民居原为"草庐茅舍"，后转变为"石砖瓦房"。随着社会的发展，京族民居很多传统要素发生了改变，修建的房子都变成了独栋小楼，装修设计为迎合游客生活习惯，基本上和家庭旅馆差不多，特有的一些京族特色逐渐消亡，京族文化传统的一些要素失去了其生存和发展的土壤。故此，保护生态环境是传承发展京族特色文化的当务之急。况且，京族文化的保护和发展，必须在鲜活的生态环境中进行。京族一些传统文化，比如独弦琴，多年来在传承的过程中，非但没有没落，还呈现出良好的发展势头。究其原因，主要是独弦琴的传承根植于教育环境的活态之中。除了民间艺人口传手教独弦琴技艺之外，独弦琴培训进入了当地京族中小学的课堂，全国不少大、专艺术院校也都开设独弦琴专业课程，而且采用现代化教学手段。近年来，东兴市举办京族原生态民歌进课堂、支持民族歌手和独弦琴艺人出个人专辑唱片等活动，收到良好的传承效果。当前，民族服饰、饮食、民居、字喃等传统文化要提到保护和抢救的日程上来，最好的办法就是建立整体性的京族文化生态保护区，让传统文化在活态传承中得到保护和开发，这才是长久之计[①]。

（三）推进文化自强，提高文化产业化能力

京族传统文化是我国民族文化中绚丽的瑰宝，文化产业不仅是京族文化保护与传承的切入点，更是支撑京族文化延续的原动力。针对京族传统文化的开发力度、产业化程度不高的现实，我们要以战略的眼光确立未来的发展方向，构建综合的文化产业体系。充分利用优越的环境条件，建设多层次、多功能、多元化的京族文化产业，集饮食文化、旅游产品加工、长寿文化、人文风情、文化服务等为一体的文化产业舰队。发挥独特的京族传统文化优势，突出京族的特点。[①]要把它作为新的经济增长点来进行建设，要不断提

---

① 李斯颖：《从"山"到"海"：从口头传承变迁看京族文化特性的渐变》，《百色学院学报》，2015 年第 28 卷第 3 期第 79~84 页。

高文化产品的供给能力和文化服务的水平。文化产业之间互相联动，综合发展，促进京岛的经济持续地、稳定地发展。此外，实施京族文化品牌战略，保护与开发相结合。利用现代科学技术手段，挖掘整理反映京族历史、风情、民俗、商贸文化等内容的特色文化，特别是深入搜集整理以京族哈节等特色文化为主的图文音像、网络视频等文艺精品，丰富京族文化内涵，培育京族传统文化品牌。

民族群众是文化传承持续发展的创意源泉，民族文化产业的发展离不开民族成员的支持。同时，民族成员积极参与文化产业的过程是增强民族文化自信心的过程。再则，要改变京族文化传承人断层、后继乏人的局面，更亟待培养一批善于开发经营文化产品的京族能人，尤其是年轻人，为文化资源的产业化积极贡献智慧与力量，使京族文化的传承后继有人，薪火相传。再有，还要逐渐扩大京族成员的从业比例并参与收益分配，充分调动全体成员的积极性。敢于为本民族文化建设、文化进步的责任担当，每一个人都要努力成为本民族文化的建设者、传承者和创造者，坚定民族文化的自信，不断增强民族文化的认同感和自豪感。

（四）在创新中发展，增强民族文化创造力

民族文化产业的文化资源不能仅停留在传统文化上，更要在新的时代环境中创造新的民族文化。同样，对民族文化的自信也不是仅仅对传统文化的自信，还要对民族文化继续发展有自信。

目前，京族地区已经有了京族哈节、京族文化民俗博物馆、京族文化风情村等遐迩闻名的旅游产业项目。我们要在这个基础上，培育新的文化业态和新的经济增长点，繁荣文化与发展产业相结合，以京族特色文化带动产业项目发展。一是文化旅游与观光旅游紧密结合。统一规划，整合民歌、独弦琴、哈节的精华，形成一台高端旅游文化节目，打造富有海域风情的京族文化品牌。利用旅游观光景区和各地重大节庆，定时定点演出，把海边少数民族独特的魅力展示出来。还要通过影视剧、戏曲等方式，将民族传统文化中的爱国主义精神、美好的道德情操、乐观豁达的生活态度加以传扬。这样，既可以丰富旅游活动的内容，又实现了民族文化价值与经济价值的双赢，获得生存土壤。二是采取政府拨款、市场运作的方式，办好京岛文化旅游节。形成京族文化

45

---

① 杜树海：《人口较少民族生产方式转型的模式研究——以环北部湾广西京族为例》，《黑龙江民族丛刊》，2013年第10卷第2期第72~77页。

旅游带，大力建设文化品牌，吸引国内外的游客，扩大文化宣传力度，不断提高京族文化的知名度。总之，通过开发利用民族文化资源，不仅能为传统文化寻求新的社会市场和生存空间，还可以通过发展文化产业创造经济价值，使民族传统文化事业持续发展。

（作者是防城港市广播电视大学教授）

新时代环北部湾京族
文化发展图景展望

张秋萍

从安身立命到如今经济地位急剧提升的五百余年光景，京族文化的"海洋性"功不可没。所谓立也"海洋"，成也"海洋"。探讨京族文化，本质上应是发掘京族渔文化的发展根脉和精髓。然环顾已有的京族文化研究，纵使丰富，"渔文化是本质和根本"的立论并不多。而无法认清京族文化本质，实则无法真正把脉京族民众诉求与民族经济发展，并定会致使京族文化发展走到某种"瓶颈"，而无法进一步走向纵深。因此，一方面，学理意义上的指导是开展实践的重要基础和前提，若要厘清京族文化的发展方向和定位，应建立在京族以"渔文化"为核心的基础上，而民众的认可与参与及诉求又是其根本，不可单一强调政府导向。另一方面，任何民族的文化与经济发展都与国家政策息息相关，站在国家和整个经济体系的角度，才能更好地书写跨境民间文化交流这幅篇章，并精准切入海上丝绸之路的建设中去。Alan 就曾试图将茶业发展嵌入英国资本主义体系的拓宽中，这种在"帝国"框架下的茶叶书写，提醒着人们，唯有将茶叶纳入更大的社会经济与文化体系，我们对于茶叶的认知才能更具有深度与广度。同样，京族作为一个民族的书写，唯有纳入中国整个国民经济格局中讨论其发展与走向，才真正赋其学理性予实践意义。因此，本文尝试将对京族文化定位在以"渔文化"为核并将之嵌入不同视角，探讨其未来可能的发展愿景。

一、产业视角：海洋经济体系大格局之下的定位与价值

"海洋经济"是属于经济发达体的经验，这个概念诞生至今已近六十年，先国外如美国、日本、苏联等而起；中国起步较晚，约 20 世纪 70 年代末才

兴起。与国外注重海洋科技、经济学等学科属性浓重的研究相比，中国从政府到学术研究对这个概念的探讨，似乎更侧重于对其包含内容的界定。从中国社科院农经所程福祜提出的海洋经济就是"人类以海洋资源为对象的社会生产、交换、分配、消费活动"，到国家海洋局杨金森的"以海洋为活动场所和以海洋资源为开发对象的各种经济活动的总和"，再到中国海洋大学权锡鉴提出"是人们为满足社会经济生活需要，以海洋及其资源开发为对象，通过一定的劳动投入而获得物质财富的劳动过程，亦即人与海洋自然之间所实现的物质变换过程"，中国的"海洋经济"定义，经历了从是一种生产关系，到一种空间经济活动，再到一种物质生产过程的快速演变。无论如何，这既是伴随人们对海洋资源价值及海洋经济地位提高而来的"海洋意识"与文化自觉，更是顺应海洋科技与国家海洋经济形势发展而起的尊重海洋、利用海洋、与海洋和谐相处的产业视角与格局。

当今形势下，海洋经济产业在全球经济发展中的地位越来越高。随着海洋产业视角的不断完善，人们更多地关注于研究海洋经济如何通过海洋产业与资源开发得到增长，如何通过海洋市场结构特点及价格决定机制来解决涉海经济组织的海洋资源配置。如何通过研究海洋经济开发与合作、海洋产业关联与冲突及其对社会发展的影响、海洋经济发展中生产、分配、交换与消费关系来发现海洋经济关系及其发展规律，等等。

回到京族文化本身，作为典型的海洋民族，京族的渔文化至今已有五百多年的历史。京族以渔业为主业，又处于海上丝绸之路上主要的节点，其在北部湾区域因渔业等海洋流动与互动，早已融入并成为环北部湾经济圈最重要的脉络之一，可见，京族融入海洋经济体系大格局的定位是准确的，价值和影响是巨大的；以海洋经济的产业视角重新整合京族经济发展方向及策略，大有可为。从宏观来看，在海洋科技技术进步的支撑下，其"渔文化"内涵可以拓展延伸到的海洋经济层级，及其所包含的海洋经济要素至少包括：一是海洋经济核心层，即主要海洋产业，包括海洋渔业、海洋生物医药业、滨海旅游业等；二是海洋产业中的海洋科研教育管理服务，是海洋经济的支持层，包括海洋信息服务业、海洋科学研究、海洋教育等；三是海洋经济中的相关产业，是海洋经济的外围层，包括涉海产品及材料加工制造业、海洋批发与零售业、海洋服务业等。而在这所有部门组合而成的海洋经济要素中，首要及核心则应是对海洋产业及海洋资源进行技术开发、利用及保护上。

要充分开发、利用和保护海洋产业及其海洋资源，京族及有关方面就要注意一些具体问题，如横向与纵向发展充分结合。所谓横向，指的是应从单一的京族一方的海洋经济研究，逐渐发展过渡到寻求与相关高级别科研、经济管理机构合作的，以海洋生产力发展为核心的多部门经济体系研究，最后上升到海洋经济领域的全方位综合研究与科学成果整合；所谓纵向，指的是在京族海洋经济发展过程中要以与时俱进、全局的眼光和视野，不仅仅注重基本海洋资源开发，还应关注到整个海洋产业体系发展，以及海洋产业发展对国民经济、生态环境等的影响。横向抑或纵向的耦合点，都在海洋资源开发。在海洋资源开发中，人文层面的挖掘和定位又是最重要的基础，所谓经济开发，文化先行；人文以外，需在人均海洋经济产业水平、资金可获得性、技术人员占比、经济开放性等方面综合发力，才能显著正向提高海洋经济产业由技术进步向技术效率转换；同时，还需解决目前产业结构、空间布局、海洋资源生态保护、管理体制、科技支撑五方面存在的问题[1]。这些研究建议对做好京族海洋产业在国家乃至全球海洋经济体系大格局之下的定位是贴切而应景的。

伴随着政治、经济和社会的发展过程，中国与世界的联系已然越来越明显、越来越紧密。人口流动、技术流动、观念流动，现代科技和技术等"资本"的发展为现代国家间的跨国主义提供了重要支撑。因此，"跨国性"也是京族海洋经济融入海洋经济体系格局不能不考虑的关键因素。由此，必须整体把握与其构成流动的跨国主体及其对京族海洋经济的冲击性、京族海洋经济的海外适应性，必要地开展跨国主义之下京族海洋经济在国外的民族志研究，以期在跨国的流动中，发现自我与他者之间的关联、理解京族海洋经济如何在跨国发生历史与现实的连接、观察中国国内社会变迁与跨国性海洋经济之间的有机联系，同时以当地人的视角出发来理解这种影响，并看待中国海洋经济跨国性在制度和社会机制上存在的可能的阻力。

总而言之，以产业视角，京族的海洋经济价值和定位才能更加明确，才能真正拓展并充分融入国家乃至国际海洋体系大格局。也只有如此，才能反向最大程度地领会和体现京族渔文化的内涵与价值。

二、文化视角：全民海洋意识宣传教育的阵地

2016年3月8日，国家海洋局、教育部、文化部、国家新闻出版广电总局、

49

---

[1] 吴云通：《基于产业视角的中国海洋经济研究》，中国社会科学院研究生院，2016年。

国家文物局五部委联合印发《提升海洋强国软实力——全民海洋意识宣传教育和文化建设"十三五"规划》（以下简称《规划》）。《规划》认为，提升全民海洋意识是海洋强国和21世纪海上丝绸之路的重要组成部分；发挥海洋意识等软实力的作用，是建设海洋强国的必要条件，也同时指出了开展全民海洋意识宣传教育存在的问题及挑战，如缺少顶层设计和统筹规划，已开展的海洋意识宣教活动规模较小、覆盖面窄、内容重复、形式有限、手段单一、吸引力不强，海洋知识尚未系统纳入国民教育体系，公众整体海洋意识还较为淡薄等。

《规划》的出台应了海洋意识教育之急、解了海洋经济发展的形势之需。毕竟，人人皆知"海"，却不一定了解"海洋"的真正意义；人人皆知"海洋"，也不一定理解"海洋文化"；人人皆知"海洋文化"，又不一定知晓何为"海洋文化"之根基。海洋意识、海洋文化自觉的重要性不容置辩，以上海洋意识与文化层面的不对等现象，是一个全民性问题，自然也包括京族。而实质上，京族作为一个海洋民族，传统渔文化悠远流长，渔民社会形态完整且层次丰富，无论自行发掘，抑或以京族本体或者京族三岛实体作为海洋文化意识教育、海洋文化宣传阵地，都是绝佳的载体。如此一来，一方面将京族渔文化纳入到全民海洋意识宣传教育的阵地中予以统筹规划，便解决了目前全民海洋意识教育缺乏顶层设计的问题；另一方面，将京族渔文化纳入本族乃至整个国民教育体系中，成为其中重要的一部分并予以推广、宣传，扩大京族渔文化在全民海洋意识教育阵地上的规模和影响，解决全民海洋意识教育在规模、覆盖面等方面存在的问题。同时，为解决上述《规划》所述的在内容、开展形式、吸引力等方面的问题，可以通过充分正视并挖掘京族渔文化内涵该有的深度和广度，历时性、横向性结合，考察京族渔文化等方面来体现。以京族渔文化为核心所开展的国民海洋意识教育，至少应从以下方面着手：

首先，对京族传统渔业生产文化的充分认知与实践。在各类传统渔业生产中，京族主要从事杂渔业和浅海曳网渔业。传统渔业工具多种多样。杂海渔业以竹筏、麻网、鱼钩、鱼叉、蟹耙等工具从事挖沙虫、耙螺、挖泥丁、捉蟹等小型操作。而浅海作业方面，由于各地所处的地理条件有所差异，从事的种类也有不同：潕尾主要以拉网捕鱼，山心主要以渔箔捕鱼，而巫头以渔箔和塞网捕鱼。不同工具，规格不同，操作和讲究之处自然又不同。可以确定的是，在长期与海洋打交道的过程中，京族人民学会了充分利用潮水涨落规律、观察海洋及海面变化、识察渔情，从而积累了京族特有的关于科学捕鱼的地方性知识和做法，如拉网等。一次出网收获丰富与否的关键，就在于识别渔情、科学判断下网时机。此外，在渔业生产过程中，京族人民还形成了团结一致、互帮互助的民族文化。大规模的渔业生产方式都是群体性的操作，如大的拉网三四十人操网，小的拉网也需要二三十人操网，渔民便驾着竹筏驶出海面，一路放网，围成一个弧形的大包围圈，然后由岸边的操网者分成两组从两头合力把网向岸边收拢，直到网尽为止。塞网也是由多个渔民分组、分头"号桩"、"插桩"、"挂网"（把网挂于桩上）、"挑沙土"（将网脚填塞）后，才可坐待观潮、坐收渔利；鲨鱼网也需要4—5人共同协作。另外，传统渔业生产过程中，京族人民已经开始有了初步的海洋生态保护意识，如在杂海进行挖沙虫、耙螺、挖泥丁等操作时，一般挖过一遍之后，需隔一定时间后才会再挖，目的是保证所挖海滩生物的再生和生态平衡。

其二，对京族传统渔业生活文化的深入认知与实践。渔业生产环境，相应决定了京族的饮食文化的丰富多样与别具特色。所谓"靠山吃山，靠海吃海"，京族人常以鲜活的海产品为常食食物，如鲜活的鱼类、虾类、蟹类、贝类，常见的鱼类有马鲛、红占、石斑、鲈鱼、鱿鱼、墨鱼等数十种。而在众多海鲜中，京族人最喜小鱼虾。每年的3—6月，家家用这些小鱼虾经过特定的程序制作而成"鲶汁"，又称鱼露。其有"头漏汁""二漏汁""三漏汁"之说，单蘸或做烹饪调料都美味非常，有"千汁万汁，不如京家鲶汁"的美誉。京族三岛中以山心村的鲶汁产量最丰，有"鲶汁之乡"美称。据研究，以鲶汁、海鲜等为代表的京族独特的传统饮食文化也衍生了京族医药养生保健，对京族医药的起源和发展有较大的促进作用，还对越南京族的饮食文化产生了深远影响[①]。

其三，对京族传统"渔"信仰文化的认知与实践。京族对自然神的崇拜多与渔业生产有关。在长期的渔业生产过程中，他们形成了系统的神灵信仰。他们崇拜海神、船神、风神。京族男子出海、新网下水前、当年渔产歉收时，老幼妇孺都要到海边祭拜。有的村寨还在庙宇敬奉"鱼伯公"，祈求出海平安，渔获丰收。此外，京族在哈亭供奉镇海大王位居诸神之首，全称为"白龙镇海大王"，是京族三岛的开辟神和海上保护神。每年农历二月和八月，京族三岛都要各自派代表择吉日到镇海大王庙里进香祈福和还福。京族人尊崇降妖伏魔的镇海大王，这种传统"渔"文化基础上产生的神灵信仰，与京族人

51

---

① 周旺：《民族生态视角下的京族饮食文化》，《南宁职业技术学院学报》，2013年第2期第1页。

以海为生，畏惧大海又渴望征服海洋、战胜海洋的心理特征吻合，表现了京族的海洋民族特性①。此外，还有海龙王、水口大王（潭尾村建海龙王水口庙）水神（巫头村建有水井庙）、"三婆"（即民间传说中的"王母娘娘""观音娘娘""妈祖娘娘"，山心村有三位婆婆庙、潭尾村有灵婆庙）、海底公主和水晶公主（潭尾村公婆庙供）、水晶公主庙（巫头村水晶公主庙供）②。与"渔"相关的，还有许多禁忌民俗，如"寄赖"，即见者有份，意为打鱼归来分享好运；在日常说话也有禁忌，如"焦"与"礁"同音，怕触礁，便不能说"焦"；在船上将"油"说成"滑水"，"滑"即"顺利""顺当"之意；等等。

其四，对京族传统民间艺术文化的认知与实践。在长期的渔业发展过程中，京族还创造出了丰富多彩的传统民间艺术文化，如京族传统舞蹈中的烛光舞、竹竿舞、采茶摸螺、摇船舞等，融传统渔业生产及娱乐性于一体，充分体现了京族人民求生存、求发展的实践和需要、劳动经验，展现了独特的海洋性特征③。再如京族海歌，京族人民在生产过程中创作出了大量反映传统生产和渔业过程的歌谣。如《挖沙虫》《进言歌》《摇船歌》《拉网歌》《收网歌》《洗贝歌》《采茶摸螺歌》等。

费孝通最先提出的"文化自觉"，讲究对自我的觉醒、反省，又要对其他文化有充分的理解，从而取长补短，最终促进文化和谐大发展。对于京族而言，一方面，必须明白自身海洋文化的来历、基本构成、发展；另一方面，要借鉴他地、他国相关方面开展的经验教训。对于京族以外的国人来说，既要知晓己之文化，又需要吸收、理解京族文化。无论如何，以京族渔文化为核心开展全民海洋意识教育，均是一个极佳的视角和切入点。明己之得失、辨外来之良莠，全局性与前瞻性、科学性与地方性结合，国家发展与地方诉求结合，方可成就我国全民海洋意识宣传教育的强硬阵地。

三、民族融合视角：
中华民族共同体意识形成与发展中的一个范例

费孝通先生认为，中华民族多元一体格局形成的主流，是由许多分散、孤立存在的民族单位，经过接触、混杂、联结和融合，形成一个你来我去、我来你去、我中有你、你中有我，而又各具个性的多元统一体。史学对此的

---

① 钟珂：《京族鱼文化在哈节中的表征与传承》，《河池学院学报》，2010年第8期第47页。
② 何波：《论京族传统文化格局及其成因》，《钦州学院学报》，2015年第6期第4页。
③ 杨冬燕：《京族舞蹈的海洋性特征与社会意义》，《舞蹈探索》，2009年第5期第68~70页。

阐述与论证，往往多聚焦于北方民族，但南方民族也是经历了如此的过程，只是更加隐蔽或者复杂。回顾京族的融合历程，其与汉族等族群"接触、混杂、联结和融合""你来我去、我来你去"的流动与互动，最后逐渐建构"国家"意识并充分融入祖国大家庭的历程，实际上，就是其中华民族共同体意识形成与发展的一个过程。

在相关理论中，同化理论作为西方民族融合研究的重要理论框架，认为居住融合是消除民族之间社会障碍的方式和表现；其民族融合研究，又强调其与对社会动态的追踪的密切性；同时，在不同族群的互动的过程中，生活空间、经济地位、个人属性都会深刻影响居住融合[①]。

首先，看生活空间这个问题。循漓尾乡约，京族于明正德六年（1511年）徙入今住地。早期的京族三岛，因是冲积岛屿，农业可耕地面积少，且当时生产技术落后，渔业环境相对恶劣。他们面对浩荡大海，过的是"潮涨一片水，潮落一片滩"的望天吃饭式的打渔生活。在这种情况下，"团结即是力量"，京族人民和各族人民一起，历尽艰难，才硬把祖国南疆开发出了一片新天地，也才有今天海上丝绸之路上关键的节点、中国对接东盟的门户。可以说，其时的地理环境与空间首先决定了京族融合走向，即是沿着海洋走向内地。其中一个突出的代表，就是京族漓尾村哈亭中供奉的民族人物杜光辉参与抗法的英雄事迹。时值中法战争烽火正起，杜光辉深受刘永福"黑旗军"转战中越边境、重创法国侵略军之举鼓舞，毅然决然弃教从戎，并组织了京族、相邻壮族、汉族100余人加入"黑旗军"，先后参加马头山、冲锋隘、鱼囊岭等多场战斗，因屡立奇功而被封为"八品顶带"。杜光辉的英雄履历，实际上即是南疆各民族体现居住融合、携手共进的一个有力的实证。

其次，京族在传统社会的经济地位及其民族交往属性（惯性）决定了其居住融合的轨迹必定沿着上述所论的有所拓展、延伸。当然，京族虽自1511年已迁入现居地，然京族三岛于1877年才正式划归中国。在中华人民共和国成立前的这段漫长时期，一方面，历经传统封闭的封建社会和多灾多难的近代社会、没有民族平等政策，京族又作为"外来人口"地处中越跨境边沿，其时本身经济地位也并不高；另一方面其与越南越族（即越南的京族）共祖同源，存在文化认可与交往的惯性。两种因素综合之下，其对"国家"的想

---

① Streitweiser M L： "Goodman J L.A survey of recent research race and residential location", *Population Research and Policy Review*，1983，2(3):P253~283.

象及现代"国家"概念的形成必是历经从无到有、从模糊到明确，再到拥护的蜕变历程，从这也可看出其与国内相邻其他民族的融合过程经历了怎样的长时段的尝试与努力。至 20 世纪四五十年代，与越族保留交往的同时，京族也与汉族等民族接触、混杂、联结与融合，在家说越南语，出外说汉语 [1] 情形已是随处可见。20 世纪 60 年代，京族民歌《团结力量强》提到"中越人民亲兄弟，革命友谊万年长"［全国少数民族群众业余艺术观摩演出会，音乐出版社编辑部合编。全国少数民族群众业余艺术观摩演出歌曲选（简谱本）］[2]，其已然将自己作为与越南京族交往的中方代表之一。京汉通婚的发展历程也可窥见融合进程：解放前，出于相同的族源认可、地域临近等因素，京族一般选择"同姓及五服之间不通婚，通婚以本民族为主"的族内通婚方式，京汉通婚仅有两对 [3]；1954 年，越族男子娶汉族女子的总数为 111 对，占 12.98%；汉族男子娶越族女子的总数为 165 对，占 19.30% [4]；20 世纪 80 年代末以来，京族多选择京汉通婚，至今已成常态，途径更自由多样。

在接触与联结的过程中，京族的文化中也融入了许多汉族元素。如"镇海大王"向来被视为京族海洋信仰中最主要的神灵，但据其民族内部考究，这种信仰也是源于汉族的镇海大王崇拜 [5]；而被封为京族标志的哈亭，也成为如今京族过春节时的一个重要载体了，在哈亭过春节时也会遵循汉族"年三十守夜""发红包"等惯例。京族三岛之巫头村中，哈亭内供奉有汉族文化体系内的高山大王、广泽大王，左右偏殿的墙上立"左昭""右穆"牌位的做法也"汉味"十足，其村内所流传的"以滚烫南瓜消灭蜈蚣精"的民族起源传说在汉族民间传说《白龙岛》说中也有基本相同的痕迹。再看山心村，单设哈亭以外，还另建有考究的三婆庙（即妈祖庙），在哈亭内部供奉有镇海大王、陈朝上将、土地公等神灵。氵万尾村哈亭左右两边则又设土地公神位。信仰与认同是一地、一族群民俗文化中核心的表现，两族之间的民俗信仰有相同之处或交错痕迹，非经一定历史时期的融合与交流不能形成。而正是这些看得见的、看不见的各种细微改变与往来，经过历史长时段的累积后，汇成京汉等融合的历史潮流，

---

① 开封师范学院地理系资料室、中国科学院河南省分院地理研究所资料室编：《中国民族地理资料选辑》，1959 年第 3 期。

② 全国少数民族群众业余艺术观摩演出会、音乐出版社编辑部合编：《全国少数民族群众业余艺术观摩演出歌曲选（简谱本）》，1964 年第 130~131 页。

③ 为氵万尾村解放前京汉通婚数据，笔者于 2005 年 7 月在氵万尾警务室查询所得。

④ 广西壮族自治区编辑组：《中国少数民族社会历史调查资料丛刊》修订编辑委员会编，《广西京族社会历史调查》，北京：民族出版社，2006 年 6 月刊第 112 页。

⑤ 苏维光、过伟、韦坚平：《京族文学史》，南宁：广西教育出版社，1993 年，第 41 页。

最后成为中华民族多元一体不可或缺的必要组成部分。

但所谓同化，它从不是简单的单一向性顺从，而是双向或多向适应，是多元的一个体现。当前，我国体制改革不断深化，研究民族关系，需要从宏观的社会转型的大背景出发，努力对中国民族关系的基本格局、发展现状、未来趋势做出全局的整体性的把握。随着城镇化和新农村建设的纵深推进，还应考虑城市化对民族融合潜在的影响。在这种形势下，从京族的文化形态反观其与社会其他族群的融合程度，已然出现"溢出效应"。以2016年哈节捐款为例，捐款主要分为㴄尾京族族内捐款及㴄尾京族以外的社会各界捐款两种。据不完全统计，该年哈节前者共有630人、捐款7550元；后者466人（或单位），共捐款189264.9元，足足是前者的25倍有余。以上收入成为哈节举办的强有力的经济支撑。而在这些族外的捐款人（或单位）中，除㴄尾村内京族以外的其他族人、山心村村委及山心哈亭、巫头村哈亭、江平镇红坎哈亭、迈东康王庙委、迈西水口大王事务组及与京族密切相关的协会、商务公司、文化组织等外，有东兴市19个相关政府组织参与，按登记顺序先后分别有东兴国土海洋局、防城港社科联、东兴市边海防办公室、东兴市人民防空办公室、东兴地方税局、东兴市边贸局、东兴市口岸办、东兴市江平镇交警中队、防城港市委统战部、东兴市民族事务局、东兴市四大班子、东兴市机关局、东兴市旅游局、东兴市卫生局、东兴市边境经济合作局管委办、东兴市城建局、东兴市教育局、江平财政所、东兴市政务服务管理办公室等。另有东兴农村商业银行、横江检查站、江平镇中心小学、马路镇民政局等。此外，在捐款名单中还发现有香港人士、区内高校如广西师范大学的教师，另有来自越南茶古东亭、越南长尾区干部、越南茶古哈亭、越南青年团队的捐款。

上述所呈现的捐款来源之盛，无法否认包含了京族族人人情往来、政府机关基于宗教政策及在繁荣文化、建立和谐社会所做出的政府表态等因素。但我们还可以发现，在当代新形势下，京族民族融合圈至少已从广西南部扩至北部，从广西至越南、香港等国家、地区，谓其文化影响已扩至环北部湾经济圈也不为过；捐款个人或单位所呈现的行业构成，囊括了政府组织、服务业、经济贸易、教育、文化交流等，产业融合凝聚度高。可见，哈节已然成为超越京族三岛的环北部湾经济圈内信众具有特定性、时间性、社会性的多向互动与狂欢，其借以民族融合的程度，已呈"溢出"状态。也因此可见，京族秉持着如举办哈节时的开放、包容精神，一直坚持自身正向的努力及文化输出，为充分融入中华民族大家庭、中华民族共同体意识形成做出了自己长久持续

的努力，它已成为屹立于祖国南疆土地上的一朵绚烂且独特的民族之花。

综合以上，一种民族文化须置于流动与互动中才有生机，需与时代齐头并进、相与齐发才有魅力。作为祖国南疆的海洋民族瑰宝，京族文化唯有放大格局、提高定位、做好顶层设计，产业、文化、民族融合三种视角有机统一，才能真正焕发出京族文化新生机并进而带动其经济、精神层面在新时代、新形式下的提高与自觉，谱写京族文化新篇章。

（作者是北部湾大学北部湾海洋文化研究中心副教授）

论新时代京族海洋文化的
传承与保护

吴 坚

京族是我国唯一海洋少数民族，其先人从越南涂山等地迁来，主要聚居在澫尾、巫头、山心三岛及潭吉等地，至今已有 500 多年的历史，独特的历史及地理环境孕育了京族丰富的海洋民族文化，海洋民族文化传统是京族人民生生不息的"精神家园"。新时代，由于整个社会大环境的变迁，京族传统的海洋文化与中国许多传统文化一样正遭遇到巨大挑战，京族海洋文化的传承和保护受到了前所未有的冲击和影响。国务院办公厅颁发《国务院办公厅关于加强我国非物质文化遗产保护工作的意见》指出："随着全球化趋势的加强和现代化进程的加快，我国的文化生态发生了巨大变化，非物质文化遗产受到越来越大的冲击。一些依靠口授和行为传承的文化遗产正在不断消失，许多传统技艺濒临消亡，大量有历史、文化价值的珍贵实物与资料遭到毁弃或流失境外，随意滥用、过度开发非物质文化遗产的现象时有发生。加强我国非物质文化遗产的保护已经刻不容缓①。"民族文化是民族文化自信的基础，是民族能持续发展的不可再生的非物质文化遗产，京族人口少，聚居地域范围小，与周围汉、壮等民族融合的速度快，因此，在面临文化生态失衡的新时代，探讨京族海洋文化的传承与保护尤显重要。

一、独放异彩的京族海洋文化

56 个民族 56 朵花，京族是生活在中国南疆的一朵美丽而独具特色的小浪花。京族三岛拥有绵长而优质的海岸沙滩，是天然的海滨浴场，浓郁的亚

---

① 《国务院办公厅关于加强我国非物质文化遗产保护工作的意见 [国办发〔2005〕18 号]》，中国政府网（http://www.gov.cn/），2008 年 3 月 28 日。

热带滨海风光散发着迷人的魅力。现在的三岛已与大陆相接，上岛交通非常便捷，是人们休闲娱乐或度假的理想去处。京族三岛吸引人们的除了得天独厚的自然风光，还有那里独放异彩的海洋文化。

京族节庆信俗文化独特。京族每年一度最隆重、喜庆、热闹的是哈节，这是一个极富海洋文化气息，集祭神和文娱于一体的节日。哈节的由来一传说是京族先人为感恩镇海大王为民除害，海洋民族的人们信奉海神的信俗在哈节的迎神、祭神和送神环节中虔诚地体现出来。另一传说是为纪念引领京族人们走向美好生活的歌仙。哈节能流传至今，是因为节庆信俗里蕴含了京族人民代代相承的感恩美德，寄托着京族人民对美好生活的向往和期待。新时代的京族哈节，不仅是京族人民重要的传统节日，也是许多京族文化研究者、摄影爱好者以及旅游观光者狂欢的节日。

京族有独具民族特色而绚丽多姿的文化艺术，独弦琴是京族独一无二的民族乐器，喃字是京族文化的符号和文化的记忆，神话传说和历史传说记载了京族人民的历史，歌谣、音乐、舞蹈、谚语等记录了京族人民的生活、情感和智慧。所有的文化艺术都散发出浓浓的海洋民族文化气息。

海洋民族的衣、食、住、行、生产劳动也与众不同、别具一格。京族传统服饰既留下了京、汉、壮族文化交融的痕迹，又呈现了海洋民族所独有的风采，是海洋民族穿在身上的文化符号，色彩鲜艳、面料款式飘逸的民族服饰，配上民族标志性的锥形尖顶葵笠，面朝大海，在蓝天白云下，这本身就是一道靓丽的风景。富裕起来的京族人民大都住上了钢筋水泥的楼房，能保存下来的石条房子更显得弥足珍贵，房子上的风雨沧桑承载了海洋民族厚重的历史。京族自古至今都靠耕海而活，劳动生产的方式最能体现海洋民族的民族特点和民族性格。拉大网是京族传统上最具特色的群体通力合作的捕鱼方式，男女老少均可参与，这种捕鱼的方式既能体现海洋民族的团结协作的民族精神，又传达出海洋民族人们乐于分享的民族性格。

随着民族的融合和新时代社会的变迁，京族传统文化受到了很大的冲击，这对海洋民族文化的传承和发展是挑战，也是机遇。

二、京族海洋文化传承与保护现状

京族海洋文化的独特性以及新时代文化传承所面临的挑战和机遇，引起社会各界的关注和重视。

（一）自上而下的重视

在这里所谓"上"指的是政府层面或知识精英阶层，"下"指的是普通的民众和普通民众的生活。习近平指出："没有中华文化繁荣兴盛，就没有中华民族伟大复兴。一个民族的复兴需要强大的物质力量，也需要强大的精神力量。没有先进文化的积极引领，没有人民精神世界的极大丰富，没有民族精神力量的不断增强，一个国家、一个民族不可能屹立于世界民族之林①。"这是自上而下的文化自觉，文化自信是民族自信的重要表现。

1. 政府层面加大对海洋民族文化传承和保护的力度

为保护渐趋衰微或慢慢消失的民族文化传统，从国家到各省各地政府设立了各级非物质文化遗产（以下简称"非物质文化遗产"）保护名录，从政策上扶持传统文化的传承，加大对传统文化保护的力度。京族哈节 2006 年被国务院列进第一批国家级非物质文化遗产保护名录，独弦琴艺术在 2011 年被列入第三批国家级非物质文化遗产保护名录，京族服饰制作技艺、京族鱼露、京族民歌均被列入广西壮族自治区级非物质文化遗产保护名录，京族喃字、京族哈歌也被列入防城港市级非物质文化遗产保护名录。哈节被置于防城港市四大节庆活动之首，确立有各级非物质文化遗产传承人。在澫尾建造了东兴京族博物馆，在东兴市文体广电新闻出版局还设有京族独弦琴艺术培训基地。2008 年京族哈节，首次尝试由政府承办。2008—2014 年，为促进京族海洋文化的传承，哈节曾连续七年从民族民间节庆活动上升为政府主导的大型节庆活动，不管尝试成功与否，起码充分证明了政府对京族海洋文化传承和保护高度重视的意愿和行动，客观上也起到对京族族群内强化民族文化认同、对族群外加大民族文化传播的作用。

2. 风生水起的京族海洋文化旅游吸引了人们的关注

在中国，随着人们物质生活水平的提高，走出家门"胸怀祖国，放眼世界"成了人们丰富生活、增长阅历的首选。随着旅游业的发展，人们不再满足停留在单纯"走走看看"的表面或浅层旅游，而追求文化与旅游相结合的深度旅游。对地方来说，旅游业也可称为无烟工业或无形贸易，是地方低碳环保又可持续发展经济的方式，事实证明，旅游业为中国拉动内需做出了很大的贡献。所以，各地政府为发展旅游文化产业往往提供扶持、推动的政策，在政策的支持下，以京族三岛为主的京岛旅游度假区，以其得天独厚的滨海风光和充满异域风情的京族海洋文化，发展成了广西壮族自治区级风景名胜区，其中澫尾金滩属区级旅游度假区。随着旅游业的发展，尤其是 2006 年哈节入

---

① 《习近平在文艺工作座谈会上的讲话》，新华网（http://www.xinhuanet.com），2015 年 10 月 14 日。

选国家级非物质文化遗产名录后，2008—2014 年，防城港政府对哈节的宣传已见效应，京族海洋文化进入越来越多人的视野、引起越来越多人的兴趣和关注。

3. 学界研究的重视让京族海洋文化更显丰厚

民族传统文化的土壤在民众，但对普通民众来说，节庆信俗、民间传说、歌谣、音乐、舞蹈以及衣食住行，等等，这些都只是他们生活的一部分，他们不会过多关心这些东西从何而来、往哪儿去，他们也不会去深究这些东西的文化意蕴和当代价值。当生活中的这些东西悄无声息地慢慢消失时，也不会引起普通民众更多的担忧。但在普通民众中却有不普通的民众——文化研究的专家和学者，他们往往有文化的自觉和文化发展的目光，他们是民族文化传承、保护的守望者。在中国，随着社会的开放和经济的突飞猛进，当越来越多的文化生态平衡被打破的时候，学界的一批有识之士向整个社会发出了让中华民族自上而下的警醒。2002 年，季羡林、启功、冯骥才、乌丙安等85 位著名专家学者发出了《抢救中国民间文化遗产呼吁书》，痛心地指出："我们忧心如焚地耳闻目睹着民间文化遗产频频告急：无数珍稀罕见的民俗技艺和民间文艺伴随着老艺人的逝去而销声匿迹……许多民俗文化和民间文化遗产，我们还没有来得及记录和记住它们，就悄然远离我们而去；许多民俗文化和民间文化遗产本可以保存、传承和发展的，也过早地被人为毁灭和抛弃。""文化遗产和自然生态一样，都是一次性的，一旦毁灭，无法生还。"呼吁书引起了更多有识之士的关注，政府也意识到传承和保护民族文化遗产是刻不容缓的民族大事。2005 年 12 月 22 日，国务院发布《国务院关于加强文化遗产保护工作的通知》，其中的一项重要举措：国务院规定从 2006 年起，每年六月的第二个星期六为中国的"文化遗产日"，并制定国家、省、市、县四级保护体系，明确要求贯彻"保护为主，抢救第一，合理利用，传承发展"的方针。国务院于 2006 年批准命名了第一批国家级非物质文化遗产名录，这是民族文化传承和保护的方向标，为新时代民族文化研究提供了具有重要学术价值和现实意义的研究方向，学界大批研究者开始把研究领域聚焦于生活在中国南疆、只有两万多人口的海洋少数民族，通过学术探讨，广泛而深入地发掘了京族海洋文化的历史、文化意蕴及文化价值，探究新时代海洋文化传承和保护的策略，新时代京族海洋文化的研究呈现了百花齐放的局面。2014 年 3 月 14 日，防城港市成立了京族文化研究学会，这是防城港市社科联直属的京族文化学术研究机构，为京族海洋文化研究提供了最优化的研究环境，同时，防城港市社科联还定期联合各高校或学术研究机构举办京族海洋文化研讨会，为京族海洋文化研究营造了"百花齐放，百家争鸣"的学术研究氛围，鼓励和支持学者们的研究。钦州学院（现北部湾大学）是广西北部湾唯一一所公立本科院校，本着高校为地方服务的宗旨，成立有"北部湾海洋文化研究中心"，京族海洋文化是中心研究人员的主要研究内容和方向之一；《钦州学院学报》还专门辟有"北部湾文化研究"专栏，所有这些都为京族海洋文化的研究提供了很好的平台，学界的研究成果让京族海洋文化更显丰厚，促进了京族海洋文化的传承和保护。

（二）自下而上地淡化

民族文化尤其是民族民俗文化产生于民间，传承、发展、保护的土壤在民间，但慢慢淡化，甚至消失也悄无声息地发生于民间，"民间或民众"就是本文所提及的"下"。新时代京族海洋文化的传承与保护尽管得到政府的重视、学界的关注，也掀起了小小的旅游热潮，尤其在每年哈节期间，吸引了大批观摩者。但是由于经济大潮的冲击和各民族之间的融合、互相影响等原因，在自上而下的重视中，人们不难发现自下而上的淡化趋向。换句话说，就是因为出现自下而上的民族传统文化淡化现象，才需要自上而下地重视来促进文化的传承和保护，民族传统文化自上而下地重视和自下而上地淡化是一个问题的两个方面。

1. 族群成员民族意识渐趋淡化

京族三岛是京族人的聚居地，原来的三岛是三个互不相连的孤岛，相对封闭的生活、生产环境使京族海洋文化得以代代相承，保留了许多传统的生产、生活方式，京族族群成员民族意识较强。20 世纪 70 年代，政府为改变京族相对封闭、落后的生产、生活状况，修建了拦海大坝，孤岛连成了大陆岛。交通的便捷不仅推动了京族生产的发展、改变了人们生活的方式，还加快了京族与汉、壮等民族的融合。慢慢汉化的京族族群成员的民族意识也呈慢慢淡化的趋势。

2. 聚居地民族文化气息不浓

族群成员民族意识渐趋淡化必然导致聚居地民族文化气息不浓的结果，尤其到了新时代，经过了多年的经济发展和融合，京族海洋文化已面临慢慢消失和传承出现"断流"的危机。具体表现：第一，已经汉化的生活、生产

方式正慢慢覆盖了海洋民族文化的痕迹。进入现在的京族三岛，如果没有提前的认识或提示，人们往往无法感受到京族所独有的文化气息。第二，尽管国家意识到文化传承的重要，出台了大量扶持、推动民族文化传承、保护的方针、政策，但也难以彻底改变京族海洋文化传承面临着"断流"的尴尬。比如各项非物质文化遗产传承人高龄化，且后继无人，从哈节的场面可见一斑。哈节是京族最具民族特色的重大节庆，2008—2014 年京族的哈节曾尝试过由政府承办，2015 年重新"还节于民"。笔者曾于 2016 年和 2018 年两度观摩澫尾哈节，透过热闹的节庆民俗场面，却有令人堪忧之处：哈节主事者年龄偏长，年轻人的参与多带有表演的性质，从颤颤悠悠的高跷孩子表演中，不难发现这纯粹就是速成的技能表演；据统计，现在京族内掌握喃字的人已寥寥无几。受时代各因素大潮的冲击，京族海洋文化气息呈现了慢慢淡化的趋向。

3. 京族三岛发展不均衡

京族三岛只是人们习惯上所说的京族聚居地，但生活中许多人对"三岛"并无明确的概念，因为现实中京族三岛的发展并不均衡。哈节是人们认识京族的重要"窗口"，因为 2008—2014 年由政府承办的哈节均在澫尾举行，所以在三岛中澫尾的名声最大，巫头和山心一直无法进入外族普通民众的视线范围。澫尾名声在外后，大力发展了旅游业，吸引了大批旅游观光者，旅游对京族海洋文化的传承和保护有利有弊：一方面开发旅游能让更多的人认识和关注京族海洋文化，促进民族文化的传承和保护；另一方面过度开发旅游则会让京族海洋文化遭受更严重的破坏。因此，如何把握开发旅游的度、如何均衡三岛的文化传承，让所有的京族人民共同担负起传承和保护民族文化的责任，处理好旅游与文化传承、保护的关系，是值得探讨和迫切需要解决的问题。

三、京族海洋文化的传承与保护

（一）同心协力培养民族意识

民族意识、民族文化以及民族性格，都应该是流淌在民族成员"血液"中必不可少的因素，民族意识是前提，没有自觉的民族意识，就无所谓自觉的民族文化和独特的民族性格。因此，新时代背景下，这些民族因素的传承和保护，除了与特定的民族生存环境相关，也离不开上下一致、同心协力的民族意识培养。一方面，"同心协力"可以理解为自上而下的传承保护政策，需要自下而上地落到实处，而自下而上地努力，也需要自上而下地的支持。

另一方面，所谓的同心协力也离不开从政府到学校、社区、家庭各个层次紧密配合的相应教育和熏陶。比如说学校教育就是培养民族意识的重要途径之一。2017年2月27日中共中央 国务院印发的《关于加强和改进新形势下高校思想政治工作的意见》指出："要弘扬中华传统文化和革命文化、社会主义先进文化，实施中华文化传统传承工程，推动中华优秀传统文化融入教育教学……"《国家教育事业发展"十三五"规划》明确提出："鼓励……非物质文化遗产进校园、民族民间优秀文化进校园。"所以，京族学校应该有京族的特色，通过富于民族特色的学校教育培养孩子的民族意识、文化自觉，让孩子以传承和保护本民族传统文化为己任。近些年来人们可喜地看到，京族许多学校已成为传承京族文化的教育基地，学校通过开设京语课和举办独弦琴、京族舞蹈等兴趣班形式，让京族传统文化进入京族校园，以更好地培养京族孩子民族意识、传承民族文化。

澫尾的京族文化培训基地也通过开设喃字班、独弦琴班来吸引京族的年轻人学习本民族的传统文化。民族文化的薪火相传首先需要本民族成员共同形成自觉的民族意识。

（二）三岛一体共同营造京族浓郁的民族氛围

澫尾、巫头、山心合称京族三岛，是京族人最集中的聚居地，三岛有着共同的迁移历史、共同的传说、共同的节庆信俗、共同的民间艺术……总的来说，三岛上人们的根是相同的，有着相同的传统海洋文化，因此也有着共同担负本民族海洋文化传承与保护的重任。衣、食、住、行等都是可以直接诉诸人们感官的物质民俗要素，民族传统文化最外在的表现就是通过衣、食、住、行等呈现出来的民族氛围。京族有着自己独具一格的服饰、饮食和居所等，由于京族的祖先来自越南的涂山，因此，京族在外族人眼里是一个具有异域风情的民族，具有一定的神秘色彩和很强的吸引力。因为京族三岛已发展成旅游区，所以三岛一体共同营造京族浓郁的民族氛围，除了要求三岛上的京族人民共同致力营造外，还可以让游客参与共同营造京族风情。比如，在三岛上可以建造京族风情酒店、旅馆，可以给游客提供京族服饰，这必然会引起游客的好奇心和兴趣，穿上京族服饰的游客漫步在海边，自然能为京族民族风情增添更艳丽的色彩。浓郁的京族民族氛围能让踏上三岛的人们从最直观的感受上领略京族与众不同的风情。

（三）共同加强京族海洋文化的传承与保护

习近平指出："培育和弘扬社会主义核心价值观必须立足中华优秀传统

文化。牢固的核心价值观，都有其固有的根本。抛弃传统，丢掉根本，就等于割断了自己的精神命脉。对我们来说，博大精深的中华优秀传统文化是我们在世界文化激荡中站稳脚跟的根基"①。民族传统文化是民族的精神命脉、是民族的精神家园，面对许多慢慢消失或濒临灭绝的传统文化，人们能做的就是尽最大的努力共同加强传承和保护的力度，这样才能无愧于民族、无愧于民族的子孙后代。

首先，要充分发挥"京族窗口"的认识作用。所谓"京族窗口"指的是京族人对外服务的诸如博物馆、旅游景区、住宿、餐饮、商店等单位，透过这些"京族窗口"，人们就能更好地了解京族的历史、民俗等海洋文化，所以，"窗口"认识作用至关重要。

第二，让每一位京族人都能成为京族海洋文化的形象代言人。对民族成员来说，首先必须对本民族传统文化具有认同感、具有自觉的文化意识，这样民族文化才能代代相承。文化自觉，才会文化自信，每一位自信的京族人如果都能成为京族海洋文化的形象代言人，这就意味着京族海洋文化传承与保护取得了最大的成功。

第三，利用丰富多样的形式弘扬京族海洋文化。歌舞、戏剧、影视作品等形式具有"以情动人"的特点，为普通民众所喜闻乐见，并且由于这些艺术作品有人物、有情节、有情感，具有形象性、可观性，容易吸引人眼球、感染民众，是弘扬民族文化的好方式。要宣传、弘扬京族海洋文化，还可以进行相关的海洋文化主题活动，比如京族的拉大网、跳竹竿舞、高跷捕鱼，等等，多姿多彩的主题活动让人们有参与、互动的机会，亲身体验京族海洋文化，这样的宣传往往能让人记忆深刻，收到事半功倍的效果。

第四，从学校教育到学术研究，进一步加强京族海洋文化的传承与保护。文化传承与保护必须从娃娃抓起，学校教育是培养下一代民族意识、传承民族文化的重要环节，京族学校教育在传承与保护京族海洋文化方面还有提升的空间。学术研究能让人们了解民族文化丰厚的历史和内涵、能更突显民族文化的价值意义以及发展趋向。无论是学校教育还是学术研究都有利于进一步促进和加强京族海洋文化的传承与保护。

传统文化的传承与保护既需要自上而下的重视，也需要自下而上的自觉。京族海洋文化作为中华民族传统文化海洋中独放异彩的一朵浪花，是人类不

---

① 《习近平在十二届全国人大一次会议闭幕会上的讲话》，中国广播网（http://www.cnr.cn/gundong/），2013年3月17日。

可再生的文化财富。习近平指出："中华民族具有 5000 多年连绵不断的文明历史，创造了博大精深的中华文化，为人类文明进步做出了不可磨灭的贡献"①，"没有高度的文化自信，没有文化的繁荣兴盛，就没有中华民族伟大复兴"②，因此，新时代的每一位中华儿女都肩负着传承和保护民族传统文化的重任，弘扬民族优秀文化，提高民族文化软实力，才能更好地完成中华民族伟大复兴，开创中华民族美好的未来。

（作者是北部湾大学人文学院副教授、北部湾海洋文化研究中心研究员）

---

① 《习近平在十八届中央政治局第十三次集体学习时的讲话》，中国政府网（http://www.gov.cn/），2014 年 2 月 25 日。
② 《习近平：决胜全面建成小康社会 夺取新时代中国特色社会主义伟大胜利》，中华人民共和国中央人民政府网（www.gov.cn/zhuanti/19thcpc/baogao），2017 年 10 月 27 日。

京族民间跨境交流传统文化增进中越民相亲探微

——京族传统文化开发利用研究之六

黄家庆

"国之交在于民相亲，民相亲在于心相通。""民心相通"是"一带一路"建设的社会根基，文化则是民心相连的黏合剂。"一带一路"建设把文化交流放在显要的位置上，就是要通过深化国与国之间的文化交流与合作，增进民心相通、民众相亲，促进合作发展。顺应世界和平与发展潮流，研究利用京族传统文化民间交流，增进中越两国人民心相通、人相亲，促进传统睦邻友好的中越关系持续平稳发展，实现融合共赢，乃是"一带一路"建设不可或缺的。

一、京族民间跨境交流传统文化的基础与条件

民族民间文化交流泛指非官方的民族与民族之间及其人与人之间的文化相互往来活动。中越两国间的民间文化交流源远流长。长期以来，中越之间的各种交流，尤其是跨境民族民间文化交流从未停止过，虽然在1975—1990年间中越关系到了冰点，但跨境民族民间仍通过各种形式和路径保持着交流。其原因是特别的文化渊源和族源人缘优势使之紧密联结在一起。

（一）京族民间跨境交流传统文化的文化渊源

文化是指与政治、经济相对的哲学、文学、音乐、宗教等主要与精神文明相关的东西。文化交流是人与人之间交流的纽带，国家之间、民族之间交流的基础，有交流才有沟通，沟通获得理解，[1] 理解了才能相通。民间文化是指人民群众创造的、存在于民间传统中的自发的、民众通俗文化，是立足于民众生产、生活的，以通俗活泼形式表现民众自我的文化形态。[2] 越南隶

---

① 廖奔：《应注重民间文化交流的活力》，人民政协网，2013年2月18日。
② 《民间文化》，百度百科（https://www.baidu.com/）。

属于中国封建王朝统治长达一千年之久，独立后的越南作为中国的藩属国，仍然与中国保持密切的关系，汉文化持续在越南的传播和发展达两千年，越南处于汉文化圈中，中越具有共同的文化圈。儒家文化早已扎根于越南，并成为越南民族文化的根基，构成了中越两国共同的文化渊源和民间交流基础。越南主体民族与京族在传统文化方面内涵相近、习俗形式相似，重大节日认同。京族传统文化成为了中越两国民众心灵相通的重要纽带。

（二）京族民间跨境交流传统文化的族源人缘

京族的祖先是我国春秋战国至秦汉时期骆越人的后裔，我国京族与越南主体民族越族同源。京族的先民在秦汉时代属南越国，后归交趾郡，与骆越人具有亲缘关系。我国京族是明正德、嘉靖年间，从越南涂山、春花、宜安、瑞溪等地陆续迁徙而来，迄今有500多年历史。在越南，越族人口占越南总人口的大部分。东兴京族三岛对岸越南地区的"万柱"（茶古坊）90%以上是京族（越族）人。[1]跨境而居的京族人或有血缘关系或姻亲关系。两国京族（越族）聚居地相互间地域相连，他们习俗相同或相似，语言相通、贸易相依、文化交融。在历史发展的长河中，形成了跨境民族民间文化互动交流的优势条件。而基于同宗同源及风俗习惯等方面的相同或相似，使得中越边境跨界京族的民间交往不断。

（三）京族民间跨境交流传统文化的环境条件

我国一贯重视边境民族地区的稳定和发展，并为此制定了相应的促进边境民族地区和谐发展的方针、政策。这些政策包括大力发展边境贸易，支持边境贸易发展和区域经济合作，完善和加强边境口岸基础设施建设，全面推进兴边富民行动和扶持人口较少民族发展。[2]在越南，其为了适应革新开放的需要，推动边境地区经济稳定发展，越南政府放宽边境贸易管理，积极实施资助边境移民和稳定居民政策，加大交通及口岸基础设施建设的投入，加快口岸建设；[3]为鼓励中国经商者或旅游者到越南经商或旅游，越南政府规定，中国与越南交界的各边境县公民可以持身份证或持中国职能部门签发的边境地区出入通行证往来越南边境。[4]在中越两国良好的边境政策下，中越京族

---

① 黄海云：《清代广西汉文化传播研究》，北京：民族出版社，2009年，第375页。
② 毕世鸿：《中越边境政策比较研究》，《红河学院学报》，2010年第1期第16~20页；第23~27页。
③ 毕世鸿：《中越边境政策比较研究》，《红河学院学报》，2010年第1期第16~20页；第23~27页。
④ 周健、刘东燕：《越南的民族政策及其对我国边境民族地区的影响》，《东南亚纵横》，2004年第11期第14~19页。

享受各自国家规定的边民出入境优待政策，得以很好地进行民间交往。同时，中越边境的陆路交通设施建设越来越好，交通工具和手段的不断发展和改善，极大地方便了跨境京族往来于中越之间。而随着科学技术的快速发展，社会步入了信息化时代，计算机、通信设备走进了京族边民的生活中，为京族跨境民间交流、交往提供了良好的条件。

二、京族民间跨境交流传统文化的主要活动形式

中越京族人虽然分居不同的国界，但文化的共同点成为了双方文化认同的基础；共同的民族节日和习俗把双方联系在一起。京族传统文化跨境交流涉及节庆、演艺、宗教、劳务、语言文字等多种领域。

（一）以哈节活动为载体的民间文化交流活动

京族最为重要的节日——哈节。哈节是京族特有的传统节日，也是京族最为隆重、最为热闹的节日。它是京族跨境民间文化交流的重要纽带。关于镇海龙王的传说故事和迎神、祭神、乡饮、送神等哈节仪式为中越两边京族民间彼此认同的历史记忆和习俗做法，它承载着丰富的京族传统文化，把中越两国京族人联系到一起，成为中越京族民间开展文化交流和保持文化交往的重要纽带。

每逢哈节到来前，中越两边京族为表示彼此间的互相尊重及对哈节的重视，以发送请帖的形式相互邀请，把对方请到自己村落来共度哈节。参加对方举办的哈节，受邀请方会带上香纸、蜡烛、糯米、饼干等祭品及礼金，按时到举办方的村落庆祝哈节，举办方为参加哈节的京族同胞提供吃住，犹如一家人。20世纪50年代初到"文化大革命"前，互相参加哈节都要住上七八天。东兴京族三岛哈哥、哈妹或唱哈人员不足的村落，过哈节的时候，还雇请越南京族的哈哥、哈妹来帮忙唱哈。澫尾村京族哈节国家非物质文化遗产传承人罗周文认为：从20世纪90年代以后，每年中国澫尾村与越南万柱岛京族过哈节时，相互参与哈节的人数一年比一年多，由三四十人到现今的上百人，哈节一年比一年热闹。[①]

（二）以音乐艺术及传承场域为平台的民间文化交流

文学艺术是民族传统文化的重要载体。京族的民族文化习得依附于特定的载体，通过京族字喃、民歌、音乐、舞蹈等形式进行民间传统文化的交流，并使之得以传承和发展。

---

① 廖国一、白爱萍：《从哈节看北部湾京族的跨国交往》，《西南民族大学学报（人文社会科学版）》，2011年第5期第50页。

1. 利用"哈亭"变"歌堂"交互传播交流

京族民俗习惯与其音乐文化共生相伴，中越京族的"哈亭""歌堂"是京族音乐文化的传承场域。"哈亭"具有神庙、祖祠、乡饮堂、歌堂的功能，是京族人民祀祖、祭神和民间娱乐的公众场所。中越京族的民间交往不仅仅局限于哈节，还邀请分居两国的族人、亲朋好友参加京族的春节、端午节、亭会、中元节、新饭节、腊墓等各种节庆活动，利用"哈亭"的功能，变"哈亭"为"歌堂"，使之从"娱神"到"娱人"的功能转变，以歌会友、以歌传情、以歌叙事，共诉友情，传承传统文化，增强亲情友谊。据说，现在京岛三个渔村的"哈妹"所唱的祭神歌、娱神天灯舞等，都是其从越南万柱来的师父黄氏金口头传唱教的。[1]一些古老、著名的表演曲目如《高山流水》《过桥风吹》《穿针引线》从越南民歌流传过来后，得益于经过民间的不断交流改进和完善，而流传于整个京族地区。

2. 利用京族民间歌圩等传承场域交流

广西"北有刘三姐，南有京哈妹"之说，昭示了京族是一个与音乐文化共生相伴的民族。京族民歌是以歌代言、以歌传情的一种传唱艺术，歌圩是京族民歌的传承场域，京族的特色文化品牌，也是中越两国京族民间文化交流的载体。过去在京岛上，到处可以听到曲调悠扬的京族民歌。中越关系友好正常化以来，中越两国的京族歌手每年都利用歌圩交流。2013年以来，以独弦琴为媒，东兴的㵲尾村与越南长尾区（村）结为友好村后，每年都开展活动，中越民族歌手的交往更为紧密，越南团体基本于每月30日过来。[2]此外，中越京族利用以保存、传习、体验、研究歌为主题的东兴京族民歌传习基地，作为传统文化交流和传承的平台，拓展交流活动和提升交流质量，还吸引了港澳台同胞和海外侨胞慕名前来一展歌喉；目前，该基地正逐渐成为中越边境文化交流的一张名片。[3]

3. 利用京族民间传统艺术表演交流

民间传统音乐艺术表演是普受中越京族及边民喜爱的文化交流活动，也是两国京族传承传统文化的重要形式。京族人能歌善舞，以往在京岛下渔排、上海滩、到田头、逛林荫，到处都能听到京族民歌和独弦琴乐曲声；中越京族哈哥、哈妹除在哈节活动期间展示歌舞、才艺进行交流外，越南京族民歌

① 任才茂：《京族的海神信仰与和谐社会的构建》，《广西民族师范学院学报》，2012年第1期第47页。
② 贾恒存：《民族音乐文化的传播与发展之路探析》，《歌海》，2015年第5期第47页。
③ 卢昭昭：《京族民歌传习基地为民歌爱好者搭建文化交流平台》，防城港市新闻网，2017年5月20日。

手还穿梭于歌圩对歌言欢，两国独弦琴艺人也经常进行技艺交流。东兴京族民间组织艺术团后，较为正规的艺术团成为了民间音乐艺术交流的主要力量，使交流活动变得更为专业、全面、系统。如京族非物质文化遗产传承人苏春发组织成立的东兴市京族人家独弦天籁艺术团，以京族最具特色的音乐文化作为表演内容，不定期邀请越南的专家一起探讨京族歌舞。该艺术团曾受邀到广东、中国台湾、越南等地进行表演，[①]多次参与国内和越南的文化交流活动。苏春发的孙女苏琪岚在6岁时就到越南登台表演。[②]

（三）以喃字和法事为媒介的民间文化交流

1. 整理出版喃字书籍的交流

喃字是京族先民的文字。京族大量的文献，以前的民间故事、民歌、格言、谚语、经书等都是以喃字记载的。喃字记载是解读京族传统文化的重要依据。在民间，东兴京族人利用喃字歌本，具有便于携带、实时交流的优势。通过收集和整理文献、记录口述资料、保存哈节文化，整理出版成书。如京族文化传承人苏维芳等成立的京族字喃文化传承研究中心，组织喃字培训班，开展喃字简体化、喃字字典编纂、喃字文献整理等工作，搜集京族喃字资源，将收集到的喃字文献及资料整理出版。出版了《京族喃字史歌集》《京族叙事歌集》等京族音乐文学著作，为喃字的传承研究和中越跨境京族民间交流提供载体和平台，供中越京族民间进行音乐和文学研究使用。而字喃作为古代越南历史文献的载体，越南的学者和民间的喃字爱好者也有计划、有组织地将喃字及其承载的文化推陈出新。[③]

2. 法事互助的宗教信仰文化交流

以海神信仰为纽带开展法事互助活动，是中越边境京族人世代保持的民间文化交流方式。这种宗教信仰文化的交流，主要基于跨境京族大多信仰道教，表现为法事互助。在东兴京族村和越南京族村一般会有三四个会做法事的师傅（法师、道公）。两国京族村的师傅所用的经书内容都是相通的，都用喃语来念。由于道法相通，跨境京族师傅可以相互帮助。如一方某村或某家要作法事，若碰到大法事时，像百日斋事、三年斋事等需要十到二十几位师傅作法，师傅人数不够时，京族人就会到对方村子请师傅来帮忙。[④]在东兴，各村

---

① 东兴：《京族文化发展良好》[EB/OL]，自治区民委网，2016年9月23日。

② 周小琼、王一如：《京族独弦琴传承人苏春发》，广西新闻网（http://www.gxnews.com.cn/），2012年9月2日。

③ 吕一铮：《领略京族文化调研喃字传承——记"汉风南华"喃字文化调研联合支队实践》，http://www.sxnet.com.cn/post/201608/30-36762.html。

④ 任才茂：《京族的海神信仰与和谐社会的构建》，《广西民族师范学院学报》，2012年第1期第49页。

哈亭安神时都是邀请越南的"师公"过来帮忙的。如 2009 年农历五月十三日，满尾村哈亭举行新神像"安神"仪式时，专门邀请了越南安州坊两名三级法师来主持安神仪式；每年哈节还邀请越南的哈亭事务成员和哈妹、哈哥参加娱神活动。2011 年 7 月 24 日，巫头村一佛祖寺重建落成，邀请了越南芒街佛祖寺鉴渡法师吴文爱主持开光仪式，其 47 名随同人员参加了落成庆典。[①] 中越京族在法事互助活动中，还形成了一套本民族互相邀请师傅的规矩。如法力高的师傅去世，一定要找法力更高的师傅来为他做功德。在越南芒街市场上，还有专门经营法衣、法器等相关用品的越南商贩，以满足京族法事师傅的各种需要。这种法事互助活动既是一种民族互助的形式，也是中越京族民间宗教信仰文化的交流活动。

三、京族民间跨境交流传统文化对中越民众相亲的影响

民乃国之本，国家友好关系的建立，首先是人民间的认同和接纳。京族是跨境民族，其族缘和亲缘关系带来的中越两国文化交流和互动的先天优势，是其他关系和形式都无法替代的。京族民间跨境交流传统文化，通过交流加强越南对中国发展的理解和认同，增进中越两国民心相通、民众相亲，服务"一带一路"倡议的实施具有重要的意义。

（一）造就和谐氛围，促进各种合作

京族民间跨境开展的传统文化交流，中越边民在各种形式的交流活动中，得到了交往与互动，共同感受了本民族特有的传统文化和习俗，造就了和谐氛围，不仅增进了跨国民族间的认同，深化了友谊；而且这种以族缘、地缘、文缘为基础，以宗亲文化、节庆文化、民俗文化为表现形式的同根文化交流，所带来的互信必然推动各方面的合作。

通过中越双方京族利用传统文化的交流，以及形成的各种形式的交往互动，能有效地促进边境地区的和谐共处与经济社会的各种合作。跨境京族具有鲜明的民族文化和地域文化特色，京族传统文化为中越两国人民深入开展人文交流与经济产业合作提供了深厚的文化内涵和资源支撑，京族传统文化跨境交流不仅有利于提高两国民族文化交流的契合度，而且能有效促进彼此多方面的交流和发展，亲密双方的关系。如哈节期间，哈节活动成了中越京族民众跨境开展传统文化，尤其是非物质文化遗产保护与传承交流的平台。哈节中中越京族民间艺人乃至双方边民的"你来我往"，除完成哈节迎神、祭神、

71

---

① 白爱萍：《中越边境跨界京族的民间交往研究》，广西师范大学，2012 年第 40 页。

乡饮、送神等所有仪式和活动外，还举行文艺晚会、交际娱乐活动，进行相互走访、京族文化研讨等形式的民间交流，吸引了大批中越游客前来领略京族民间文艺的魅力。诸如此类的京族传统文化交流，既构筑了中越京族文化传承和发展的平台，也为两国各种合作营造了和谐的氛围和环境。

（二）巩固双边关系，维护边疆稳定

中越京族通过传统文化交流，进行民间的交往互动，可以有效处理和缓和民间社会矛盾，共同创建和谐稳定的边疆社会。如发挥歌圩和京族民歌传习基地等活态互动性传承传统文化的功能效应，颂唱京族那些以爱情、问候、祝福、道德伦理、农渔作业为主题的民歌，进行民间传统音乐艺术表演，极易引起共鸣，沟通民心，增进中越边民的友谊。京族民间跨境进行的传统节日祭神活动和宗教法事互助等，不仅可以起到自我调节的作用，也有着缓和矛盾、慰藉心灵、道德引导等积极影响。中越边境世代京族人以海神信仰为纽带，开展两国民间宗教信仰文化交流，在相互邀请共同完成的祭拜海神和法事活动中，相互合作、交流思想、互相帮助，促进了两国京族人与人之间的和谐，推动了边境地区的经济社会发展。历史和现实都证明，这些活态的中越京族传统文化民间交流，自然而然地维系着两国边民的良好联系，而成为稳固双边关系，繁荣边境的精神纽带。

（三）搭建交流平台，促进民心相通

京族传统文化是特色文化资源，通过跨境民间合作交流，利用地缘和传统文化交流活动的场域、载体建构合作发展平台，借助传统文化的历史纵深感与高度融合的民间多方位交流、交往，增进互信，促进两国民心相通。如京族每一次重大的民间传统文化跨境交流活动，都会吸引周边的民众前来参与及外来游客观摩、体验。中越两国京族的个体或团体避免不了要与来自其他民族的群体和个体接触，而在这些民间传统文化交流活动中，京族传统文化必然会与多种民族文化产生碰撞和融合，相互加深了解，达到了促进文化互鉴、民心相通的效果与丰富和传承自身文化内涵的作用。如传递京族地区经济状况、精神面貌、心理素质、文化涵养的哈节文化，在引领跨境民族"哈文化"传承认同感和多民族文化融合中，发挥了不可替代的重要作用。在京族哈节盛会活动中，前来参加的越南嘉宾不仅唱越南歌曲，还唱中国歌曲；而东兴澫尾村京族人则借助哈节铺演并展延着民族文化，与当地的汉族、壮族、

瑶族等强化社会制度认同。[①] 潙尾村村支书苏明芳认为，哈节活动不仅有助于文化在民间扎根，更有利于团结村民，形成和谐的氛围和文化认同，促进当地各民族之间的融合。[②]

四、推进京族民间跨境交流传统文化的思考

利用跨境民族特点积极开展京族传统文化民间交流，以文化交流互鉴作为沟通桥梁和联系纽带，增进中越两国民心相通，走向相知相亲，是"一带一路"建设的重要内容。长期以来，京族跨境民间交流传统文化，在促进睦邻友好、维护中越边境和平、和谐共处发展等方面发挥了不可替代的作用。然而，要适应"一带一路"建设形势的发展，继续发挥好其作用，政府与民间还应共同努力，拓宽民间交流渠道、创新交流模式、提高其水平与效果。

一方面，政府要引导支持京族民间跨境开展交流。

政府应把京族民间跨境交流传统文化，作为"一带一路"建设的文化"通心"工程予以重视，有组织、有计划地支持和帮助，扩大其影响、提高其成效，以此弘扬中国精神、传播中国价值、发挥中国力量。

1. 规划建设京族人文交流合作平台

地方政府应结合旅游业和非物质文化遗产的保护，规划建设京族人文交流合作若干平台。譬如，中越京族传统文化传承交流中心、京族文化生态保护区、京族非物质文化遗产传承基地、国际民间文化交流中心、京族文化学术研究中心等，将现有的京族传统文化的民间机构（团体）和传统文化传承活动的场域融合进去，如京族字喃文化传承研究中心、喃字培训班、东兴京族民歌传习基地、东兴市京族人家独弦天籁艺术团、东兴京族生态博物馆、歌圩、哈亭、京族文化广场等；同时，不断完善东兴国门文化广场、中越友谊纪念馆和国门书屋的建设，为跨境京族民间传统文化交流、传播、传承、创新提供条件，营造环境。

2. 支持京族民间跨境传统文化交流

在经费上，地方政府应将资助京族传统文化民间团体建设和开展传统文化传承活动的经费，列入每年财政预算予以支持。在政策上，应为跨境京族民间传统文化交流提供便利，简化审批手续，帮助解决具体问题。在业务上，

① 何红梅：《广西跨境民族文化传承研究——以东兴潙尾村京族"哈文化"为例》，《中国民族博览》，2015年第10期第69、98页。
② 何红梅：《广西跨境民族文化传承研究——以东兴潙尾村京族"哈文化"为例》，《中国民族博览》，2015年第10期第69、98页。

加强交流活动的顶层设计，指导京族民间文化组织打造文化交流品牌，创新文化交流合作项目，以提高文化交流活动增进民心相通的效果。

3. 鼓励京族民间文化组织积极走出去

地方政府应充分利用北部湾经济合作形成的发展趋势，借助日益增大的人流、物流、信息流，推动跨境京族民间传统文化交流，鼓励京族民间文化组织高扬历史文化符号，积极走出去拓展与越南各种民间文化组织和群体的交流与合作，广交朋友，广结善缘，传播中华文化。如地方文化宣传部门指导东兴京族民间文化组织或团体，编撰、排演具有京族传统文化元素的文艺节目，到越南开展跨境民族文化互动和交流；教育部门指导京族字喃文化传承研究组织到越南进行喃字研究交流。

另一方面，京族要提高自身跨境开展交流的能力。

跨境民族民间文化交流是跨境民族在非国家政府的组织下，以自发形式开展的民间文化互动活动，其能否保持和发展，主要因素在于跨境民族自身能否坚持和不断提高互动交流的能力。因此，京族自身要在坚持现有交流方式的同时，努力创新交流模式，不断拓宽渠道和提高跨境开展文化交流的能力。

1. 要与产业结合构建规范的文化交流平台

东兴京族民间组织和团体应结合防城港市旅游、文化产业和民族经济的发展，积极争取旅游和文化部门的支持，与旅游和文化公司联合，每年定期举办跨境京族文化节（文化周），邀请越南民间文艺团体乃至合作进行京族文化艺术的表演和展示，为中外游客呈现独具特色的民族文化风情，为地方发展特色旅游业增添资源，为民族文化产业发展拓展路子，从而形成规范的跨境京族民间传统文化交流互动平台。

2. 要将哈节打造成剪不断的文化交流纽带

哈节是中越京族民间开展文化交流最直接的渠道、最重要的载体和场域，最能体现京族传统文化。哈节活动已成为了京族人传承文化、强化族群认同的工具。它促进了京族人跨国界、跨地域、跨族群的文化交流。中越京族应在此基础上，利用现有的和不断建设形成的平台，通过诸如京族字喃文化传承研究中心、京族民歌传习基地等机构或场域，共同实施资源抢救、文创衍发、活态传承和交流传播等具体活动，做大、做强哈节，将其打造成文化品牌，申报世界非物质文化遗产，使之成为中越京族民间开展传统文化交流剪不断的纽带。

3. 要建立新型关系形成有效的对接联系方式

跨境京族民间传统文化交流要经常性地开展，需要建立一种基于族源、族群认同的具有亲和性的关系，并通过这种新型关系形成有效对接方式，以较好地实现彼此呼应、共同协商相关活动，落实文化交流与往来互访之事宜。借此夯实中越边境友好合作的民意和社会基础。东兴市的京族村庄、社区应在政府的指导下，像澫尾村与越南芒街市长尾区缔结为友好村那样，与越南京族村屯结对子，开展文化交流边境治安管理等"友好村屯"建设。东兴市京族各民间组织应主动与越南民间组织签订互访合作友好盟约，譬如中越民间音乐社团、文艺团体签约互访演出协议。通过"友好村屯"建设、民间社团组织经常性互访，形成较稳定的交流形式和关系。

民乃国之本，国之交在于民相亲，民相亲在于心相通，而心相通在于文化的相通，唯有文化间的相互交流、互鉴，才能相互理解、相互接纳，才能真正实现"民心相通"。促进和发展中越京族跨境民间传统文化交流，深化中越边境地区的交流与合作，以实现共同繁荣发展，应成为响应"一带一路"共商、共建、共享倡议，参与建设的具体行动。

（作者是北部湾大学研究员、北部湾海洋文化研究中心研究员）

村落在国境上：跨境民族的乡土植根与国家认同
——基于广西防城京族巫头村的调查①

黄 玲

随着"一带一路"建设的推进，边疆地区日益凸显其贸易前沿与文化交点的重要位置。自古以来，边疆地区充满了人员、交通与物资往来，是开放和流动的，与费孝通提出以农耕文化传统、以安土重迁为价值观的"乡土社会"有所不同。近年来，人类学本土化反思引发学术焦点的转换，对区域、国家、空间的理解更加多元化，边疆的历史、文化与族群也得以更多样性的探究与阐释。而边疆地区的乡土社会，不仅是生命扎根的物质基础，还是蕴藉着祖先记忆、族群传统和地方历史的"家园遗产"，是具有延展力、生命力和创造力的文化空间。

一、"地方"与"乡土"视域下的边疆与族群

在人类学视域中，"地方"是一个过程，一个事件，也是一个弹性的文化空间。艾斯柯巴德认为，"地方"的生成"是由外在而非从内部建构的"，玛西则提出了"新的一种外向、进步和全球的地方感"，如果要深入了解地方，需要"将地方视为联结世界其他地方的位址，置于不断演变的社会、文化与自然、环境网络中理解"②。具体到中国的文化语境中，对地方的讨论伴随着中国社会的转型。费孝通认为："中国乡土社区的单位是村落……地方性是指他们活动范围有地域上的限制，在区域间接触少，生活隔离，各自保持孤立的社会圈子"③。但恰如苏秉琦将中国的文化起源比喻为"满天星斗"，中国"地方"可谓密若繁星。

① 基金项目：国家社科基金一般项目"文化人类学视域下越南民族文学与中国多民族文化研究"阶段性成果。
② Tim.Gresswell：《地方：记忆想象与认同》，王志弘、徐苔玲译，台北：群学出版有限公司，2006 年，第 68、73、121 页。
③ 费孝通：《乡土中国 生育制度》，北京：北京大学出版社，1998 年，第 9 页。

人类学本土化的反思视角，对中国乡土社会的地方性有了更多的讨论。程美宝曾指出："中国地方史的叙述，长期被置于一个以抽象的中国为中心的框架内，也是导致许多具有本土性的知识点点滴滴地流失，或至少被忽略或曲解的原因"，[①]刘志伟也提出："我们与其将'边疆'视为一个承受国家制度扩张的开放空间，不如更多地关注地方上的人们如何运用他们的创意和能量建立自己的身份认同。"[②]而多数边疆民族在长期的历史发展过程中，因天生计、避难等原因常常迁徙流动，在民族国家划分界限之后成为跨国境居住的"跨境族群"，周建新将其定义为"跨越现代国家边界的文化族群"[③]，对于跨境民族的身份认同，包含着族群与国家的双重维度。对此，何明指出："一方面形成民族认同与国家认同之间的交错、张力和排序；另一方面提供了国家认同的比较与选择的便利条件。而以地缘为条件、以亲缘和族缘为纽带的跨国流动，明显地呈现出边疆民族国家认同的特征及其与民族认同之间的关系。"[④]可见，边疆地区的民族村落与族群，往往受国家民族政策与双边国家关系的影响下，因现实利益与生命价值的诉求发生流动和迁徙。

二、中国传统的乡土社会及其对越南的影响

地方与人群的内在联系，中国古代已深有认知。"地"：清代段玉裁《说文解字》注：从土从也，"也"是女性的象征。土，地之生万物者也，作为孕生宇宙万物的"金木水火土"之五行的重要元素。中国上古有女娲土造人的神话叙事，开世造物，补天救世，《水经注》将女娲位列"三皇"之地皇，《抱朴子》曰："女娲地出"，福佑社稷。

中国典籍《周礼》《仪礼》《礼记》合称"三礼"，是古代华夏民族礼乐文化的智慧结晶，如《礼记·王制》对土地和家园的关系进行了精到论述：

凡居民，量地以制邑，度地以居民。地、邑、民、居，必参相得也。无旷土，无游民，食节事时，民咸安其居，乐事劝功，尊君亲上，然后兴学。

由是观之，在以农耕为主的中原文化传统中，土地、聚落、人民、居所的存在是相生相长、相辅相成的。

---

① 程美宝：《地方史、地方性、地方性知识——走出梁启超的新史学片想》，参见杨念群、黄兴涛、毛丹主编《新史学：多学科对话的图景》，北京，中国人民大学出版社，2003 年，第 678~688 页。
② 刘志伟：《地域社会与文化的结构过程——珠江三角洲研究的历史学与人类学对话》，《历史研究》，2003 年第 1 期。
③ 周建新：《边疆中心视角下的理论与实践探索》，《广西民族研究》，2015 年第 6 期。
④ 何明：《国家认同的建构——从边疆民族跨国流动视角的讨论》，《云南师范大学学报》，2010 年第 4 期。

《管子·水地》云：

民之所生，农与食也。食之所生，水与地也。

《汉书·食货志》也多次提及"民"与"地"的关系：

理民之道，地著为本……出入相友，守望相助，疾病相救，民是以和睦，而教化齐同，力役生产可得平而也。

师古曰："地著"，谓安土也。可以说，在我国古人的思想观念里，土地是民生的源泉，也是国家管理黎民百姓的方式、方法。

再来看乡土的"乡"。乡，会意字，字意有：（1）据甲骨文，像二人对食形，本义是用酒食款待别人，是"飨"的古字，实际上也指涉的是人与人之间的关系。（2）作为一个地方的行政单位，《汉书·食货志》曰："在野曰庐……五州为乡。乡，万二千五百户也。"（3）引申为自己出生的地方与祖籍。因此，在中国传统的乡土社会中，包含有人与土地的关系、人与祖先的关系、与族群的关系等结构。

葛兰言在梳理中国人的信仰文化时，将土地视为母亲的象征，并提出了家族与土地的关系十分密切，并且带有长久性的观点，将宗族亲属系谱视为在地缘与母系血缘的基础上发展而成。葛兰言对中国的祖先崇拜做出如下解释："人们开始相信家族的实体也像土地一样永恒不变。"[1]马渊东一在中国台湾以及东南亚的研究中注意到，祖先崇拜是与当地人对地理的概念紧密相连的。认为土地权源于第一位开发土地的祖先。第一位土地开发者死后变成宗教上的祖灵，祖灵的好恶关乎土地生产的繁盛。贺喜也认为"人—祖先/神—土地连接在一起"是地域社会的根据。[2]鉴于此，彭兆荣指出，"乡土社会"作为中国式的"地方"，"土地"与"人群"是两个根本的属性，"地方人群紧密结合，形成重要的历史结构，也是所谓地方性力量的根本动力"[3]。由是观之，"地方"并非静止与封闭，而是经由生活在此地的族群通过生产实践和文化实践来建构与创造，往往在遭遇他者的过程中加深对自我边界的彰显。

从长时段的历史视野来看，越南文化与中国的关系源远流长。从公元前214年秦始皇统一中原、开通岭南，在骆越族群的主要分布区设置象郡（治所

---

①［法］葛兰言：《中国人的信仰》，汪润译，哈尔滨：哈尔滨出版社，2015年，第20页。
②贺喜：《从乡野到庙堂——略论传统乡村景观的演变》，《江西师范大学学报》，2014年第4期。
③彭兆荣：《人类学视野中的地理的地方与地方的地理》，《贵州社会科学》，2011年第6期。

在今越南广南省维川南茶荞地方），地理范畴包括今天越南北部与中部地区，今天的越南就与中原文化发生了紧密的联系。到汉武帝开地斥境，南置交趾，随着人员往来、物资流动的增加，封建王朝委派官吏到交趾进行开发，并将华夏的文明礼教等进行传播。据《安南志略》之"学校"条记载："赵佗王南越，稍以诗礼化其民。西汉末，（锡）光治交趾，任延治九真，建立学校，遵仁依义。"[1]《后汉书·南蛮传》载："光武中兴，锡光为交趾，任延守九真，于是教其耕，制为冠履，初设媒娉，始知姻娶，建立学校，导之礼义。"[2]《后汉书·任延传》又载："延乃令铸作田器，教之垦辟。田畴岁岁开广，百姓充给。"[3] 由此，如果说稻作文化作为百越族群的传统基因，那么来自中原的礼制文化与农耕技术，则成为古代越南文化的滋养。

稻作文化是东南亚地区共有的文化传统。法国学者乔治·戈岱司曾归纳了东南亚早期固有的文化特征：包括灌溉的稻田，驯养黄牛和水牛，在社会方面是妇女的主要地位与母性世系，灌溉农业所产生的组织；在宗教方面体现为泛灵信仰，祖先崇拜与崇奉土地神，充满着对山与海、有翼动物与水生动物，山民与海岸人对立的宇宙的二元论神话，等等。[4] 越南整个国土由长山山脉横贯中南半岛，"山"与"海"既是两种地理结构的呈现，也是两种文化形态的表征，"龙子仙孙"是越南广为人知的自我表述。[5] 京族传说祖先从安南迁徙而来，其文化传统中必然带着古代越南的文化印记。

梳理中越两国的历史脉络与文化交流，不难发现，"地方"的文化内涵是多层面和多向度的，乡土与族群，和合而生，既包含了乡土对族群孕育、生长，也包含着族群对乡土的建构与养成。

三、土地的象征与巫头村京族的家园景观

巫头村是中国京族三岛之一，所在地属今防城港市西南部东兴市。东兴市辖东兴、江平、马路3个镇，行政区域总面积549平方千米。东兴市与越南社会主义共和国广宁省芒街县隔河相望，陆地边境线27.8千米，海岸线50千米。因兴于北仑河东岸，与越南的边境贸易发达而得名，素有"小香港"之称。1958年5月东兴各族自治县成立，经国务院批准，"京族"正式定名。同年，

---

① [越] 黎崱撰，余思黎点校：《安南志略》，北京：中华书局，2000年，第324页。
② (南朝宋) 范晔：《后汉书》，北京：中华书局，1964年，第2836页。
③ (南朝宋) 范晔：《后汉书》，北京：中华书局，1964年，第2462页。
④ 梁志明：《东南亚历史文化与现代化》，香港：社会科学出版有限公司，2003年，第9页。
⑤ 黄玲：《中越民族神话的历史景深与文化生态》，《广西社会科学》，2015年第3期。

国务院把东兴列为国家一类口岸；1992 年，设立国家级东兴边境经济合作区。京族主要分布在东兴市江平镇及东兴镇沿海一带，主要聚居在江平镇的瀆尾、巫头、山心、潭吉、贵明 5 个行政村。巫头村坐落于北部湾北仑河河口以东，江平镇东南，处于瀆尾和山心二岛中间偏西南的位置上，为海水冲击而成的沙岛。巫头村下辖 2 个自然村 7 个村民小组，2010 年全村共计 378 户，1820 人，村里 98.5% 的人口为京族。巫头岛从空中俯视呈椭圆形，岛上地势中间高，两头低。巫头村距离江平镇城区不到 10 千米，距离东兴市 30 多千米，距离防城港市区 50 多千米。

陈春声认为，在"国家"与"民间"长期互动中形成的国家或精英的"话语"背后，百姓日常活动所反映出来的空间观念和地域认同意识，是在实际历史过程中不断变化的。[1] 在中国近现代进程中，京族三岛经历了中法战争以前中越边境的"飞地"到中国边疆领土的身份转变，京族人民也为了抗击法国殖民者的侵犯，与中国各族军民浴血奋战，护佑边疆。越南王朝的孱弱，中国将士的义勇，使得京族人从家园开发转向了守土有责，从而强化了京族作为中国人的国家认同与国家意识。中华人民共和国成立后，政府倡导各民族一律平等，极大地提高了京族这一边缘族群的社会地位、政治意识和文化自信。

人与地方的关系，最为基本的是落足于居所和家园的空间意象上。在东兴，流传着一则蜈蚣精神话。传说一只蜈蚣精在白龙尾的海面作乱，为害百姓，某天被镇海大王发现，设计将烧得滚烫的南瓜赠其吞食，之后蜈蚣精的身体爆炸为头、心和尾三截儿，这三截儿身体就是瀆尾、巫头与山心三个岛屿，当地人统称为"京族三岛"。

在调查中，我们还听到另一个版本的蜈蚣精传说，基本情节都一样，只是在结尾处，说到蜈蚣精吞下南瓜后身体断成了四个部分，除了头、心、尾，即今天京族三岛的巫头、山心、瀆尾，还有一颗蜈蚣精的牙齿，现位于越南芒街市的茶古坊（万柱）。据京族文化精英 SWF 老人的解释，以前中国这边的京族称茶古坊为"万柱"，与牙齿的"齿"发音近似。这一神话既解释了地缘也凸显了族缘的关联，将被中越国界划分为两边的京族人联系在一起。翻阅 20 世纪 80 年代初国家开展"民间文化集成"丛书所搜集的京族三岛传

---

① 陈春声：《走向历史现场》，参见赵世瑜《小历史与大历史：区域社会史的理念、方法与实践》，北京：生活·读书·新知三联书店，2006 年丛书总序。

说中，只提到蜈蚣精身体在中国领土内的三个部分。具体原因不得而知。但不难理解，在当时语境下京族人对"来自越南"这一族群历史的回避。

在京族的迁徙史歌中，都讲述了祖先开发家园的故事。

大家同心共发誓，克服困难建家园。（《澫尾京族史诗》）

祖先誓言要牢记，齐心协力建家园。（《巫头史歌》）

祖先住此心满意，此处是个好地方。（《山心史歌》）

由此可见，京族的祖先崇拜与土地意象紧密相关，并通过家园景观的构建凸显在日常生活中。葛兰言指出，中国民间信仰对祖先与土地的崇拜，"都是从人类和自然生产繁殖的介入狂欢中迸发出来的，这些节日活动展现了家族精神，同时也创造了社会意识"。[①] 在京族村落的生活空间，哈亭是信仰圣地和公共场所，每年八月初一到初七，巫头村的京族人总是聚集哈亭，将镇海大王请来，用三牲祭拜，唱哈娱神，祈祷风调雨顺、出海平安。同时京族还有"异祖共祭"的传统，人们把初到京族三岛开发家园的"十二家先"牌位与镇海大王、山林大王、点雀大王、陈兴道大王等神灵一起置于哈亭内进行供奉。而村里没有后代的人去世后，如果其死前将自己的土地捐给哈亭或是由村里人代为出租后将租金交给哈亭，他的灵牌也可进入哈亭得到全村人供奉，这类人称为"买厚者"。在巫头村每一家院子里，院门一侧都建有家宅保护神的神龛，上下两层，上层"天官赐福"，下层"本家土地"，"本家"与"土地"结合表达了土地公和家先神合二为一。而这些作为"地方的物质性"的建筑景观，使土地象征和祖先记忆深深铭记于地景中，成为京族人的"公共记忆。"[②]

81

① [法] 葛兰言：《中国人的信仰》，汪润译，哈尔滨：哈尔滨出版社，2015 年，第 5 页。
② Tim.Gresswell：《地方：记忆想象与认同》，王志弘、徐苔玲译，台北：群学出版有限公司，2006 年，第 138 页。

综上所述，跨境民族京族村落的乡土结构呈现为祖先—土地、家园—国家的对应共在，其内在的肌理是土地观念、祖先崇拜、国家认同、家园意识的多元化融合与互动共生。

四、乡土植根与国家认同的契洽

布迪厄在《实践理性》中指出，"经济基础"是人类实践活动中的象征图式，它是既定意义秩序在生产关系和生产结果中的实现，在物品估价方式和资源的决定作用中的实现。布迪厄以莫阿拉人为个案来分析"陆地/海洋"的对立结构。他认为，"陆地/海洋"的对立不仅仅是各个社会群体或男人和女人之间的互动过程，也标志着他们用以组织自然差别的文化方式，海洋和陆地的实际生产关系是以同各自范畴间的互惠结构相一致的方式组织起来的，由此，作为自然要素的海洋和陆地就被赋予了文化秩序。[①]"这种与土地的密切联系同样强调了地点感和财产感。"[②]这样的结构给我们一种启发，尽管是海洋民族海洋生计，但土地与人类生存是不可剥离的关系，陆地的存在感与地方感永远是海洋的指向与归途。

巫头村的土壤层比较薄，在哈亭周围的树林里，地上的土多为沙质，小孩儿从百年老树上跳下，落在松散的沙地上。据巫头哈亭吴亭长介绍，村里的土地盐碱度高，涵养水分能力较差，中部以含泥层为主，不宜种植水稻。围海造田后，虽然可以用来耕种的土地总面积有所增加，但是土壤构成受先天条件制约，只适合种植红薯、花生等经济作物，粮食作物的生产并没有很大改善。在中华人民共和国成立之前，京族生计是浅海捕捞渔业和种植红薯、花生等作物，完全是半自然经济的状态，靠天吃饭，生活是相当艰苦的。在调查中听村里老人们说，以前最常见的食物是海鲜和红薯，这些今天看起来非常贵重或有益的食物在当时却因为缺少猪油而变得难以下咽，所以有条件的人家都会在家里养猪。由此形成了每年哈节安排轮值养猪并选择最好的猪作为祭祀的牺牲。

中华人民共和国成立后，国家对边疆地区和民族地区进行扶持开发。20世纪50年代的土地改革和京族地区渔业、农业的社会主义改造，使京族人基本上实现了耕者有其田，渔者有其网，居者有其屋。1954—1957年渔业、农业社会主义改造完成，村民在资源基础上结成互助组，互助组多采取渔业与

---

① [法]布迪尔：《实践理性：关于行为理论》，朱国华译，北京：生活·读书·新知三联书店，2007年，第39页。
② [英]斯蒂芬·加得纳：《人类的居所：房屋的起源和演变》，汪瑞、黄秋萌、任慧译，北京：北京大学出版社，2006年，第3~4页。

农业结合的方式。但在人民公社时期，从事渔业生产被认为是资本主义尾巴，虽然有很多鱼虾随着海水涨潮滞留岸上，但村民都不敢去海滩捡拾，也没有销售市场。20世纪六七十年代的"围海造田"工程，将潭尾、巫头、山心三个京族人聚居的地区连成一片，既改善了京族人的交通状况，也开垦出了7000多亩水田，为京族地区基本实现粮食生产自给打下基础。

1983年改革开放后，家庭联产承包责任制使得渔业生产得到恢复与进一步的发展。90年代初，边境贸易得到发展，加之浅海养殖业和边境旅游的发展，产业经济日益多元化，京族人日益富裕。在半个多世纪的经济转型时期，京族人从最初的海洋渔业到"以粮为纲"，再到后来的多种结构并存，再到发展小规模的边境贸易。据东兴市国土局资料显示，巫头村民委员会集体土地569.7777公顷，其中耕地面积为2229亩；海岸线长约4142米，现已开发海水对虾养殖面积3080亩。改革开放30年来，巫头村充分利用得天独厚的海洋资源优势和地处中越边境的地缘优势，假以与越南文化、语言相通的人文优势，在传统渔业方面取得了突破性进展，在对外开放政策及沿海、沿边地区开放、开发政策的引导和支持下，探索出了新型的边贸经济模式。[①]20世纪90年代中期以后，巫头村村民把承包的低产盐碱田挖成水塘，自家养殖或者租给外地人养对虾，如今无公害养殖已经成为"一村一品"。巫头村建设社会主义新农村试点方案中，就提出了组织个体联合搞养殖的对策，"耕好一片海"成为巫头村致富的美好愿景。[②]

中越关系恢复正常以后，国家放开边贸并不断出台边民通道、跨境金融等各种优惠政策，中越边境地区的民间互市得以恢复，京族人因生活在边境线20千米的范围内，符合了国家对边民身份的认定，持着边民证就可以直接过海关到对面的芒街进行贸易、探亲和访友等活动。而每年中国京族三岛的哈节和越南渣古坊的哈节期间，中越京族人民都相互发出邀请和道贺。在调查中我们发现，除了一年一度的中越边境（东兴—芒街）的商品交易会之外，还有每年春节期间风雨无阻的中越（东兴—芒街）青年足球友谊赛。这些活动都吸引了中越边民和东盟各国商家的参与。可以说，无论是政府组织还是民间自发，这些每年常规举行的节庆活动，已经发展成为中越边境京族人礼尚往来的盛大聚会。生活在和平安全的土地上，依托着安稳富足的家园，中越边民的文化交流与民心相通得到了守护与推进。

---

① 李澜：《巫头村调查》，北京：中国经济出版社，2014年，第82~85页。
② 李澜：《巫头村调查》，北京：中国经济出版社，2014年，第82~85页。

2017年5月28日国务院办公厅印发了《兴边富民行动"十三五"规划》（以下简称《兴边富民规划》），其中实施兴边富民行动，包含了边境地区的经济发展、社会和谐、民族团结、边防稳固、领土完整及睦邻友好等诸多方面。作为生活驻守在边疆地区的族群，能够积极参与开创家园的建设实践中，融入国家与区域的和谐发展中，既是一种家园遗产的传承，也是一种文化多样性的养育，为今天"一带一路"建设及中国—东盟自由贸易区深度推进，提供了宝贵的历史经验和民间智慧。

由此可见，在京族地区，土地作为相对海洋而言的更为稳固的生产资源，也成为了家庭财产与国家身份的象征。一代代京族人通过开发家园，植根乡土，并在国家各个历史时期的社会改革中，一步步走向了睦邻友好、富民兴边的美好生活。

五、社会变迁中的乡土守望

德拉诺瓦指出，乡土观念要适应社会的变迁，不仅在于对传统习俗的坚守，更在于这一地方适应了现代社会的人口流动与大众文化。[1]回溯族群历史，京族作为跨境迁徙的族群，战乱频仍、做海为生的动荡生活与现实家园的缺失，使得跨境民族在生产与生活、想象与叙事中强化了海洋/土地的生存诉求，也使得"家园"成为这一跨境族群非常重要的情结，自然也就真实体现在对家园的居所安置、生计调整、边界划分、祭祀活动等空间格局的具体建构上。

但在全球化经济大潮的涌动下，边贸交易、矿产开发、餐饮旅游等各种业态经济吸引着京族的年轻人外出谋生，土地出现一定程度的荒弃，在家庭伦理上也出现了一些危机。笔者对2016年8月巫头哈节期间发生的一件事情记忆深刻：一天晚上吴亭长在只有本村人唱哈的时候，特别在哈亭里郑重提醒村民们要记住土地对京族人的重要性，想办法利用好闲置的土地，不能因为外出做生意而荒废了家里土地。吴亭长恳切的声音通过唱哈的麦克风在清凉的夜色中传遍了巫头村的每一座院子、每一个角落。可见，京族人渴望在坚实的土地上建构稳定的家园。土地作为一种传统的生殖信仰，作为现实的生产资源与家园所在，老一辈京族人深深明白它在生产、生活中所具有重要位置与崇拜价值。他们希望借着哈亭祭祀的神圣场合将此种土地情结代代传递下去。

而京族作为中越跨境民族，与越南京族有着相同的历史渊源、相通的语言风俗习惯、相似的经济生活，共同形成了族群内部的文化认同。中越跨境

---

① [法]吉尔·德拉诺瓦：《民族与民族主义》，郑文彬、洪晖译，北京：生活·读书·新知三联书店，2005年，第192页。

民族京族以蜈蚣精传说的神话叙事与哈节祭海神仪式来建构祖先记忆与地方信仰，并通过在海洋与土地之间寻求生存资源与文化象征的互动来实践家园景观、族群认同与国家话语的共生。跨境民族迁徙移居、守护家园、开发边疆的复杂过程与经验，为跨境民族记忆选择与文化（再）生产提供丰富的"地方"与"地方感"，也为构建边疆"家园"进行了一代又一代的开创与守护。作为跨境民族在文化传统的创新发展，也有助于加强与越南京族的文化认同与民心相通，为"一带一路"人类命运共同体的构建提供思考。

（作者是百色学院学报编辑部副教授、文学博士，研究方向为比较文学、文化人类学）

壮族文化保护对京族
文化保护的启迪

石梦玲

在历史长河中，每个民族都有自己灿烂的传统文化，包括民族服饰、语言、风俗、歌舞和民居等。随着社会的不断发展，各个民族的传统文化也在不断变化；而那些最能反映和代表民族特征的优秀传统文化应在现代社会中得到保护和弘扬。

广西位于祖国南部边疆，是一个多民族聚居的民族区域自治地方，也是全国少数民族人口最多的自治区。广西具有壮、汉、瑶、苗、侗、仫佬、毛南、回、京、彝、水、仡佬 12 个世居民族，这些民族共同劳动、共同斗争、共同开发和建设祖国南疆、创造广西光辉灿烂的历史文化。自 1958 年 3 月 5 日成立广西壮族自治区以来，在这 60 年中，不仅经济得到了快速的发展，各民族的文化事业也得到了重视和保护。其中，"壮族三月三"确定为广西地方性法定节假日，意味着政府以及社会各界对民族文化传统保护传承及其现代发展的认识与践行又上一个新台阶，进而将其努力建设为节庆文化品牌，是广西"民族文化强区"战略推进的重要举措之一。壮族人民保护和弘扬本民族优秀文化的成果对同处于广西的京族同胞也能有所借鉴和启迪。

一、壮族和京族的传统节日

三月三，即夏历三月初三，究其源，得追溯到华夏古代的上巳节。上巳，是按干支计算，指夏历三月上旬的第一个巳日，即三月三日。古时候，每年夏历三月初三，人们到河边拔楔时，还要在河边野餐。华夏族古代的上巳节习俗，在历史长河中随着民族的交往而不断在各地各民族传播，在民族文化的交流中，逐步演变为各地各民族的习俗，而且出现各种变异。地处岭南的广西，自秦以后与中原交往渐多，民族文化的交流及风俗习惯的互相影响也随之增多；三月三的来源便是中原"上巳节"习俗与壮族歌仙刘三姐传说的融合。[1]三月三是壮族人民的传统节日，是壮族最古老的情人节，在三月三期间少年、少女赶歌坡、抛绣球、"山歌传情，绣球传爱"，到峒外、田间去唱歌，因此也叫"歌仙会""歌圩"。

壮族人民历来以好歌善唱而著称，"唱歌好，唱歌好比云中仙。心中忧愁豆散尽，好比云开艳阳天。"这是壮人对壮歌娱乐功能的赞誉。在壮族人的生活中，文娱的方式很多，但只有唱歌是最开心的，唱歌可以娱人，也可以自娱，不受空间和时间的限制。歌圩是壮族大型的文学活动，同时也是大型娱乐活动。在歌圩上，当一对男女对歌时，双方还有同伴和歌师相助，歌台是对歌斗智斗勇的场所，歌手、歌师在此临机应付，各展敏捷。

1984年，广西壮族自治区人民政府正式将农历三月初三这一天定为壮族的全民性节日——"三月三"歌节。2014年"壮族三月三"申遗成功，三月三将广西壮族及各民族文化推上了国际舞台，每年三月三广西全区人民享有两天假期。

京族人唱哈，有着久远的历史。有人认为其"源头"至少可以追溯到唐宋时期，也有人以西汉刘向《说苑·善说》所载《越人歌》为依据，追溯至先秦时期。虽然这些观点有着诸多值得商榷之处，但从北部湾沿海地区的地方史料记载及当地人的口述资料来看，至晚在明正德年间京族人定居在京族三岛一带以前，中国京族人的唱哈传统就已经形成并处于一种自在的发展状态。[2]

在传统的京族社会中，"哈"作为一种地方性的歌唱传统，是当地人社会生活的重要内容，呈现出一种"无村不有哈""无村不成哈"的社会景观。"哈"在京族语言中，为"歌""歌唱"之意，因此也把京族人的歌唱传统称之为"唱哈"。"靠海吃海"的京族人，"哈"承载了渔家人无尽的喜怒哀乐。在传统的京族社会中，唱哈是当地人不可或缺的社会生活内容，作为一种情感的自然流露，"哈"不需要华丽的词藻和过多的溢美之词来粉饰；当众多京族人的想法不约而同汇集在一起的时候，"哈节"的形成也就成了一件自然而然、水到渠成的事儿了。

"哈节"是一个歌唱的节日，满怀喜悦之情的京族人，用朴实无华的歌声，歌颂本族先祖的丰功伟绩，诉说渔家人生活的辛劳与庆祝渔业的丰收，表达当地人对大海及先祖的感恩之心和对未来生活的期待。而"哈节"的举办时

---

① 覃桂清：〈"三月三"源流考〉，《民族艺术》，1994年第69页。
② 吕俊彪，苏维芳：《京族哈节》，北京：北京科学技术出版社，2012年，第3页。

间不似"三月三"时间统一,如著有"京族三岛"之称的京族聚居地,满尾村哈节定在农历六月初九至十四日举办,巫山村定在农历八月初一至初七,而山心村则为农历八月初十至十五,其中原因,据说和各岛哈亭竣工的不同日期有关。

京族哈节作为京族人最为重要的传统节日,在20世纪80年代得到了恢复性发展,进入21世纪后更成为了展现京族传统文化的重要舞台。2006年,"京族哈节"入选第一批国家非物质文化遗产名录;2007年1月,"京族哈节"和"京族独弦琴艺术"入选广西第一批自治区非物质文化遗产名录;2008年东兴市人民政府正式介入并引导京族哈节庆典的组织工作,京族哈节同时更名为"东兴市京族哈节";2009年防城港市人民政府正式介入并引导京族哈节庆典的组织工作,京族哈节更名为"防城港市京族哈节"。2018年,东兴市江平镇入选广西第一批特色小镇,被评为东兴京族海洋小镇。

二、壮族文化传承对京族文化传承的启发

(一)语言文字

人们常说:"宁卖祖宗田,不卖祖宗言。"民族语言作为民族文化的载体,民族文化的符号,有其特殊的功能。壮族文字的发展至今已经经历了三个阶段:刻画纹阶段、古壮字阶段和壮文阶段。

新壮文以壮语北部方言为基础,以武鸣语音为标准音,于1955年完成草案的制订,1956年12月1日在《广西日报》公布,1957年11月29日在周恩来总理主持的政务院第63次全体会议上通过,批准在壮族地区正式推行;这是新中国成立后由政务院正式批准的第一种新文字。

壮文产生几十年来,尽管道路曲曲折折,经受了新事物似乎注定要经过的坎坷命运,但它作为法定的新文字,正在相应的领域发挥自己的作用。它有语委、研究室等相应机构,有报纸和刊物,有出版的阵地,有相应的广播频道,有试验推行的中小学,有专门的自治区壮文学校,有中央民族大学和广西民族大学的壮语言文学专业。[①]文字与语言一致决定了教育的普及程度和成功率,认识这一点的人越多,对壮族地区的现代化建设也就越有利。如今的壮文,走进广西各中、小学,特别是各县民族初中、中学等,让壮族学子不仅会讲壮语,还会认壮字。在广西部分大学里,还成立有壮语社团,为来自不同民族但对壮族语言有兴趣的同学提供了学习机会。虽然壮文的推广目

---

① 梁庭望:《壮族文化概论》,南宁:广西教育出版社,2000年,第505页。

前较为缓慢，但在广西这 12 个世居民族中，已经算是走在较为前边的了。

嗨字是京族人在民间社会使用的文字，是一种仿效汉字结构创造的京语化的古文字。作为一种富有民族特色的文字，嗨字曾被看作一个神圣的社会符号，并且被认为是一个社区、一个族群"有文化"的表现。京族人在哈节期间祭祀各方神圣所用的"唱词""祝文"皆是用嗨字写成，如《京族哈歌》《京族传统叙事歌》等。尽管嗨字书写的哈歌一类文本曾因为无太多人认识嗨字而淡出当地社会生活，但一些京族民间有识之士却仍没停止过对嗨字的研习。目前有关嗨字的书籍，有何思源著、黄建明编的《中国京族嗨字汉字对照手册》，还有京族老者苏维芳的《京族嗨字史歌集》《京族叙事歌集》等。2009 年，京族字嗨文化传承研究中心成立，苏维芳担任主任，收集、整理、翻译嗨字。苏维芳还创办培训班，将这种濒临消失的京族语言传承给了更多的人。而苏维芳是从政府机关退休，因自身的民族情节自愿投入到京族嗨字的研究和挽救当中，这样的精神是值得钦佩和学习的；但个人的力量毕竟有限，加上目前认识嗨字的人日益减少，嗨字的挽救需要从更年轻的一代抓起。

2003 年 8 月，东兴市京族中学和潭尾小学合并，组成了东兴京族学校，这是全国唯一一所以京族命名的民族学校。近年来，该校通过开设京族语言教学课，开办独弦琴兴趣班，努力打造具有京族特色的品牌学校，日渐成为京族文化的教育基地，成为防城港市民族教育对外交流的窗口。编写了《京族乡土教材》《独弦琴训练技巧》《京族学校礼仪》等校本教材。其中《京族乡土教材》内容涉及京族的起源与发展、民族歌舞乐、民族节日、民族服饰、民族饮食、民族建筑、民族工艺、民族历史人物等。但这些所有的课程中并没有设置有关"嗨字"的课程和教材，说明在这方面的老师和人才还是急需的。如能开展双语教学，在少数民族学校使用本民族语言，学习本民族的文字；另外在家庭教育中，父母和子女之间也应坚持京族语言的传承；如香港的教育就是坚持"三语两文"，国语、英语、粤语，英文和中文。倘若有关部门能够培训京族这方面的人才，那这样的学习一定能让京族在众多民族中保持自己的独特性和重要性。

除中、小学之外，即将挂牌改名为北部湾大学的钦州学院位于广西北部湾经济区域的中心，是中国—东盟自由贸易区的物流中心区域，处在泛北部湾经济区和泛珠三角经济区的交汇处，有着得天独厚的区位条件。在这样的条件下，京族"嗨字"的保护如能走进同处北部湾的大学课堂中，效果肯定是显而易见，也是最有区域优势的。

（二）民族乐器

"世界铜鼓在中国，中国铜鼓在广西。"铜鼓的分布几乎覆盖了整个广西，目前，河池和百色两市境内的铜鼓传世最多，尤其以红水河流域最为集中。从诞生发展到流传至今，已有数千年的悠久历史，是记录骆越民族生命生产和生活的活标本，铜鼓的造型、鼓面外观的纹饰以及鼓身的雕塑，无不体现农耕文明时期人们对自然的崇拜和对美的追求。一定程度而言，广西铜鼓就是壮族族群记忆的一种载体。

随着《中华人民共和国非物质文化遗产法》和《关于推动特色文化产业发展的指导意见》等系列法规的出台，给民族地区传统文化发展指明了方向，也带来重大机遇。广西壮族自治区在 2006 年制定并实施了《广西壮族自治区民族民间传统文化保护条例》，成立了"广西红水河领域铜鼓艺术"保护领导小组。官方、民间、学界亦组织强有力的队伍，为铜鼓文化的保护与传承做出了巨大努力，并起到一定成效。现已出版有《铜鼓文化》《铜鼓文化资料汇编》等相关图书资料。2006 年，"壮族铜鼓习俗"被列入首批国家级非物质文化遗产名录；2011 年，广西壮族自治区政府斥资 2.78 亿元打造世界性专业铜鼓文化博物馆——广西铜鼓博物馆，建成后将为广西铜鼓文化提供展示和交流的平台。2014 年，"铜鼓舞（南丹勤泽格拉）"被列入第四批国家级非物质文化遗产代表性扩展项目名录；2017 年，东兰县长乐镇更乐村"壮族铜鼓舞"传承基地被列入自治区级非物质文化遗产保护工作平台。铜鼓原本只是壮族、瑶族等民族在重大的节日和丧葬祭祀等特殊时刻才使用的祭祀神器，而现在，也都得到了相关部门的重视；这些措施表明，铜鼓在近年来都得到了更好的的保护和传承，对京族独弦琴的保护和传承也有一定的借鉴之处。

独弦琴是京族最具特色的民间乐器，其优美的音色和独特的韵律称为最能代表京族文化的符号。独弦琴原始形制简单，琴体用桐木或长大的半边竹筒制成，摇杆用竹子削制，用一根弦系于琴身和摇杆上，轻轻一拨，便似风动竹梢、鸟鸣花间、余音袅袅。独弦琴的曲目很多，有《高山流水》《过桥风吹》《骑马》等。

独弦琴的发展历史显示，即使在京族三岛也只有两位京族独弦琴艺人。一般民众虽然喜欢，但少有会演奏的，究其原因，主要是它世世代代都沿袭口传心授的传承方式，这种方式往往是即兴式，想到哪儿就教到哪儿。授琴者很费劲儿，学习者也较难长进，导致许多学习的人望而却步。如今，从 20

世纪仅有的两三位京族独弦琴艺人发展到十几位独弦琴演奏家，这些演奏家都具有较强的音乐专业知识和较娴熟的独弦琴演奏技巧，在系统也学习独弦琴的传统演奏技法和曲目的基础上，又不断地改编等。[①]

如今的独弦琴，不再是单纯的民间乐器，也受到了一定程度的保护和发扬，如 2002 年雷滢在世界音乐之都维也纳金色大厅表演独弦琴作品《心弦》；2004 年 8 月，陈坤鹏编著了中国第一部公开出版的独弦琴音乐教材《独弦琴教程》；2011 年独弦琴入选了第三批国家级非物质文化遗产名录等认可性的保护。但我们要意识到的是独弦琴发展的根在民间，人民群众才是独弦琴文化的传承主体。只有让群众树立起文化自信并由政府和媒体作为媒介，给予传承主体政策、资金、信息等方面的扶持，独弦琴艺术的保护才能真正的做到"从群众中来，到群众中去"，而不仅仅是依靠一到两位传承人来支撑。

（三）饮食

每年临近农历三月三，南宁各地的集市便摆满枫叶、黄栀子、红蓝草等制作壮族"五色糯米饭"的纯天然染色植物。近些年来，随着"壮族三月三"节日的影响，广大游客来到广西除了听到优美的山歌之外，还常常会被市场上色彩艳丽的五色糯米饭所吸引。在手机上搜索"壮族美食"，除了弹出鱼生等词条，出现最多的便是这"五色糯米饭"。而我们在搜索"京族美食"时，却看不到统一高频率的词汇，说明在京族美食的认可上，还没有达到深层次的开发和统一。

京族主要从事海洋渔业，靠山吃山，靠海吃海，京族人最爱吃的是一种以小鱼腌制的调味汁，叫"鲶汁"，是京族地区独特的产品之一。

鲶汁在市场上一般叫鱼露，每年 3—6 月间，渔民家家腌制鲶汁：在一个洗净的大瓦缸内底垫上稻草和沙包当过滤层，过滤层下的缸底脚边凿一小孔，安装上塞子及漏管。将清洗好的小鱼及盐一层一层铺在缸里。缸装满后，上压重石，加盖密封。一星期后，打开漏管，鲶汁不断流出，其色如浓橙汁，清香四溢，吊人胃口。待到漏管中已流不出鲶汁，"头漏汁"便告取尽，然后向缸内再添冷却了的盐开水，过数日接取"二漏汁"；最后压滤"三漏汁"。俗语说："千汁万汁，不如京家鲶汁。"做汤时加些鲶汁，汤味顿觉鲜美，吃肉时蘸以鲶汁，入口便觉清香。

京族除了鲶汁，还有一种叫作"风吹糍"的美食，用大米制成，可当点

① 陈坤鹏、黄羽、张灿：《京族独弦琴艺术》，北京：北京科学技术出版社，2013 年，第 162 页。

心吃。用热水浸泡大米后磨成粉浆，舀入直径 40 厘米的铝制托盘，将盘漂浮放在开水锅里蒸熟成一张张薄粉膜，撒上芝麻，置于大眼簸屏上以炭火烘干即成。因其轻而薄，似乎可迎风而起，故称"风吹糯"。其味香脆可口，旅行出海或居家待客，都很方便。若把蒸熟的粉膜切成细丝烘干，即成"粉丝"。把粉丝、螺贝肉、蟹肉、沙虫干、虾仁等海味混在一锅煮，就是"糯丝海味汤"。对这样的京族美食进行有规模的加工生产，做成品牌，打造特点，例如可以用贝壳制成装食品的容器，吃完京族特色食品后，还能把贝壳容器当工艺品摆设、收藏或是给儿童当玩具。在京族地区每年的哈节或是广西东盟博览会上进行展销，不仅能宣传京族饮食文化，也能够带来一定的经济效益。

（四）服饰与手工艺品

瑰丽的壮锦是壮族妇女匠心独运的传统工艺美术织品。以素色细纱为经，多种颜色的丝绒为纬而织成，用于制作衣裙、巾被、背包、台布等。主要产地分布于广西靖西、忻城、宾阳等县。以色彩绚丽、图案别致、结实耐用而驰名中外。壮锦生产有悠久的历史，早在两千多年前的汉代就已经存在了。宋人周去非在《岭外代答》一书中说，緂布"白质方纹，广幅大缕，似中都之线罗，而佳丽厚重，诚南方之上服也"，说的就是壮锦的前身。到明代万历年间，有龙凤等花纹图案的壮锦已经成为贡品，并跃居名织品之列。到了清代，壮锦生产已遍及壮族地区，成为壮族人民的被服所需和市场的畅销品，并被列为我国四大名锦之一。[①]

对于壮锦发展模式的探索，位于广西文物苑内的"广西传统工艺展示馆"，是广西对外展示民族文化和进行民族工艺交流的重要的形象窗口，是自治区文化产业示范基地、旅游接待基地和大专院校的实习基地。2007 年，历时三个月，香港回归十周年。自治区博物馆和社会各界人士组织非物质文化遗产技艺工作者制作了一幅最大壮锦相赠，创下了当年的世界之最，轰动社会。2010 年策划、组织制作了世界最大壮锦"广西壮锦献世博"，由广西壮族自治区政府赠予上海世博会永久收藏，并获得了"上海世博最大壮锦吉尼斯纪录"证书。2011 年，广西织绣发展研究会成立，启动"织绣帮扶计划"，致力于工艺培训和技能扶贫等公益活动。并提出通过"公司＋基地＋农户＋市场"的模式拯救了壮锦织绣技艺，使其得以传承发展，同时也在不断地创新研发更多的产品，如壮锦手提包、壮锦杯垫、壮锦围巾等，使其更能符合现代社

92

---

① 覃乃昌：《广西世居民族》，南宁：广西民族出版社，2004 年，第 34 页。

会的潮流与审美。如现在的靖西县壮锦厂，不仅生产精美的壮锦远销国内外，也生产绣球等工艺品。

壮锦的发展得到了自治区政府和社会各界人士的支持，向世人呈现壮锦的文化魅力，推动壮锦地位的提升，壮锦的发展对京族服饰的发展也有所启发。

京族的传统服饰朴实美观，别具一格。妇女习惯上身内挂一块菱形的护胸布，外穿一件无领圆口、对襟、窄袖的紧身上衣，下身则穿一条黑色或褐色的长裆宽脚裤，裤脚多镶有精致美观的花边。如逢喜庆或外出，一般还要套穿一件单色彩绸的紧身、窄袖长衫。这种服装以丝绸为料，质地柔软舒适，女性穿在身上线条突出，衬托出女性的婀娜身姿，而且透气良好，非常适合在海边穿着。进入 20 世纪 50 年代以后，不论男女，穿汉族服装的逐渐增多。20 世纪 80 年代以来，除老人外，其余大都已不穿本民族的传统服装。

现在的京族服饰，不再是京族人民日常的穿着，只有参加庆典或特殊的节日才会出现，应该如何把这样的一种服饰介绍给更多人呢？近年来，掀起了"旗袍热"和"汉服热"等风尚，众多的年轻人越来越喜欢展示中国传统服饰。而京族服饰整体风格简洁大方、温婉娴静，经典的款式不仅不会过时，而且符合当下人们的审美需求。京族服饰既有和旗袍的对襟、窄袖类似的上半身，紧身而凸显出女性的腰身与风姿卓韵，又有长裆宽裤脚的下半身，比紧身包臀的旗袍行走时更加活动自如。这样一种集美感和舒适于一身的京族服饰，可通过举办相关服饰比赛活动或摄影等活动进行推广，使其被更多的人所接受，让这样的服饰走进百姓的日常生活中。

京族具有明显的海洋文化特征，在设计旅游纪念品的时候，就可以把捕鱼工具按比例缩小、选择海边贝类等材质设计成为精美的纪念品，既能体现出京族文化特色，又能跟其他滨海地区如北海、钦州等地的滨海旅游纪念品区别开来。如京族斗笠、京族渔业生产工具、京族民族服饰等凸显防城港的特色与京族民族资源，形成标志性的旅游纪念品品牌。旅游地的销售人员在向消费者推销时，能着重强调旅游纪念品所蕴含的京族历史文化背景和地域民族特色的话，不仅能让消费者更深一步地了解京族文化，而且能让消费者比较乐意将这些集聚京族特色的旅游工艺品带给亲朋好友。

三、总　结

作为一个多民族国家，需要坚持"民族平等，民族团结，各民族共同繁荣"的基本原则。在民族文化交流中，要求我们了解对方的民族以及各民族的语言、

文学、艺术、生产方式、生活习俗和宗教信仰等方面。广西作为一个多民族聚居的民族区域自治地方、全国少数民族人口最多的自治区，在这里生活的12个世居民族也应当了解各民族文化，及其文化保护传承工作进程，从而推动本民族的文化保护相关工作。

参考文献：

[1] 包晓泉、罗黎明.京色海岸 [M] 南宁：广西民族出版社，2010.

[2] 黄有第.京族文化的传承与发展：防城港市京族文化研讨会论文集 [C].南宁：广西人民出版社，2008.

[3] 罗勋.根问：壮族研究论文集 [C].呼和浩特：远方出版社，2004.

[4] 谢杨苏广.中国京族特色文化旅游资源开发研究 [D].南宁：广西大学，2014.

[5] 玉时阶、蒙力亚.广西少数民族服饰文化 [M].南宁：广西人民出版社，1992.

[6] 广西民族研究所.广西民族历史与文化研究第一辑 [C].南宁：广西民族出版社，1988.

[7] 李燕.京族文化传承与旅游纪念品开发研究 [N].钦州学院学报，2017.

（作者是广西师范大学 2017 级中国少数民族史研究生）

论京族、古百越人与中华
文化的生成关系

徐海容

京族是 1955 年民族认定时才定的名称，[①] 实际上，京族的祖先可以追溯
到古百越人。据考古发现，今广西地域早在 80 万年前就有原始人类繁衍生息。
桂林父子岩遗址、大岩遗址、甑皮岩遗址距今 0.7 万—1 万年。距今 10 万—2
万年前，在今桂西、桂南、桂北地区活动的古人类进入以血缘为纽带的母系
社会初期。约在 5 万年前，今广西区内古人类进入旧石器时代晚期。约 2 万—
1 万年前，广西区内古人学会制造和使用钻孔砾石和磨尖石器。距今 1 万—0.6
万年前，广西区内古人逐步走出岩洞与河谷，向平原和滨海地区发展成今广
西地区，出现原始农业、畜牧业和制陶业。

1996 年惠州博罗"缚娄古国"遗址发现先秦时期的陶片，发掘出广东最
大的先秦时期的龙窑窑址；2000 年出土了包括青铜鼎、编钟等在内的大批精
美陶器、瓷器、铜器、玉器、水晶文物等，这些证实了岭南在先秦以前并非"瘴
疬之地"，改写了岭南的文明史，岭南文明史得以上溯至 3000 年前。最迟在
1 万年前，今广西沿海就开始了人类的活动，灵山人遗址的发现就是证据。现
存防城港市杯较山、马兰嘴、亚菩山、交东村社山贝丘遗址，钦州市犀牛脚
芭蕉墩、亚陆江杨义岭、黄金墩和上羊角遗址，北海市合浦高高墩和二埠头
遗址等新石器时代海滨贝丘遗址，足以证明新石器时代晚期，人类已在广西
沿海生活。先秦至西汉时期，今广西沿海地区生活着古百越人的一支——骆越。
骆越人是现今的壮族、黎族、侗族的先民。

95

---

① 朱维群：《民族宗教工作的坚持与探索》，成都：四川人民出版社，2016 年，第 232~236 页。

目前在广西沿海发现的石器，包括敲砸器、砍砸器等多种工具，遗址中的堆积物，包括大量的螺、蛤、蚌壳和大型哺乳动物化石等。根据近代考古学的证据，水稻就是南方的古越人最先种植。苏州草鞋山遗址发现的 6000 年前马家浜文化水稻田，是目前中国发现最早有灌溉系统的古稻田。其出土的炭化稻，连同常州圩墩、高邮龙虬庄、昆山少卿山、溧阳神墩等新石器时代遗址出土的炭化稻，为中国稻作农业的起源、栽培稻起源的研究提供了实物依据。由于瓯骆先民对稻有所敬畏，所以每年都会举行祭祀。大石铲是先民用来在泥地里开沟种水稻的工具之一，所以很容易就成了祭品之一。广西隆安大石铲文化是早期文明的重要源头，它影响了河姆渡、良渚文化，而河姆渡、良渚文化又影响了更为广泛的地区。从上个世纪至今，南宁市附近的几个县都有石铲出土。这都说明两广一带历史文化的悠久。

二

京族的祖先，是古越族的一支，考察古越族的构成，我们可以看到，古越族和中原华夏族有着密不可分的关系，这也证明京族、越族和中原华夏族的血源关系，充分说明中华民族一家亲的历史溯源。司马迁《史记》中的《夏本纪》《越王勾践世家》以及《吴越春秋》《越绝书》等历史文献认为越王勾践的祖先，是禹之苗裔、夏后帝少康之庶子无余的后代，之后形成分支散布南方各地而成"百越"。如《史记·越王勾践世家》等史籍有这样的描述："公元前 333 年(战国时期)，楚威王兴兵伐越，大败越国，尽取吴越之地。"《庄子·逍遥游》："宋人资章甫而适诸越，越人断发文身，无所用之。"郭庆藩集释引李桢曰："诸越，犹云於越。"《过秦论》"南取百越之地"，《采草药》"诸越则桃李冬实"。在先秦古籍中，对于东南地区的土著民族，常统称为"越"。如吕思勉指出："自江以南则曰越。"诸家都认为，自此越国人流散到南方一带，分化成众多的支系，故而从这个时候开始，文献中便出现了"百越"这一个新的称谓。而流落到岭南一代的越族，逐渐同当地人相结合，形成新的百越人。成为中华民族的一支。按照《吴越春秋》《吴地记》及无锡地方史志的记载，泰伯在无锡梅村一带开凿沟渠、兴筑城池、教百姓农耕技术，促使吴地生产有一次飞跃性发展。周人是农耕技术一流的部族，他们的先祖后稷"好耕农，相地之宜，宜谷者稼穑焉，民皆法则之"，帝尧任命他为"农师"。相传泰伯在梅村一带"复制"周原创业经验，大兴水利，发展农业，"穿浍渎以备旱涝"(即开挖沟渠、陂塘，以灌溉、排涝)。泰伯还改进农耕方法，变一年一熟为一年两熟，令当地农业生产有了飞跃性发展。生产技术的大幅度改进，促进当地经济空前发展，泰伯遂营造城池、房屋，提升吴地文明形态。据《吴地记》所载，为了防止外患，泰伯带人修筑城池，"周三里二百步，外郭三百余里"。梅村因此有"江南第一古都"之称。"泰伯奔吴"，无疑是一次中原文化与东南百越文化的融合与交流，对长江下游地区的开发有着重大的意义[①]。

南越是存在于远古至秦末时期的古越族部落，南越部落是秦末汉初时期南越国的前身。从《淮南子》对秦越之战岭南人击毙几十万秦军的描述中可以看出南越与西瓯部落是百越诸部中属强大的支系，两广自古有狼兵之称源于此战。公元前219年秦始皇发动"秦攻百越之战"后，于公元前214年征服岭南，随即在此地设置南海、桂林与象三郡；公元前204年，南海郡的郡尉赵佗（河北人）乘秦末大乱之际兼并桂林与象两郡，自立为"南越武王"，建立南越国，后归顺于西汉，回归中华大家庭。

这里必须要提的是，古南越国地域主要包括今天的两广地域和越南北部地区。

三

京族人民勤劳勇敢，水性好，尚武精神强烈，这也有着久远的历史渊源。京族的祖先就是古越人，古越人不但铸剑技术高超，而且擅长航海。越人"水行而山处"，为习水民族。古越族人民素以善制舟楫，巧于驭舟，尚铜鼓，精于剑，熟水性，善使舟及水战，首创水师，富于航海经验而著称于世。先秦时期的百越人很尚武，越人除了善制剑之外还善水战，楼船这种大型战船就是越人发明并最先使用的。楼船的甲板建筑特别巨大，船高首宽，外观似楼，所以被称作"楼船"。《淮南子·原道训》云："九疑之南，陆事寡而水事众。"说的就是百越族人不善陆上之事，而善舟水。

我们现在看京族的语言，实际上也属于岭南粤语系，这和古百越人的语言非常相似。古越人所使用的古越语与古代北方所使用的语言相差极大，彼此不能通话。根据语言学者的研究，在汉语七大方言中，北方方言（官北话）可以粗略地看成古汉语数千年来在中国北方经历北方阿尔泰语系的游牧民族数度混居交融发展而来，而其余六大方言：吴语、湘语、赣语、闽语、客家话和粤语，却是由于历史上北方居民数度南迁，与南方族群的语言相互影响

97

[①] 董楚平：《吴越文化志》，上海：上海人民出版社，1998年，第9~12页。

而逐渐形成的，因此均与古汉语有较大出入，但在声调方面，南方方言则保留北方方言已经失去了的入声。越语的特点：发音轻利急速，有的词与汉语不同，名词类的音缀有复辅音和连音成分；词序倒置，形容词或副词置于名词或动词之后。在《国语》《越绝书》及《吴越春秋》中都有一些越语词的记录，而汉朝刘向《说苑·善说篇》中所录著名的"越人歌"则是保存最为连贯，完整的越语资料。据对古越地的现代汉语方言对比研究，发现其中有着众多的词语是相当一致的，因此从中可以看出，闽越、瓯越、南越、骆越语在古代大概可以互通，因为古越语的成分至今还十分明显。再如图腾崇拜，《汉书》记载："越人常在水中，故断其发、文其身，以象龙子，故不见伤害也。"又有《淮南子》记载："越人以箴刺皮为龙文，所以为尊荣也。"这两则文献，都记载了古越人有"文身象龙"的习惯，其实即是古越人对龙图腾的崇拜。这和内地的图腾崇拜是一样的。

漫漫历史，我国统一的多民族国家形成中，越族在长期与其周围民族，特别是同汉族的不断交往中，不仅在政治、经济、文化上相互交流，而且在血统上彼此融合。越族同我国其他古民族一样，不断同其他民族相互融合。至东汉三国时，越族已经逐渐消失。最后，越族大部分混合与汉族之中，而一部分则发展为现今我国南方壮、侗语族的一些少数民族，这就包括黎族、畲族、壮族，以及后来出现的京族等，但不管如何，都是中华民族的一部分。

综合而言，古越人在衣、食、住、行等人类生活中的重要方面，均对中华民族文化有着重要的贡献。在衣着方面，古越人及其后裔即今广西壮族、海南岛黎族等南方少数民族，是用木棉、芭蕉、竹子等植物纤维织布的发明者；在饮食方面，古越人"饭稻羹鱼"，是栽种稻谷（早稻、水稻）的先行者；在交通方面，古越人是舟船的初创者；在居住方面，古越部落是"干栏式"住房的创造者，中国南方除了汉族吴越民系、广府民系、闽民系外，其余与古越部落稍有渊源的族群仍然有部分居住传统的"干栏式"建筑，可见其生命力所在，"干栏式"房屋是后世楼房建筑的先驱，在建筑史上具有重大地位。百越具有独特的文化习俗与发明创造，在其自身发展过程中，也受到其周围古文化特别是中原文化的影响，从而日益汇入光辉灿烂的中古文化之中，为缔造中国的历史文化做出了不可磨灭的卓越贡献。今天党和政府高度重视民族工作，将民族工作上升至国家统一和人民幸福的新高度，我们要"与时俱进地实现我国民族政策从第一代向第二代的转型，即实现从识别国内56个民族、保持56个民族团结发展的第一代民族政策，到推动国内各民族交融一体、促进中华民族繁荣一体发展和伟大复兴的第二代民族政策的转变，建构起凝聚力越来越强，你中有我、我中有你、不分你我、永不分离的中华民族的繁荣共同体"。①追往昔峥嵘岁月，看今朝，前景辉煌，在今后的发展中，京族人民更应该团结一致，作为中华民族共同体的一员，脚踏实地，投入到建设伟大祖国的征程中去，为早日实现中国梦，创造美好生活而努力奋斗！

（作者是东莞理工学院中文系副教授）

① 胡鞍钢、胡联合：《第二代民族政策——促进民族交融一体和繁荣一体》，《新华文摘》，2011 年第 24 期。

京族文化典籍的
收集、整理与研究

苏维芳

一、京族历史文化典籍资源的五个显著特点

（一）重大历史事件多。 1840 年鸦片战争以来就有京族统领苏光清反抗西洋军鸦片入侵的故事；有黑旗军京族英雄杜光辉抗法的故事；有 1887 年江平、山心、巫头、潭尾正式划归中国等历史事件。

（二）杰出历史和现代人物多。 有京族抗法英雄杜光辉、杜光达（潭尾），裴六（巫头）。京族统领苏光清（潭尾人），京族先烈刘振钊（山心人）。京族人民的革命斗争：（1）农民协会成立。当时协会组织者是山心京族人刘振超和刘振业等人。（2）东兴总工会的成立及其革命活动，先后有苏锡权等三十多人参加了工会活动。京族人民与"越盟"抗法事记；京族抗美援朝志愿兵杜玉周等 15 人；京族青壮年援越抗美罗周德等 136 名翻译官。

（三）京族历史文化之多。 有京族海洋文化、哈节文化、字喃文化、歌海文化、独弦琴艺术文化等。

（四）民族风情多。 有京族的语言、服饰、建筑物、生活习惯、风土人情、喜庆节日、民间独弦琴演奏艺术、织网和编织竹笠等工艺特产、烹调技术等，构成多姿多彩的民族风情。为民族风情观光旅游提供了良好的条件。特别是京族的哈节充满着浓郁的民族风情。

（五）传统古歌多。 有京族史歌、京族哈歌、京族传统叙事歌、京族传统民歌（民歌包括礼俗歌、海歌、文化文艺歌、家庭感情歌、情歌、劳动歌、道德歌、教育歌、儿童歌谣等）。京族吟歌、哭叹歌和京族嘲剧、嘲歌等。这些传统古歌，是京族文化的珍贵遗产，也是民族典籍中的一个重要组成部分，其历史源远流长，内容丰富多彩，是京家生活不可缺少的部分。

二、京族文化典籍的收集、整理、传承与研究

为了收集、整理、传承和研究京族优秀传统文化，从 2002 年起我们走遍了巫头、山心、澫尾三岛京族聚居地，以及江平镇江龙村的红坎、恒望、寨头、潭吉村和东兴镇的竹山、罗浮等京族散居村落。收集和整理了许多京族历史文化宝贵资料，为京族文化的保护、传承与发展做出了不可代替的工作。

（一）**挖掘、收集、整理、翻译、编写字喃文化**。经过 16 年的努力，加大了对各类传统优秀文化的挖掘、保护、整理与发展力度，编写出版了一系列京族传统文化书籍。现收集了 100 多本古书籍和各种古代契约 13 幅。（具体书名及契约另附页）。编写、翻译了《京族史歌》《京族哈歌》《京族传统叙事歌》等 26 本书集，《京族传统民歌》（1—4 集）和《京族哈节祭文与有关文献》（1—2 卷）等 63 本京族文化书籍（具体书名另附页）。翻译字喃文字 400 多万字。

（二）**深入研究，认真做好传统文化的传承工作**。深入开展古籍文化研究工作，主要是研究字喃与京语的关系、汉字与喃字的关系、京族字喃文学与汉字文学的关系等。并编写两本《京族字喃京语》培训教材。在传承方面，2003 年至今，共举办 6 期"字喃京语"培训班，参加人数 500 多人；举办 5 期哈妹培训班，参加人数 80 多人次；举办 16 期哈节司文官员培训班，参加人数 480 多人；举办京族字喃书法展 6 期，书法作品 100 多幅。还与京族学校商议开设字喃京语课。2011 年起，从小学部四年级以上至中学部各年级，每星期一节字喃京语课。

（三）**积极申报京族非物质文化遗产名录共 26 项**。其中获得国家级 2 项、自治区级 5 项，防城港市及东兴市级 19 项。共申报各项京族非物质文化遗产传承人代表 26 人。

（四）**努力留传京族文化产物**。至今除编写翻译 63 本字喃书籍外，还编写了《京族喃字史歌集》《中国少数民族古籍总目提要——京族卷》《京族海洋文化》等 13 本京族书籍，另外协助有关部门编写了 5 本京族书籍。现在还在编写的有《京族字喃字典》、《京族传统民歌集》、《京族书法集》（一、二集）等 4 本书（具体书名另附页）。

（五）**夯实嘲歌基础，把京族嘲戏搬上舞台**。嘲剧是中国京族民间主要戏剧，又是京族传统文化传播的一个重要纽带。2017 年 9 月 18 日，全国政协文史委主任等 10 人（4 位部级领导）来调研京族嘲戏：参观嘲歌本资源和参

阅提交的汇报和建议材料等。我们建议："做好恢复'嘲剧'的各项准备工作，从嘲剧资源中挖掘、整理出一批可供融合创新的艺术要素，古为今用，推陈出新；移植、改编、复排一批优秀传统剧目，让嘲戏艺术的积淀重现光彩。吸引更多年轻观众走进剧场，感受嘲剧艺术的魅力。"全国政协调研的领导，都非常赞赏这个建议。这工作主要由"京族人家独弦天籁艺术团"实施。目前我们已编写了中国京族嘲剧《渔翁》和《婚礼哭嫁》两本字喃京语本。并翻译为中文和越文剧本。计划举行字喃京语剧本的培训班，待扶持资金到位后，采取"走出去，请进来"的方法，加强对艺术团的艺术辅导，逐步实现保护、传承和宏扬京族"嘲戏"的目的。

（六）加大对京族哈节文化典籍的保护和传承。哈节经历了数百年的时间，至今仍较完整地保留了传统节日的精髓，包括节日的迎神、祭祀神灵、拜祭祖先、坐桌乡饮、唱哈娱乐等。对京族哈节文化典籍的保护和传承具有十分重要的意义。为了传承京族哈节优秀传统文化，从 2002 年，我们走遍了巫头、山心、澫尾京族三岛和红坎村四个哈亭。一是收集了京族哈节唱词（哈歌），哈节文书文献和有关祭文等原始资料。二是编写了京族哈节唱词，《京族哈节祭文与文献汇编》（一、二集）、《京族五位圣神及其神绩传说》、《澫尾京族哈亭亭规与有关文献》和《京族哈节盛事汇集》等书。三是编印"镇海大王故事""京族抗法英雄杜光辉""哈亭亭规条约"等，张贴上墙进行宣传。四是翻译出版了《京族哈节唱词》《京族哈节文献资料汇编》《京族史歌》。上述三本书是以喃字、中文和越文三种文字出版。另外《京族哈节》一书作为广西和国家级非物质文化遗产系列丛书出版。再者，在编写《京族海洋文化》一书中的"京族建筑"部分时，我们编写有"京族居所的变迁""澫尾哈亭""巫头哈亭""巫头灵山寺""山心哈亭""山心三婆寺""红坎哈亭""红坎伏波庙"和"寨头哈亭垌遗址"等文章，为传承京族哈节文化起到了积极作用。

三、京族历史文化资源保护与开发利用中存在的问题

（一）京族文化资源的保护规模较小。只限在本民族的民间开展，没有上升为政府和有关部门的统一规划和行动。

（二）京族民间优秀文化和保护难度正在加大。随着经济的发展，北部湾经济区对外开放的势头迅猛发展，外来文化对本地民族传统文化的冲击越来越大。京族地区许多优秀的民间文化只保留在京族地区，如京族哈节、独

弦琴艺术等，没有得到很好的开发和利用。

（三）面临着文化资源保护和文化产业的人力资源制约。由于现有的人力资源不足，没有引进文化艺术人才，对人力资源的培养不够，具有专业水准的文化资源保护和文化开发经纪人、制作人、策划人、代理人十分稀少。

（四）资金短缺是最大的难题。由于资金的短缺，京族字喃文化传承研究中心的很多文物和收集、整理的京族文化资料与书籍，无法修缮、装订、保存。

（五）历史文化资源保护与开发利用的意识亟待增强。在历史文化资源的保护与开发利用中，由于政府或主管民族文化部门领导的意识不强，导致这些工作只停留在民间行为，政府和民族、文化部门还没有发挥应有的作用。

四、京族文化典籍的保护、传承与研究的建议

京族文化资源是这个民族所创造物质文化和精神文化的结晶。如何秉承"在传承中发展，在创新中传承"的原则，深入挖掘、保护和传承我国特有聚居海洋少数民族之一——京族现有的优秀民间传统文化，并赋予新的时代精神，加快与旅游产业的融合及创新发展，促进京族地区经济文化的可持续发展，这已经成为一个迫在眉睫的重要任务和实践课题。

（一）制定京族文化传承和发展规划，确立保护和开发京族文化的措施。制定切实可行的京族文化传承和发展规划，要将继承、保护、利用开发京族文化列入防城港、东兴市文化发展的总体规划和京族文化传承当中，抓住京族文化特点，重新审视和重构京族文化生态系统，进行专业规划，加强京族文化典籍的保护、传承工作，提升京族传统文化特有的魅力。

（二）大力加强京族文化的保护传承和研究机构的扶持工作，发挥其民间文化组织的作用。京族字喃文化传承研究中心（以下简称中心）自2009年成立以来，做了大量富有成效的工作。这个组织现有39位成员和10位总顾问，及49位顾问。而这组织也是独特和稀少的，目前全世界只有3家，除了越南国家喃汉研究院和美国越侨喃字研究会外，就是东兴市京族字喃文化传承研究中心了。这是中国唯一的少数民族民间文化研究的组织。由于这个中心没有活动经费的扶持，很难开展各项工作。在东兴市两会期间，我们通过中心成员，东兴市本届人大代表苏桂芳等十多人，提交了"关于把'东兴市京族字喃文化传承研究中心'的活动经费纳入政府财政预算扶持的议案"，又通过中心顾问，东兴市本届政协委员梁起齐提交给政协同样的建议。在此，我们再次请求，东兴市政府大力加强和落实此文化组织机构的资金扶持工作，

以发挥这民间组织的职能作用。

（三）加快京族嘲戏振兴工作的进程。京族嘲剧可以说是京族传统文化传播的一个重要纽带。在过去，京族地区的人们生活水平低下，学堂教育不普及，文化生活单一，嘲剧的各个曲目，包含着京族的传统道德与伦理观念，在打造敬奉自然、敬畏生命、英勇无惧、团结互助等京族的精神气质方面起到潜移默化的教育作用。嘲剧在京族有识人士的共同努力下，近年来做了大量积极有效的抢救工作。2013年，京族人家独弦天籁艺术团让几近消亡的嘲剧有了恢复的基础。为了进一步宣扬好我们的传统戏剧，做好京族嘲剧的恢复、传承与保护，在2018年广西两会期间，我们通过中心成员，广西区本届人大代表武奎，提交了"关于京族嘲戏的振兴扶持建议"。另外，又通过中心成员，防城港市本届政协委员黎春玲，向防城港市政协提交上述的建议。2018年4月，我们已经编好《渔翁》和《婚礼哭嫁》这两本戏剧本的工作。待扶持资金到位后，逐步实现保护、传承和宏扬京族嘲戏的目的。

（四）加强对京族文化保护传承工作的督促和指导。政府为公职机关，在保护传承文化的工作中应起"上承下续"的主导作用。建议防城港、东兴市人大有关委员会，加强对京族文化传承的督促指导工作。组织协调两级政府的文化委局、民宗委局、社科和文联等有关部门和单位，共同探讨、研究和出台符合实际的可行性的相关措施。根据上级要求和当地群众的意愿，制定长期的保护传承措施和方法，包括京族文化数据库的设立等。避免政府主导和群众意愿相脱节，使京族文化保护和传承工作成为政府的一项长期性工作确定下来。培养和发展京族文化人才和文化旅游产业，是保护和传承民间文化的最好途径。要将合理开发利用为此项工作的出发点和落脚点，使京族文化在旅游的依托下，走向市场，形成产业，得到长久的发展和繁荣。

附：东兴市京族字喃文化传承研究中心已搜集、编写、翻译和出版的书目（仅供参考）。

一、搜集、保护、收藏的京族古书籍

1. 骑马文
2. 教仕渡文
3. 目莲救母
4. 喧血湖文
5. 忏饭叹文
6. 招魂叹文
7. 开辟五方文
8. 买柳车文
9. 祝本文恳求护持正卷
10. 礼行遣科连疏
11. 神霄
12. 光明修德日诵要略
13. 朝拜各圣母仙娘、赎魂追魄生人差
14. 祝粮米烧文
15. 陈朝科
16. 解冤结科、割断大科
17. 上岸文朝
18. 大安龙总本
19. 请陈朝文
20. 三府公同
21. 弥陀经
22. 献佛略仪、请经科
23. 各项密咒
24. 葬山造宅呼龙卷
25. 祈安焚筑安镇科
26. 立服科、接灵科（牒）
27. 施孤魂科、焚筑科
28. 汲水科、净厨科
29. 度亡符卷
30. 犯煞、凶神符卷
31. 妇女符卷
32. 血湖破狱科
33. 安土地、送坛发愿
34. 忏谢靖科及疏、忏谢香火科及疏、甲炉科及疏
35. 迎召城隍科等集
36. 礼忏灶君科集
37. 粮星祈福解限迎祥科、粮星祈福过桥一段
38. 传度给赦在靖恳求祝弟子、经亡
39. 祝本文恳求护持正卷、黄门法界师
40. 赎魂追魄生人差
41. 祝粮米烧文等
42. 礼行遣科
43. 忏谢土公科
44. 请佛、十供
45. 诏灵、呪食
46. 放生科、放灯科、请经科
47. 文朝供靖
48. 预告诚隍科、发奏醮坛科
49. 解天宫雷公霹雳科、安将官科、送冷灶科
50. 进钱赎魂科
51. 发奏关科、发奏科
52. 恳文堂请、差各将各官
53. 给赦阴敕
54. 十殿疏、大供疏、二圣疏
55. 苏族文朝各将
56. 安龙宅（墓）通用牒旗号
57. 忏谢坟墓科疏

58. 上刀山解冤科

59. 各功文牒（疏）

60. 斋坛意

61. 开方科

62. 礼南曹北斗科（疏）集

63. 忏靖科疏等

64. 弥陀报恩经卷．报父母恩深

65. 放灯科．放生科

66. 预告城隍科．礼三俯进金银科．解青草黄泉赎命科．礼三俯赎案科集

67. 传度给赦在靖．恳求愿祝弟子．经亡

68. 发奏科

69. 沐浴科

70. 请佛科

71. 十殿科．二圣科

72. 三教度亡全卷

73. 请差祖师文

74. 寿梅家礼祭卷

75. 宋珍歌等叙事歌简介

76. 宋珍歌

77. 金云翘传

78. 征妇吟

79. 宫怨吟曲

80. 刘平杨礼结义歌

81. 石生故事

82. 盖王故事

83. 青提婆传

84. 水晶公主

85. 柳行公主

86. 唐僧西天取经

87. 花笺传

88. 梁山伯与祝英台

89. 潘陈故事

90. 范功菊花

91. 贞鼠传

92. 刘女将传

93. 玉娇黎

94. 二度梅

95. 芳花传

96. 范载玉花

97. 观音氏敬

98. 话卿朱俊

99. 李功传

100. 贫女叹

101. 皇储

102. 江平永福村民断卖地文契［道光十六年（1836 年）］

103. 分单合同［道光十一年（1831 年）］

104. 领种荒地核验单［光绪十二年（1886 年）］

105. 苏光清卖田契约［光绪十四年（1888 年）］

106. 吴志隆当土地契约［光绪十九年（1893 年）］

107. 吴志隆当园地契约［光绪二十四年（1898 年）］

108. 吴其熙当祖田契约［光绪三十二年（1905 年）］

109. 吴云清断卖祖田契约［中华民国二十五年（1936 年）］

110. 过户通知书［中华民国二十七年（1938 年）］

111. 吴云安断卖祖田契约（一）［中华民国三十一年（1942 年）］

112. 吴云安断卖祖田契约（三）［中华民国三十四年（1945 年）］

二．挖掘、整理、编写、翻译的京族文化书籍

1.《宋珍歌》（挖掘、翻译汉文本）

2.《宋珍歌》（喃字翻译越文本）

3.《京族史歌》（挖掘、编写、翻译汉越文本）

4.《京族哈节唱词》（收集、编写、翻译汉越文本）

5.《刘扬礼结义歌》（挖掘、编写、翻译汉越文本）

6.《石生故事》（收集、编写、翻译汉文本）

7.《盖王故事》（挖掘、编写、翻译汉越文本）

8.《青提婆传》（收集、编写、翻译汉文本）

9.《水晶公主》（收集、编写、翻译汉文本）

10.《宫怨吟》（收集、编写、翻译汉文本）

11.《征妇吟》（收集、编写、翻译汉文本）

12.《贫女叹》（收集、编写、翻译汉文本）

13.《柳行公主》（收集、编写、翻译汉文本）

14.《唐僧西天取经》（收集、编写、翻译汉文本）

15.《金云翘传》（收集、编写、翻译汉文本）

16.《文朝各将》（挖掘、编写、翻译汉文本）

17.《忏饭叹文》（收集、编写本）

18.《招魂叹文》（收集、编写本）

19.《喧血湖文》（收集、编写本）

20.《开辟五方文》（收集、编写本）

21.《骑马文》（收集、编写本）

22.《目莲救母》（收集、编写）

23.《买柳车》（收集、编写）

24.《教仕渡文》（收集、编写）

25—26.《京族哈节祭文与有关文献集》1—2卷（收集、编写、翻译汉越文本）

27.《京族统领苏光清》（挖掘、编写、翻译汉文本）

28.《京族英雄杜光辉传颂》（挖掘、编写、翻译汉文本）

29.《苏家族朝拜文》（挖掘、编写、翻译汉文本）

30.《京族古籍书目提要》（挖掘、编写、翻译汉文本）

31.《澫尾京族哈亭亭规与有关文献》（挖掘、编写、翻译汉越文本）

32.《京族五位圣神及其神绩传说》（挖掘、编写、翻译汉越文本）

33.《石生故事》（收集、编写喃字全集本）

34.《贞鼠传》（收集、编写喃字全集本）

35.《潘陈传》（收集、编写喃字全集本）

36.《刘女将传》（收集、编写喃字全集本）

37.《梁山伯与祝英台》（收集、编写喃字全集本）

38.《花笺传》（收集、编写喃字全集本）

39.《皇储传》（收集、编写喃字全集本）

40.《二度梅》（收集、编写喃字全集本）

41.《范功菊花》（收集、编写喃字全集本）

42—45.《京族传统叙事歌》1—4集（收集、编写、翻译汉文本）

46—49.《京族传统民歌》1—4集（挖掘、整理、编写、翻译汉文本）

50—51.《京族喃字京语教材》1—2集（收集、编写、翻译汉越文编印）

52.《京族喃字史歌集》（收集、编写、翻译、汉意译、汉语直译本）

53.《京族哈节》（收集、整理、编写、翻译汉文本）

54.《魅力京岛》（收集、整理、编辑、出版底本）

55.《京族社会历史铭刻文书文献汇编》（收集、整理、编写、编辑、出版底本）

56.《京族海洋文化》（收集、编写、编辑、出版底本）

57.《中国少数民族古籍总目提要（京族卷）》（收集、编写）

58.《京族文化文艺》（收集、编写、编印）

59.《京族潕尾岛翻译官》（收集、编写、编印）

60.《金云翘传》（字喃手抄本）

61.《中国京族嘲剧·渔翁》（字喃京族剧本）

62.《中国京族嘲剧·婚礼哭嫁》（字喃京语剧本）

63.《京族哈节盛事汇集》（收集、编写、编印）

三、目前出版发行京族文化书籍

1.《京族喃字史歌集》

2.《中国少数民族古籍总目提要——京族卷》

3.《广西京族哈节文献资料汇编》

4.《京族哈节》

5.《魅力京岛》

6.《京族社会历史铭刻文书文献汇编》

7.《京族海洋文化》

8.《京族传统叙事歌（上集）》（喃字、汉文）

9.《京族传统叙事歌（下集）》（喃字、汉文）

10.《京族史歌集》（喃字、汉文、越文）

11.《京族哈节唱词歌》（喃字、汉文、越文）

12.《京族独弦琴》

13.《重版京族民歌》

14.《京族高脚罾摄影集》

协助有关部门出版的京族书籍

1. 协助广西区政协《京族百年实录》

2. 协助广西社会科学院当代民族研究所《当代中国的京族》

3. 协助广西民族大学《京语研究》

4. 协助防城港市社科联《中国少数民族大辞典》（京族卷）

5. 协助防城港市中医院《京族医药》

目前正在编写、准备出版的书籍

1.《京族字喃字典》

2.《京族传统民歌集》

3.《京族书法集》（一、二集）

109

（作者是原防城港市公安局副局长，现任东兴市京族字喃文化传承研究中心主任）

论京族民间文艺的特征 ①

陈丽琴

　　文化是人类适应环境的过程和结果,人类不同群体生活在不同的环境中,是形成人类文化多样性的根基。我国京族生产、生活环境总体特点是处在祖国南疆前沿,南临大海洋,概括起来就是"边""海"。五百多年前,京族从越南迁徙到京族三岛定居后,不仅承袭了越族先民的传统文化,而且创造了丰富的民族文化,其中包括民间文学、民间音乐、民间舞蹈、民间戏剧、民间工艺美术与建筑艺术等民间文艺样式,丰富多彩。京族在与汉族、壮族等民族杂居的过程中,其民间文化与杂居诸民族相互影响、相互交融。"边""海"的自然环境,以及与其他民族杂居的人文环境深刻地影响了京族民间文艺的形成、传承与风格,在这样的环境中形成的京族民间文艺具有海洋性、跨国性、兼容开放性、生态性等与中原地区或其他地区民间文艺不同的特征。

一、海洋性

　　京族同胞生活在蔚蓝浩翰、碧波荡漾的大海边,在长期的海洋开发历史中,京族形成了丰富多彩,具有独特内涵的海洋文化,他们创造的民间文艺具有浓郁的海洋性特征。

　　生活在京族三岛上的京族,他们的民间文学作品描绘的是一幅幅海滨风情画。如京族故事《山榄探海》中说:一天,山神王来到三岛游览南海。它看到大海茫茫,碧波连天,海面在阳光下起伏动荡,泛出宝石般的颜色。② 在《京岛传说》里,人们织网、捕鱼,一代一代在三个沙岛上繁衍,三个沙岛绿树成荫,石砖屋座座,海上白帆点点,岛上田畴片片,成了三个仙境一样的渔岛。③阳光、

① 国家社科基金一般项目《教育人类学视野下的京族民间文化传承研究》(14BMZ055) 阶段性成果。
② 苏维光等:《京族民间故事选》,北京:中国民间文艺出版社,1984 年,第 84 页。
③ 苏维光等:《京族民间故事选》,北京:中国民间文艺出版社,1984 年,第 4~5 页。

大海、碧波、白帆、绿树、沙岛……这是一幅令人神往的海滨风景画卷，异于秋霜尽染的山林景象和禾苗葱绿的田垌风光。京族民间故事《公蟹不脱壳》《白牛鱼的故事》《灰老鱼的故事》《鲨的故事》《海龙王开大会》《海龙王救墨鱼》《乌龟头》《海白鳝和长颈鹤》《海獭》《公蟹和母蟹》《鹅为什么不吃鱼》《老虎与螺贝》《海珠成岛》等描写了辽阔无垠的大海、美丽的岛屿和海底森林、丰富多样的鱼、蟹、龟、虾、螺贝、水草、珊瑚等海洋动植物，使京族民间文学作品富有浓烈的海洋文化气息。京族民歌用海岛与海上所见、所闻、所感、所知的种种景物、情事，提炼形象的赋、比、兴，以表达京族渔民的思想、感情、理想、愿望和审美情趣。京族民歌《进言歌》："冬去春来天放暖，万物竞茂开笑颜，渔哥繁忙捕鱼网，梦里急着到海旁。坐上摩托去海边，装上炊具和渔网，撒下渔网捕大鱼，渔哥心中乐荡漾。大鱼大虾海螃蟹，要啥有啥乐滋味，满载鱼虾转回家，不忘孝敬老人家。"描述的是京族人撒网打鱼的劳动习俗，洋溢着浓郁的海滨生活气息。即使是京族青年男女表达情意的情歌也多取材于海边生活，如"牡蛎煮汤清对清，妹想恋哥讲正经，真想恋哥真情吐，待哥接妹回家门。渔网浮标最耐浸，千风万浪打不沉，合力拧成船橹缆，任摇不断见真心"。[1]《人悉景不欢》："悉景色不欢，人悉景色也忧愁。日西斜遥望大海，是谁的船白帆点点时隐时现？每当斜阳望大海，水天一色知情人在哪里？"[2]《青鲨我敢骑》："不知死，你生吃海蛇不剥皮，你以为我是小海鸥，你不知我是青鲨鱼！不怕死，青鲨我敢捉来骑，四海浪峰我踩平，你知我犀利不犀利？"[3]"潮涨潮退不离海，风吹云走不离天；大路不断牛脚印，海上不断钓鱼船。"[4]滨海风光，大海、海鱼、海风、海岸、海港、海景、海鸥、渔民、渔业、渔船、大网、盐田等，无不浸润于京族文化之中，这些京族民歌的歌词描述了京族独特的生活环境，表达了京族人的生活情怀，每首民歌都深深打上了京族人生存环境的烙印。京族不少民歌以"大海"为题材，不仅内容充满了对海上景物的咏唱，而且艺术特色如同大海的性格，有的曲调高亢，传递很远，歌声高低起伏，如波峰浪谷；有的缠绵回肠，犹如平静的海湾。加上常用独弦琴做伴奏，受独弦琴颤柔抖动的音调、声韵影响，歌曲的旋律颤动、委婉。"还有一字多音的词曲结合方式，既注重了'词情'又强调了'声情'，更大量地使用颤音、波音、倚音、滑音等装饰旋律，使

① 苏维光等：《京族民歌选》，南宁：广西民族出版社，1998年，第78页。

② 苏维光：《京族文学史》，南宁：广西教育出版社，1993年，第19~20页。

③ 林建华：《殊途同归：壮京文学比较研究》，《广西民族学院学报》，2005年，第6期。

④ 《京族文化的民族性海洋性特色》，中国网（http://www.china.com.cn/culture/），2009年9月8日。

其曲调绵延悠长，如吟如诵，柔美细腻，显示出特有的韵味，轻盈飘逸的歌声，就像大海的波浪起伏，更像海上的渔船在海浪中飘摇、渔民撒网的抛物线，这正是海洋文化的形象表现，京族特有的民间音乐大都体现出这样的海洋文化特殊韵味。"①

京族民间舞蹈具有浓厚的海洋性特征，主要表现为舞蹈动作对海洋生物、海水波浪、人类游泳姿势等相关的海洋特征的模仿和表达。京族民间舞蹈在动作上的总体特征是"圆、柔、收"，轻与柔的手部动作，是对海洋的模仿，让人想起海水的起伏不定、吞吐反复。海水能够根据地心引力保持海平面，京族舞蹈模仿了这种平衡感，表现出来的是手臂和腰、腿互相配合的具有和谐美感的角度。在模仿海洋生物方面，舞蹈《海石花》就模仿了水母、鱼和螃蟹等海洋生物，展现出了海洋生物生动的生存状态。人遨游于海水中，利用海水浮力与大自然进行嬉戏，手的摇摆正好展现了人类在海洋中的自由浮动状态。②过去，京族民众居住在偏僻的海岛上，以捕鱼为生，长年出没于大海之上，遇到海上风浪突变时，往往有去无还，在这种特殊的生存环境下，渔民每天的工作都是"如履薄冰""如临深渊""战战兢兢"，容不得半点儿马虎。因此，反映在京族民间舞蹈的动作规律上，一般是以"圆""柔""收"为主。京族竹竿舞也是与海洋生态环境有关，京族人世代生活在海边，以海洋捕捞为业，日常劳作都在船上，船行浪大，需要人们不时地跳动并能在竹排上站稳，由此形成了"跳竹竿"舞蹈。"跳天灯"舞蹈动作端庄优美，脚跟落地时坚实，膝部颤动有力，这是他们长期行走在沙滩上形成的特点，体现了他们平时走在沙滩上，由于脚跟先着地形成的动律、动态特征。可见，京族民间舞蹈在动作、道具、节奏和整体氛围方面都体现了海洋文化特色，是适应海洋生态环境的结果。

二、跨国性

目前，学界多认为越南主体民族京族的祖先是骆越（雒越）人③，我国京族在明代时从越南迁移到京族三岛，可以说，如今我国京族与越南京族是"同根生的民族"。由于这种特殊的渊源关系，京族民间文艺具有跨国性的特征。

京族居住的京族三岛与越南芒街隔海相望。京族字喃史歌《澫尾京族简史》

---

① 卢克刚：《京族民歌研究》，《歌海》，2010年第5期。
② 杨冬燕：《京族舞蹈的海洋性特征与社会意义》，《歌海》，2009年第5期。
③ 周建新：《中越中老民族及其族群关系研究》，北京：民族出版社，2002年，第29页。

唱到"越南涂山是祖籍，洪顺三年的一天，先祖来到福安里"。[1] 史歌讲述了京族的族源，这种特殊的族源使京族的一些民间文艺形态与越南的民间文艺形态存在着"同中有异，异中有同"的特点。京族民间音乐在以五声音阶调式的内地文化基础上，融合了一些越南民歌的特点，使音阶调式根据内容、语言的需要发生一些变形。《唱十爱》《引线穿螺好主张》《跑马打老番》均使用在五声音阶基础上变形的四声音阶，《灯舞歌》《摇船歌》使用了变形的六声音阶。另外，京族民间音乐的唱词大部分都是六、八句结构[2]，这也与越南诗歌典型的民族形式一致。但诗的内容又有中国京族的特色和北部湾三岛渔业的地方色彩。民歌还吸收融合了越南民歌的常用衬词，如《出海歌》："海水浪叠浪，姐妹哎，出海心欢畅，撒网捕鱼遍南海，鱼虾堆满仓，姐妹笑声扬（叮当叮）。'叮当叮'是越南民歌常用的表情性衬词，从这里可以看出京族音乐受到了越南文化一定的影响，在长期的交流、融合过程中形成了今天独特的民族风格。"[3] 作为一种跨国的、同源异流的民族乐器，京族独弦琴反映了中越两国跨境民族深厚的文化联系。无论是在形制、传统乐曲或是艺术风格方面，京族独弦琴均体现出民族性与跨国性的特点。我国京族古老的曲目大都由越南民歌发展而来，如《高山流水》《过桥风吹》《穿针引线》《骑马》《赌博》等，这些民歌在流传过程中，不断吸收汉、壮等民族的音乐元素，已与越南本地同名乐曲有所不同。而各民族乐曲《流浪歌》《敖包相会》《刘三姐》《小河淌水》《思念》《春天舞曲》等也成为了我国京族独弦琴的著名表演曲目。在音高组织、旋律形态、曲式结构等方面，我国京族独弦琴在保留传统艺术特点的同时，又吸收了他族文化的养料，逐步发展成与越南独弦琴艺术既有共性又有中华民族个性的独弦琴音乐文化。京族嘲剧也是吸收了越南的民间艺术养料，又融入自己本民族特色的艺术典型。

中越两国都有灰姑娘型故事流传，如中国壮族的《叶限》《达稼与达仑》与中国京族的《米碎姐与糠妹》、越南的《阿米和阿糠》。中国京族的《米碎姐与糠妹》由越南的《阿米和阿糠》传承而来，但在流传过程中受京族三岛的自然环境以及与汉、壮族共居文化交流密切的人文环境的影响而发生变

---

① 陈增瑜：《京族字喃史歌集》，北京：民族出版社，2007年，第3页。涂山：越南海防市附近。洪顺三年：洪顺是越南十六世纪后，黎封建王朝的年号。即公元1511年，大约是我国明朝武宗正德六年。福安：即潵尾旧村名。京族祖先迁居此后，为其起的村名。——原著作者注。

② 六、八句式结构是诗歌的单句六个字，双句八个字。用的是腰脚韵，即单句的末字要与双句的第六字同韵，双句的末字又须与下一个单句的末字同韵。

③ 叶峰：《京族音乐文化探微》，《作家》，2009年第8期。

异，既与越南《阿米和阿糠》有相似之处，又有异于越南故事的中国京族特色与地域色彩。

三、兼容开放性

在五百多年的历史进程中，京族与汉族、壮族等民族杂居，其民间文化与杂居诸民族相互影响、相互交融，既传承保留了越族先民文化原有的海洋性特征，又吸收了汉族、壮族等民族的农耕文化，形成了多元性、开放性和兼容性的文化特色。京族民间文艺同样具备兼容性，展示了京族民众兼容并包的民族情怀。

（一）民间故事传说

京族在与他族的交往和融合过程中，积极"采借"他族神话、传说、故事、唱本、戏曲、古典小说以及其他文化元素来丰富和发展本民族的民间文学，形成多元性、开放性和兼容性特征，主要体现在民间故事、传说、民间音乐、戏剧等方面。

《金仲与阿翘》的故事是"中越文化交流、京汉文化交流的成果"。[①]越南阮攸出使中国，将我国文人青心才人的长篇小说《金云翘传》用京语和"六八民歌体"创作了同名叙事长诗。这首文人长诗流传于民间，被改编成为了越南民间故事。京族先民从越南迁到中国，定居于京族三岛后，又把这个故事进一步本土化。阮攸长诗中男女主人公原为"金重"和"王翠翘"，而故事里已变异为"裴金仲"和"阮阿翘"，不再姓"金"、姓"王"，而改姓京族的"裴"和"阮"了。故事的地点，也由中国山东、江苏、浙江改为有哈亭建筑和哈节习俗的中国京族地区。还摆脱了"胡少保平倭立功"情节的羁绊，变异为纯属阮阿翘和裴金仲悲欢离合的京族民间故事。

京族《董永与刘姑娘》是从汉族传说《牛郎织女》演化而来的故事。在京族故事中，汉族的"七仙女"变成了京族的"刘姑娘"，因为刘姓在京族三岛上是一个大姓。京家以打渔为生，又常常遭到渔霸等人的剥削，长期缺粮，传说中符家小财主串通县官给董永出的难题之一是缴粮两万斤，显然是京族百姓生活的反映。结局以喜剧收尾，不同于汉族传说中夫妻分离的悲剧结局。从故事情节中我们还可看出汉族传说的影子，但具体细节、人物则发生了变化，人物、情节及结局上的变异都是汉族故事京族化的体现。

① 符达升等：《京族风俗志》，北京：中央民族学院出版社，1993年，第149页。

京族《梁祝传奇》中，梁祝故事绝非汉族梁祝故事的简单重复，而是经过京族民众精心改造的产物。京族梁祝故事虽然主要情节与汉族梁祝故事基本一致，如"求学""结拜""同窗""送别""访友""祭坟""化蝶"等汉族梁祝故事的情节均得以展示，但在主题表现、生活场景、民俗风情与情节处理方式等方面均显示出浓烈的京族特色。①

此外，京族还有与壮族及其他民族民间文学相互影响、相互交流的民间故事。《米碎姐和糠妹》与《达稼与达仑》情节大体相同，但是京族民众加入了哈亭、唱哈、海贝、鱼虾、虾婆、拉提果等有别于壮族的习俗与风物，具有京族海洋性文化的特征。《田头公》的故事与汉族、壮族《白马状元》及壮族《莫一大王》的情节非常相似，显然也是杂居民族文化交流与影响的结果。不少类型的民间故事，如《蟾蜍将军》《青蛙王子》《蛇郎》《好心的弟弟与坏心的哥哥》等都是京族、汉族、壮族、侗族等民族共同流传而又各具民族特色和地方特色的故事。②

（二）民间音乐

京族民歌用两种语言演唱，一种是用京语演唱的"京曲"曲调民歌，另一种是用汉语粤方言（当地称为"白话"）演唱的"白话山歌"曲调民歌。京族是一个跨国民族，有自己的语言，与越南语基本相同。京族没有本民族的文字，在京族地区曾流传用汉字的造字法创制出的"字喃"，因结构复杂，未能得到推广流行，但京族流传的歌本、经书、乡约等史料，都是用喃字记录的。京族民歌保留了比较多的古汉语词汇和结构，词汇有"斛""冇""岂""如是"等。如《世上人难不如我》中"世上人难不如我，顾得朝来晚冇餐，手捧筛箕去借米，凄凉冇敢同妹叹"③。语法结构像"盼伴侣交接与共"，用现代汉语表达一般是"结交在一起"。这种语言现象与汉族文化的交流有关，京族在与汉族长期的交往中吸收了汉族的白话口语而使之成为如今京族地区的方言，京族民众使用当地京语与白话两种方言演唱民歌，无疑具有京族地区的文化色彩。

（三）民间戏剧

嘲剧是京族传统民间戏剧，"京族传统戏剧受汉族古典戏剧影响，用京

---

① 陈丽琴、李玢辛：《论京族民间文艺的兼容性》，《广西师范学院学报（哲学社会科学版）》，2014年第6期。
② 陈丽琴、李玢辛：《论京族民间文艺的兼容性》，《广西师范学院学报（哲学社会科学版）》，2014年第6期。
③ 苏维光等：《京族文学史》，南宁：广西教育出版社，1993年，第142页。

族本族语言及曲调编创。"①传统剧目主要有《阮文龙英勇杀敌》《等新娘》《二度梅》《宋珍歌》《金云翘》《刘平杨礼》《石生故事》等，不少剧本取材于汉族神话、传说、通俗小说与历史故事，并融入本民族的文化特色。如《二度梅》受到汉族的古典戏剧《二度梅》影响，但与汉族《二度梅》不同，它融入了许多京族民俗风情相关的内容，颇具地方特色与民族色彩。嘲剧有唱词，也有道白，配合一些动作，受两广戏剧的影响，如演出中常用一把扇子做各种舞姿，不仅可以帮助表演，还可以作为各种道具的代用品，这与广西北路壮剧中扇子的作用是一样的。其伴奏乐器有二胡、笛子、锣、鼓、竹梆等，亦受广戏的影响。可见京族民众用自己的智慧将他族故事加以改造和变化，使之贴近自己的生活，体现了民间文学的变异性特征，同时呈现出了京族民间文艺的兼容性与开放性特色。

四、生态性

京族民间文艺产生在"边""海"的特定的自然环境和社会环境中，是人们为了适应环境而创造的，其发展则是自身与环境互动的过程，具有因地制宜的生态性特点。

京族同胞善用自然，就地取材，因地制宜地制作和发展乐器，随便拿一条树枝、一根竹管、一根稻草秆、一个田螺壳，甚至顺手摘来一片树叶就能制成一件乐器，制作简单，携带方便，却给人们带来许多欢乐。独弦琴、海螺、竹梆、竹竿等是京族民间乐器，是京族人在独特的南滨海洋自然环境中做出的自然选择。沙滩上处处可见的海螺是天然的乐器，房前屋后的竹梆、竹竿随手可得，当地盛产的瓠瓜和楠竹也被用来制作独弦琴。独弦琴的制作材料、形制、音乐旋律及曲目内容均体现了自然环境的深刻影响，它是京族地区特定自然场域生成的自然选择。依据目前广西制造的独弦琴外型特征，可将其分为自然型和仿生型，制作材料有竹制、木制两种。自然型独弦琴是顺着制作材料外形进行加工、处理、制作而成的，分为竹制圆管状独弦琴和半圆管状独弦琴两种。最初人们使用的独弦琴是竹制的，后来当地人对竹制独弦琴进行革新，用当地盛产的棕榈木作为木制独弦琴琴体及琴架的材料。仿生型独弦琴是指模仿动物整体或局部外形及其他物体的形状研制而成的。不管是最初的竹制圆管状独弦琴，还是后来的木制半圆管状独弦琴、牛腿型独弦琴、

116

① 余益中、刘士林、廖明君：《广西北部湾经济区文化发展研究》，南宁：广西人民出版社，2009年，第213页。

龙首独弦琴、节瓜型独弦琴、孔雀型独弦琴，都体现了人们对自然环境的顺应与利用。京族地区属亚热带气候，京族人聚村而居，周围竹木茂密，房前屋后遍种瓜菜，具有浓郁的滨海亚热带植物环境。人们就地取材，利用岛上盛产的楠竹（毛竹）、棕榈木、牛角材料制作独弦琴，扩大独弦琴的琴声，使独弦琴突破自身的缺陷，成为京族居民日常生活中的主要乐器，最终演绎成京族独有的民族乐器。即便是改良之后的独弦琴，其外形也与京族地区常见的风物相关。[1] 独弦琴所创乐曲内容多描写大海、岛屿和丰富多样的海洋动植物，富于浓郁的海洋生活气息，如《静静的大海》《大海情深》《船夫谣》《摇网床》《采珠谣》《赶春汛》等。独弦琴的演奏技巧一般有大、小、上、下滑音、倚音、波音、颤音、人工泛音等，可以模仿潮水声、鸟叫声、喧闹声等。因善用颤音、波音、倚音、滑音等装饰旋律，其曲调绵延悠长、轻盈飘逸的琴声，时而高低起伏，时而平静舒缓，如同大海的性格。"可见，独弦琴是在特定的海洋自然环境和亚热带植物环境下，京族对生存环境的适应与选择的产物。"[2]

　　京族三岛一带有一种地质断裂层岩，当地人称"红石"，质地硬中带软，容易加工，且其原始状态就具有相对工整的长条形。京族人就地取材，利用它来建"石条瓦房"，石条砌墙，瓦顶木檩，屋脊为连续石条，由于海边风沙频繁，京家人还在屋顶脊及瓦行之间压置着一块连接一块的石块或砖头。这种"石条瓦房"极大地提高了抗台风能力，迅速得到普及，代替了原来的草庐茅舍和栏栅屋。房屋的周围一般都种有果树、剑麻、仙人掌等，既可美化环境，又可避免风沙。京族石头房是京族民众为了抵御强劲的海风，适应临海而居的自然生态而建造的。

　　京族地区高温多雨，其独特的地理和气候环境非常适合于竹类植物的生长，人们屋前屋后、村寨周边种有竹子，竹资源十分丰富。京族同胞善于利用周边丰富的竹资源，编制生产、生活用具。竹编制品主要有以下几大类：一是农具类，农业生产中有诸多农具是以竹为材料编制的，如竹篓、竹筐、竹箩、牛嘴笼、竹牛铃、谷桶翘、竹筛、竹泥箕、竹簸箕等。二是渔具，如螺筐、竹鱼笼、鱼罩、鱼筌、竹筏等，是伴海而居的京族捕鱼捞虾的必备工具。三是生活用品，如竹米筛、竹桌、竹锅盖、竹菜筒、竹席、竹火钳、竹菜盆、竹编鸡笼、鸡罩、竹菜篮、竹雨帽头套、竹编刀套、竹蓑衣、套鸟笼、鸡鸭仔笼、

---

① 陈丽琴：《京族独弦琴艺术生态研究》，《广西民族大学学报》，2013年第2期。
② 宋唐：《京族独弦琴考察与研究》，《歌海》，2007年第3期。

斗笠、提箩、针线篮、竹篚、摇篮、竹水桶、竹瓢、竹椅、竹凳、竹水筒、竹枕、蒸笼、竹床、竹箱、竹盒、竹帽、竹餐具、竹柜、大篾垫等。可见，京族同胞日常生活中普遍使用竹制用具，是与该地区的生态环境有关的。

由此可见，独特的自然生态和人文生态深刻地影响了京族民间文艺风格的形成，使其具有生态性特征。

综上所述，在漫长的历史发展进程中，生活在"边""海"地区的京族创造、继承了本民族的优秀文化，同时又与杂居民族交往密切，在交往中促进了民间文艺的交流与传播。这一兼具边、海于一体的自然生态，以及各民族和谐相处的人文生态共同促成了京族民间文艺具有与中原文化不同的鲜明特色。

（作者是广西民族大学文学院教授、博士生导师）

壮字和喃字的"共享字"的分类和分析

何思源

一、引 言

方块壮字和喃字都是汉字孳乳型文字。这两种文字产生、形成之后，国内外学者对它们的关注从未中断过，尤其是它们与汉字的对比研究，成果不胜枚举。半个多世纪前，学界开始对方块壮字和喃字进行对比研究，发展至今经历了一个零星状态——分散状态——分述状态——联系比较状态的发展过程。然而这些研究对壮字、喃字的对比涉及范围小、问题少、样本随意性大，多集中讨论文字的宏观问题，不能微观、详尽而全面地观照两种文字的共性与差异。

因为"借源"都是汉字的音形义，造字、用字原则又都大致相同，跨民族的汉字系文字里头有大量的"共享字"（或同形字）也就不足为奇。空间地理上相去甚远的两种文字，其共享字更多出于偶合而无任何关联。但作为地缘上毗邻、文化上有接触和交流的两种文字，它们的共享字在音、形、义等方面则呈现出复杂重叠、千丝万缕的关系。如能对这些共享字进行搜集、分类并分析，找出背后的各种直接、间接因素，从中能发现汉越音、壮族"读书音"、两种民族语音及汉字音的面貌及演变脉络，进而把握汉文字在壮族和京族地区的传播路径、文字的借用影响、"边缘"地带文化的嬗变等。

二、材料来源

在越南，喃字的重视度较高，因此喃字辞书的编纂工作开始得较早。数量可观的喃字工具书中，又以《喃字大字典》（武文敬，越南胡志明市文艺出版社，1998 年）的权威性较强。相比之下，方块壮字的搜集整理工作远远落在喃字之后，目前能看到的方块壮字辞书只有《古壮字字典》（广西壮族自治区少数民族古籍整理出版规划领导小组办公室，民族出版社，2012 年）。因此选用这两本字典作为两种文字的同形字的筛选与比较的材料库。

两本字典的收字原则与标准不尽相同。只要是用来书写喃字作品的字，《喃字大字典》都收录，因此包含了相当数量的汉字（读音为汉越音或纯越音）。也就是说，它收录的是"广义"的喃字。《古壮字字典》则是把音、形、义全部借自汉字的字排除在外，也就是说，它只收录了"狭义"的壮字。

汉字被借入两种民族的语言文字中，其音义的细微差异性正好体现两种语言的发展演变及各自特点。如能把这部分壮喃同形字进行比较，我们将发现，汉越音与壮族"读书音"的联系与区别、两种民族语音的差异、汉字在这一区域的传播规律等。但由于其中一本字典并不收录这部分字，我们的研究中便把这类研究价值极大的同形字排除在外。

越南喃字的使用持续到 20 世纪中叶，是由于"国语字"的推广普及而退出历史舞台。方块壮字在民间依然被大量用来传抄歌本、经书等。《古壮字字典》就收录了一定数量的在汉字简化字基础上生成的壮字。如果忽略了这些事实，严格地筛选两者的同形字显然是不对等的。如果壮字的一些部件使用了简体字，而喃字用的是繁体字，我们仍把这整个字视为"共享字"，这样的比较才有了更多的合理性、可比性和可操作性。

三、分类与比较

在参阅两本工具书的基础上，我们筛选出了不少共享字。由于篇幅限制，暂不一一罗列。数量最大的一部分共享字，无疑是由于用字、造字理据大致相同而形同音近但意义不同的字。它们同形更多出于偶合，不存在相互影响或接触传播关系。如：

同形字	壮字音义	喃字音义
咟	嘴（声符"百"为粤方言音）	急迫，迫切
拚	凿开，破开，开窟窿	放，垂下，松开；堆积
哝	〈方〉叫骂声，嘈杂	吃
吤	〈方〉哼哼；呻吟	瓮，小罐
腖	肠，肠子	奶，奶水
丕	〈方〉天，天空，天上，上面，上方	天
摺	〈方〉收拾（声符"习"为粤方言音）	遮盖，遮掩

同形字	壮字音义	喃字音义
辻	上，上面	奉上，献上；上升
芯	菜	灯芯草；草芯，灯芯
胋	疼爱；疼痛 〈方〉吃酸东西过量或饥饿的感觉（声符"吉"为粤方言音）	肾，腰子
佶	〈方〉他们；〈方〉叔父（声符"吉"为西南官话音）	各音
結	间隙，缝隙（声符"吉"为西南官话音）	箱子，柜子
笈	〈方〉斗笠	衣服、篮子等的边缘
嗜	呛，味道刺鼻	赞，赞颂，赞美
紏	穿牛鼻的绳子 〈方〉缚，绑编辫子或绳子（声符"卜"为官话）	丝光绸
圤	〈方〉山丘，小山包 〈方〉奴仆	离开
胖	贩卖（声符"半"为粤方言音）	卖
趴	〈方〉疲劳（声符"北"为官话音）	步伐；迈过
醛	〈方〉蛋	醉

　　这类共享字数量巨大，虽说形符和声符大多借自汉语记录本民族语的音义，但总的来说喃字的声符背后的汉语方音比较统一，而壮字的声符借自平话、粤语、官话（主要是西南官话）的都有。这与喃字历史上曾经进行过规范，而壮字一直流于民间缺乏统一整理有关，同时也由于壮字跨越的时间较长，空间范围较大，受到了多个汉语方音的影响。

　　这些共享字中，有一类比较引人注目：喃字多借汉字的音、义，而壮字借汉字的形，即把汉字当作具体描摹的物象来看待。如：

同形字	壮字音义	喃字音义
ヨ	犁耙，耙子	魔鬼；秕子，不理，不管
凡	〈方〉吻	平凡；凡俗；凡是
卜	背，背负孩子	缚，束缚；绑，捆绑；迫使
具	〈方〉阴囊	用具，东西
屮	拐杖	片
盯	〈方〉低头	紧跟，跟随
希	〈方〉堆，一堆；堆状物	头领，王

"彐"由于酷似耙子的形象而被用来记录壮语的"耙子"，喃字用"彐"的汉语中古音来记录越南语的魔鬼、秕子；"凡"由于像张着的双唇吻着东西而被用来记录壮语的"吻"，喃字则完全借用"凡"的汉语音义；"卜"像大人背负一个孩子，用来记录壮语的"背"，喃字则是用它的中古音来记录缚的音义；壮字用"具"来表示阴囊，喃字音形义都和汉语差不多；壮字用"廾"来形象表达壮语的拐杖，喃字则是用它来记录简化的片；壮字"跧"的"了"酷似一个人低头的样子，喃字则用"了"作为声旁记录越南语的紧跟，跟随；"希"的形符、声符完美记录了越南语的头领，但它在壮字中只用"布"作为声符，"王"的字形是用来描摹堆状物的。总之这些字被借入壮字中，只借用它们的外在形状，要么整个字的音义与汉字无关，要么某个部件借的只是汉字的外在形状，总之做到了搁置汉字的音义，只专注于它的形体所能指向的意义。相比之下，喃字是在汉字的音义基础上进行增删或重组，这也似乎说明，喃字的创造者/使用者，其汉字掌握程度相对较高。

把这部分共享字排除之后，再初步进行分类，大致有以下几种：

1. 由于壮语、越语之间存在关系词而带来的共享字。如：

字形	壮字音义	喃字音义
妑	伯母，姨妈；中年妇女〈方〉妻子	太太，夫人
盎	〈方〉盆子	瓦瓮；谷物容器
冷	（水）冷	形容极冷
粘	米，稻米	米，稻米
贴	东西	财产，物产；属于
垌	田野	田野
妭	〈方〉女人	女孩
翅	〈方〉镜子 另一个壮字"鏡"更表音义	镜子
縋	细线，缝衣线	缝纫
肶	脖子，颈	脖子，颈
翌	〈方〉受	受，遭受

由于关系词的存在，这些同形字是偶合还是相互借用已经很难区别了。这说明壮字与喃字之间存在相互接触、相互借用的事实，并不存在独自发展、互不干涉的真空状态。

2. 一方受到另一方单向影响的共享字

有一部分壮字，无论是从汉语的还是壮语的音、形、义考察都看不出造字、用字理据，但参考同形的喃字的音义，便看出了端倪：

字形	壮字音义	喃字音义
翘	<方>用小棍聚拢起来	翅膀
獴	<方>屎	猴子
混	前，先，前面	孩子
靬	一双，一副	草
瑄	<方>水牛叫声	听，聆听
鬽	<方>仙，仙人	名，名字
扒	捶打	抓住，收拢，归纳
圠	<方>土，泥，泥土，土壤	瓮；车轮轴承
亚	<方>篮子	做
箅	<方>剪禾穗	算，算数（中国京语音）
腷	<方>安装	月份
伞	<方>踢	伞，华盖
哨	<方>句，句子	声音；语言；话语；句子
踩	汗，汗水	幼小（中国京语音）
须	<方>（动物及人称的词头）头，只	须，必须；胡须

　　壮字为何不采用木字旁来表示"用小棍聚拢"的意义而选用了"羽"？参考喃字，"翘"指"翅膀"，与羽毛有关；壮字"獴"指的"屎"，为何排泄物会与表示动物的反犬旁有联系？参考喃字，原来"獴"表示"猴子"；壮语的"前、先、前面"为何与"子"有关？原来喃字的"混"指的"孩子"；"靬"表示壮语量词"双、副"，为何用"草"做形旁？原来喃字"靬"指的"草"；壮字拟声词绝大多数为"口"字旁，为何水牛的叫声选用了"耳"字旁？参见喃字的"瑄"为"聆听"就迎刃而解了；壮语的"仙人"为何写为风马牛不相及的"鬽"？原来喃字的"鬽"即"名字"。如此等等，不一而足。在声旁借用上，壮语的 t 音为何不借用汉字的端母字来记录？只要看到越南语心母字读为 t 或 th 音，疑问就迎刃而解了。[①] 这些同形字反映了喃字对壮字的强烈影响。反向推测，是否存在一些字表明喃字受到壮字的压倒性影响？两本工具书中，我们几乎没发现这种情况。这似乎说明，喃字在一定地域范围内对壮字的影响非常大，而不是原先不少研究者们认为的"壮字促成并影响了喃字的创制"。

---

① 韦树关：《论越南语中的汉越音与汉语平话方言的关系》，《广西民族学院学报（哲学社会科学版）》，2001 年第 2 期。

喃字对壮字的影响，不单体现在壮字对喃字的整个借用上，还体现在直接用喃字的音形作为壮字的造字部件。如壮字的"糦"（粒，颗粒），单从声旁上看解释不了它为何记录的是壮语的音，但参考喃字"寁"发音，就找到答案了。原先认为只用在喃字中的"ケ""、ノ"等标记符号，也出现在不少壮字中。① 由于这些不属于同形字范畴，这里不展开进一步的论证。喃字对壮字的深刻影响是不言而喻的。

3.一方写错生成的共享字

壮字、喃字都是在汉字的基础上生成的，由于使用者的汉字掌握程度不一，会出现把借用的汉字写错的情况，这写错的字刚好与另一民族文字同形。这样的字不多，但也能找到几个：

字形	壮字音义	喃字音义
芘	菜（为"茈"之误）	丝
芏	埋葬（为"芝"之误）	香草
籅	〈方〉剪禾穗（为"箅"之误）	大竹子

这些共享字都是壮字无意写错而喃字没写错这种情况，似乎再次说明壮字的创制者或使用者的汉字掌握程度较低。但我们也要考虑到这一因素：由于喃字历史上经过规范，由于个人抄写造成的错误已经得到更正，词典收录的字也是经过校对的，因此喃字的错字、别字情况很少。而《古壮字字典》的收字倾向于凸显民族性和独创性，导致不少原本就抄写有误的字被收入其中。

小 结

壮字和喃字的产生、发展都经历了漫长的历史过程。它们都是在汉字的影响下产生的，因此有很多共同点。它们的共享字，相当一部分是由于共同的造字、用字理据造成的，具有很大的偶合性。但依然存在不是这些原因造成的相当数量的共享字，表明了两种文字之间有非常密切的接触。汉字从北向南传播，传到越南应该部分绕过了现今的壮族聚居区域，因此未见喃字受壮字影响的迹象，反而发现了不少壮字受喃字影响的例字。地方性壮字有不少是直接借用喃字的形或音的。

从字形分析，创制、使用喃字的群体，其汉文掌握程度似乎比使用壮字的群体要高一些。喃字历史上曾被规范过，因此字形具有权威性，能跨时间、

---

① 戴忠沛：《〈三千书〉初探》，《广西民族研究》，2005 年第 3 期。

跨地域保持一致，这种情况在壮字中较罕见。从两本字典中我们发现，喃字对汉字语音的记录有不少滞后性，而壮字为了记音尽可能准确，字形一直在进行历时调适，因此我们看到不少异体字。

从字音分析，操官话及粤方言的华人对喃字的创制和使用似乎没有贡献，而这部分人在壮族社会发挥了不可忽视的文化传播作用。

历史上的中越边缘地带，文化互动是相当频繁的。我们能否这么推断，曾经存在过这样的历史时期，在文化角力上，越南一方占了优势，极大地影响了当时的地缘政治。喃字和壮字关系的研究，也许能为我们进一步考察这一区域唐代以来的羁縻制、土司制、改土归流等历史事相提供珍贵的佐证。

（作者是中央民族大学中国少数民族语言研究院讲师）

京汉民间文学的互动融合研究
——以京、汉族民歌中"爱情"概念的隐喻构建为例①

赵亚丽　吴力菡

　　京族的主体主要分布于越南，其祖先约在 16 世纪初陆续由越南涂山等地迁移至今广西东兴市，主要聚居地分布于江平镇澫尾、巫头、山心三个海岛上，具有 500 多年的历史，是我国唯一以海洋捕捞为业的少数民族。京族人民凭借其独有的海洋民族精神，创造了灿烂的海洋文化，也构成了我国海洋文化的典型代表，引起了包括大众和研究者在内的共同关注。② 同时，京族人民与其他各族人民长期友好相处，文学文化等方面互动融合发展的历史由来已久。但目前研究者对其关注不够，相关研究报道尚不多见；同时，爱情是人类永恒而特殊的情感，对人类具有特殊的意义。因此本文以京、汉族民歌中"爱情"概念认知构建为例，对京族海洋文学和汉族内陆文学之间的互动融合进行研究。

一、语料及研究方法

1. 语料来源

　　我们选取了广西北部湾沿海三市（钦州、北海、防城港）的民歌作为语料来源，分别将 37 首京、汉族民歌作为分析语料，其中京族民歌主要来源于苏维光等人编著、广西民族出版社出版的《京族民歌选》，陈增瑜主编、民族出版社出版的《京族喃字史歌集》；汉族民歌主要来源于韦妙编著、大众文艺出版社出版的《永不远去的歌谣》。这些著作较为全面地收集了广西北部湾钦州、北海、防城港三市具有广泛影响力的民歌，所以我们将其作为语料来源。

① 基金项目：广西教育厅科研项目"认知诗学视阈下北部湾民歌的多模态研究"（KY2016LX390）。
② 相关研究有：黄宇鸿、邓佳权：《论广西北部湾京族民歌艺术特色及文化价值》，《广西社会科学》，2016 年第 11 期第 12~16 页；赖世娟、翁鹤：《论广西北部湾地区民歌的文化价值》，《歌海》，2016 年第 1 期第 77~79 页；郑国栋、曾美良：《北部湾地区原生态民歌研究》，《大众文艺》，2013 年第 11 期第 59~60 页。

2. 研究方法

隐喻是语言中非常普遍的现象，人们对其关注由来已久，西方的隐喻研究最早可追溯到亚里士多德时代。隐喻被认为是修辞手段，使语言辞藻华丽，亚氏隐喻理论被称为经典隐喻观。作为认知科学的重要组成部分，认知语言学颠覆了亚氏的经典隐喻观，认为隐喻已超越了语言修辞层面，其本质是人们思维的工具，是概念构建的手段。人的概念系统不可避免地由隐喻构成，即认知隐喻观。认知隐喻观将隐喻定义为"隐喻是用一个事物来理解和体验另一个事物"，即用一个概念域 A 来理解另外一个概念域 B，表达公式为"A是 B"；其中 B 是源域，通常由人们熟悉的、具体的概念构成；A 是目标域，通常是更为复杂和抽象的概念，如人们对爱情的体验。[①] 通过跨域映射，源域概念的某些特征被有选择性地映射到目标域上，使得目标域也具有源域的这些特征，并以此来理解和构建目标域的概念。源域和目标域的跨空间映射如下图所示：

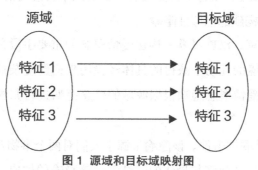

图 1 源域和目标域映射图

转喻是另一种比隐喻更为基础的认知机制，转喻来源于人们关于两个事物之间的经验关系，即概念转喻。其工作机制与概念隐喻基本类似，区别在于转喻的映射发生在同一概念域内。

二、京、汉族民歌中"爱情"概念的隐喻构建

京汉两族人民在长期的劳作和周围环境的互动中，积累了丰富的实践经验，这些经验被用来构建复杂抽象的"爱情"概念，体现了他们对爱情的体验和认知。我们对所选语料进行分析，发现爱情民歌即是一个由隐喻构成的世界，京、汉族民歌中显著的隐喻性表达分别为 181 处和 240 处，总计 421 处。

京、汉族民歌以共同的源域构建爱情概念，这些源域主要有"连接""劳

127

---

① Lakoff G,Jhon Son M.*Metaphors We live by*.London:university of chicago Press,1980.

作事件"航行""饮食事件""事物""水""疾病""旅行""天气现象""温暖";另外"爱情是琵琶"的概念，我们发现在汉族民歌中出现得较多，京族民歌中没有发现此类表达。京、汉族民歌中构建目标域"爱情"概念的源域概念如下表所示：

表1 "民歌"中爱情构建的源域概念

民族	源域概念	
京族	连接、劳作、航行、饮食、事物、水、疾病、旅行、天气现象、温度	琵琶
汉族		

1. 京、汉族民歌中爱情概念的转喻构建

京汉民歌善于以双关为基础，然后通过转喻为手段构建爱情概念，其中"灯芯草"这一植物频繁出现于京汉民歌中，并以此构建爱情的概念。这里涉及语音双关现象，"芯"同"心"。虽然情感体验与大脑和思维紧密相关，但是人们确实习惯于以身体的部分器官，如心脏来转喻爱情。

2. 爱情概念构建的相似性隐喻

概念隐喻是京、汉族民歌中构建爱情概念的重要手段，人们将基于身体体验和与周围环境的互动中获得的具体经验用来构建复杂抽象的爱情概念。我们对语料中的爱情概念隐喻根据源域的概念范畴进行归纳总结，可分为十大类：

（1）爱情是联结事件。该隐喻来源于人们对两个事物及其连接的体验，人生最初的连接是"肚脐与母体的联结"，该隐喻的构成要素为：事物A、事物B、联结等，这一体验被用来理解爱情，即爱情是男女双方的联结，京、汉族民歌中的联结物通常有绳、线、丝、桥。除此之外，京族民歌也用"橹榄、铜线、浮标、鲨鱼网"等与渔业捕捞相关的用具来充当联结物，如："合力拧成船橹榄，任摇不断见真心"。

表2 京、汉族民歌爱情构建的联结域概念

隐喻　　　民族	京族	汉族
联结物	藕丝、丝弦、红绳（线）、弦线、绳、结、桥、结缘橹榄、铜线、浮标、鲨鱼网	藕丝、蛛丝、红丝线、（长）丝、针线、麻纱、麻绳、红缎、相钩、结、桥、结缘

（2）爱情是劳作事件。该隐喻蕴含着以下次级隐喻，即"爱情是种植事件、爱情是捕捞事件、爱情是蜂蝶采花事件"；在"爱情是蜂蝶菜花"这一隐喻中，京、汉族民歌中语言的表达高度相似，花通常为"桃花、桂枝、牡丹、鲜花"等；此外，汉族民歌中有"爱情是偷盗事件"隐喻，被偷盗的对象通常是"花、瓜、鱼"等，但我们在京族民歌语料中没有找到类似的概念隐喻。

差异较大的是"爱情是种植、爱情是捕捞事件"隐喻，从我们对所选语料的分析可以看出，汉族民歌中的种植活动，不论从种植的作物种类、种植方式等，都比京族的更为丰富；而京族民歌中出现的主要捕捞工具、捕捞方式，捕捞地点等都更丰富多样。

这种差异性源于京汉两民族生产实践的差异：京族作为海洋性民族，主要为渔业活动，兼少量种植活动，而汉族主要从事农业种植活动，附带捕鱼活动。所以汉族民歌中具有丰富的关于作物栽种、收获的描述，而京族民歌在渔业捕捞方面的描述更为细致，就不足为奇了。

表3　爱情是种植的源域概念

民族 隐喻	京族	汉族
爱情是种植	栽种树木、栽藕笋、移花排藕种、种竹、沙滩上面栽芥菜	栽莲、种藕、栽灯草、栽甘蔗、种辣椒栽花、种植八角樟木、浇花、采摘果子、挖藕、收获、收割、插秧
爱情是捕捞事件	下缯捕鱼、抛网、拉网、塞网、渔箔、刺网、南虾网、海蜇网、鲨网、墨鱼网、网眼	织缯、装缯、下缯、浸缯、铺缯、拈缯、撒网、三重网、收网、搁江钓
爱情是蜂蝶菜花事件	蜂蝶费心神、蝴蝶飞进花、引得蜜蜂群群来、有志蜜蜂飞过岭	蝴蝶又采蜂又缠、变蝶飞去采、变蜜蜂飞过去、桂枝开花蝶难离
爱情是偷盗事件		被人偷花又拆篱、好瓜不给别人偷、好花不让别人谋

（3）爱情是航行事件。"行"是人们最基本的需求，与"行"有关的交通工具，也历来是人们关注的对象，船对于生活在河海地区的人们的重要性不言而喻。因此航行事件被京、汉族民歌用来构建爱情概念，但在概念隐喻

的构建中，京族、汉族在拥有共性的基础上，在船的种类和大小等方面显示出细微的差异性，京族人们多使用诸如"大船迎风高帆驶"的表达，而汉族人们多使用"撑船撑到大路边，唔晓老妹要搭船"的表达。由此可见，京族人们多使用适合海上捕捞作业的大船，而汉族人们多使用可用人力推进的船，在船的大小等方面有一定的差异。

表4　航行源域概念

民族 隐喻	京族	汉族
船	大船、高帆、风浪高、共舟	（乘）船、划船、撑船、摇桨、撑篙、船泊岸

（4）爱情是饮食事件。这一隐喻蕴涵含以下隐喻，即"所爱的人是食物和植物""爱情是味道甜"。从表5可见汉族民歌用肉食和蔬菜来隐喻所爱的人，而在京族民歌中没有类似的发现。

甜是重要的味道之一，且通常给人以愉悦体验，因此甜在京、汉族民歌中均被用来构建爱情令人愉悦的感受。在这一概念隐喻的构建中，京族民歌以"藕、蜜糖、花、酒、菠萝果"味道甜的食物来构建爱情，而汉族民歌通常以"藕、蜜糖、甘蔗、黄榄"来构建这种体验。可见，人们对以味道甜来构建爱情体验时，既有基于共同身体体验基础之上的相似性，又有因为生活的地理环境等不同造成的差异性。

表5　爱情是饮食事件的源域概念

民族 隐喻	京族	汉族
所爱之人是肉食		天鹅肉、煮熟雁鹅、腊鸭、龙肝血、鱼
所爱之人是水果蔬菜		藕芽、仙桃、橘子、李子、扁柑、菜叶、芥菜
所爱之人是水果、花	桃花、牡丹、芙蓉、茶花、藕花、梅、凤凰花	桃花、牡丹、含羞草、灯芯草

所爱之人是树等	柑树、桔树、柚子树、柳	松柏木、红豆、藕、莲、山塘、鱼塘
爱情是味道甜	蜜糖、美酒、菠萝果、花	蜜糖、甘蔗、黄榄、八角共樟木种

（5）爱情是事物。该隐喻蕴含着以下的次级隐喻，即"爱情是价值对等的成双对事物""价值相当物的匹配""爱情是不可分离的事物""爱情是可度量的事物""爱情是坚固的事物"。京、汉族民歌都使用星星 / 月亮、蝶花等构建爱情。但在具体事物方面存在细微差异，京族民歌多以海产品，如鲨、鲃鱼仔 / 白仓鱼，以及船和海相关的事物，如鱼水、海底礁丛、船栓来构建爱情概念；汉族民歌多用陆上常见的事物，如蜘蛛丝、雁鹅、鸳鸯、狮子 / 麒麟、滕树等构建爱情。

表6　京、汉族民歌中构建爱情的事物概念域

民族 隐喻	京族	汉族
价值对称的成双对事物	珍珠 / 宝、金鸡 / 凤凰、董永 / 神仙、凤鸾、斑鸠、鲨	筷子、雁鹅、鸳鸯、董永 / 神仙、成双的蝶 / 鱼 / 雀、一条藤上两只瓜
价值不对称的事物	鲃鱼仔 / 白仓鱼	花 / 苦麦
不可分离的事物	星月、鱼水、船海、蝶花	月亮 / 星宿 / 天空、琵琶的木和弦、滕树 狮子 / 麒麟、灯 / 灯芯、禾根 / 稗草、雷雨
可度量的事物	深、重、多	深、重、硬
永固的事物	海枯石烂、天崩海涸、海滩上船、礁丛、船栓	蜘蛛丝

（6）爱情是水。水是生命的重要组成部分，也是延续生命不可或缺的物质。水也是京、汉族民歌共同用来构建爱情的重要物质，但京族民歌中的"水"多与海相关，如"情深似海"，汉族民歌中的"水"多与河、云雨相关，如"河水、春雨"。表7是用来构建爱情概念的"水"源域概念：

表7　水源域概念

民族 隐喻	京族	汉族
水	情深似海、海浪	河水、云雨、春雨、有情淋花

（7）爱情是疾病。人们对于疾病的体验是如此普遍，几乎所有人都有过关于疾病，以及疾病带来的身体上的不适感，顺理成章地，这种不适感也用来构建爱情概念。京族民歌主要使用"记忆力减退、意识模糊、失眠"来构建爱情，而汉族民歌主要使用"头昏、意识模糊、食欲减退、魂魄飘摇"等来构建爱情。具体如表8所示：

表8　疾病源域概念

民族 隐喻	京族	汉族
联结物	记忆力减退、意识模糊、失眠	意识模糊、头昏（晕）、魂魄飘摇、食欲减退、狂、痴

（8）爱情是旅行。这是京、汉族民歌中比较普遍的构建爱情隐喻的源域概念，旅行概念涉及位移，这是人们非常普遍的体验，因为人们为了生活，必须从一个地方移动到另一个地方。旅行概念涉及移动者、经过的路径、达到的终点、旅行途中可能遇到的障碍和困难、为克服障碍和困难所采取的措施等要素。旅行概念的要素被映射到爱情概念的要素上，使人们可以通过旅行的概念来理解和构建爱情的概念。京、汉族民歌都用旅行概念构建爱情体验，基本没有显著差异。表9是路径到爱情的概念映射：

表9　路径到爱情的概念映射

源域	目标域
移动者　⟶	恋爱的双方
路径　⟶	恋爱的经过
终点　⟶	结婚
障碍　⟶	父母反对等
措施　⟶	克服父母反对的决心

（9）爱情是天气现象。天气及天气的变化密切影响着人们的生产和生活，因而无论在现代还是在古代，人们都密切关注、研究天气，试图了解天气千变万化的规律。人们也将日月星辰、刮风下雨等天气现象用到了爱情概念的隐喻构建中，以天气现象理解构建抽象的爱情体验。

（10）爱情是温暖。人们对于温暖的体验最初源于生命伊始之际，看护人（通常为母亲）对婴儿通过哺乳及其他身体接触所给予的温暖的体验，进而刺激了个体情感的健康发展，从而使得物理温度与社会情感建立了某种特定的联系，而这种联系通过不断地积累与整合，使得温度体验逐渐就具有了爱情等情感性特征。京、汉族民歌中也已用温暖来构建爱情这种特殊的情感体验。

3. 爱情概念构建的差异性隐喻

通过对所选语料的分析发现，"爱情是弹奏琵琶"这一概念隐喻在汉族民歌中出现的次数较多，在京族民歌中，我们没有发现类似的隐喻表达。琵琶是具有悠久历史的中国传统民族乐器，具有广泛的影响力。另外琵琶的演奏方式"弹"与"谈"构成了语音双关，因此我们推测，汉族民歌中较为频繁地使用"琵琶"来构建爱情概念。

三、京、汉族民歌中爱情概念的双向互动性

通过语料分析，我们可以发现，"民歌"在构建爱情的概念时，两种文化中相似的概念隐喻占有压倒性数量，而仅有"爱情是弹奏琵琶"这一概念隐喻为汉族民歌所特有。这可能是因为两族人民基于生产、生活的差异性体验和深受传统文化的影响使然。

1. 基于不同生产实践的差异性

京族人民以海洋捕捞为业，长期与海洋亲密接触，对海洋有着较汉族更为深刻全面的了解，海洋也以独有的丰富物产对京族人民的勤劳勇敢予以大度的回馈。这与我们在语料分析中的发现不谋而合，如在"爱情是成双对的事物"隐喻中，京族民歌常以成双对的海洋物产和生物描述自己爱恋的人，如"珍珠"这一产自贝类和珠母贝类软体动物体内的珍贵物。另外具有很高药用价值的古老生物"鲎"也用来描述所爱的人，因为鲎通常雌雄一对在一起，不会分离；"鱼水、船海"等用来隐喻相爱之人的相互依赖，不可分离的关系；在描述真情不变的隐喻中，海与船密切相关的事物，如"海枯石烂、天崩海涸、海滩上船——难移动、海底礁丛、船栓"来隐喻爱情的坚固、永恒、不移。

　　总之，京族民歌广泛以海洋、海洋物产、海底地理、船等具体概念构建爱情抽象概念，这是建立在京族人民日常的生活体验和与海洋世界互动的基础之上的，具有认知理据性。

　　汉族人民自古以来就是以农耕种植为业，对赖以为生的土地和养育土地的每一条河流具有深厚的情感，对一草一木、飞鸟虫鱼赋予生动的想象和丰富的意义，同样土地上的各种产物也对人民的用心给予丰厚的馈赠。汉族民歌"爱情是成双对的事物"隐喻中，常以"成对的蝴蝶、鸳鸯"这一美丽和谐的虫鸟隐喻相爱双方及其亲密和谐的关系；"一条藤上的两只瓜"来隐喻两个相爱的人和他们之间强烈而又无法切割的纽带关系；"藤缠树"这一植物生长现象被用来隐喻爱恋双方的亲密关系。

　　总之，汉族民歌广泛以土地河流中常见的动物和植物等具体概念构建爱情抽象概念，这是汉族人民长期在土地上生产、生活中积累的经验和日常与陆上世界互动的基础上形成的，同样具有认知理据性。

2. 阴阳平衡哲学观的影响

　　阴阳平衡是中国古代朴素的哲学观，是中国古代文明对蕴藏在社会和自然规律背后并推动其发展变化的根本原因的解释，是各种事物孕育、发展、成熟、衰退直至消亡的原动力，是奠定中华文明逻辑思维基础的核心要素，对中国文化和人们的思维观念产生了深刻和深远的影响。其影响也在京汉民歌对于爱情概念的表征中得到充分的体现。凤凰是古代传说中的百鸟之王，雄的叫"凤"，雌的叫"凰"，是祥瑞之征，凤凰齐飞，是吉祥和谐的象征。京、汉族民歌中共同使用"爱情是成双对的事物"隐喻，成双对的凤凰用来隐喻爱情中关系和谐的恋爱双方。

3. 佛教文化的影响

　　佛教是我国的三大宗教之一，佛教约在公元 67 年传入中国，至今有两千多年的历史，对人们的思想产生了重大的影响。"缘"是佛教中的重要概念，原指"事物生期或坏灭的辅助条件"。[①]京、汉族民歌共同使用"爱情是结缘"隐喻构建爱情概念，根据京族的迁入历史判断，我们可以推测其受到了汉文化中佛教文化的影响。

4. 传统历史文化的影响

　　董永是汉朝时期的人物，也是古代流传行孝历史的典范。在两千多年的

[①] 苏维光等：《京族民歌选》，南宁：广西民族出版社，1988 年；陈增瑜：《京族喃字史歌集》，南宁：民族出版社，2007 年。

历史长河中，董永行孝的故事在民间长盛不衰，洋溢着中华民族的传统美德，并以此为蓝本演变出众多版本的故事，其中董永与七仙女的故事最具影响力，妇孺皆知。该故事在京、汉族民歌中也有充分的体现，用以构建"爱情是成双对的事物"。因此京族民歌中出现"董永与神仙"的表述，我们可以推测，其明显受到汉文化中董永故事的影响。

四、结　论

我们从京、汉族民歌中分别选取了 37 首作为研究语料，并对其中的"爱情"概念的隐喻构建进行了分析。结果显示，京、汉族民歌在爱情隐喻的构建中，两民族所共有的概念隐喻占有绝对数量；但在相同的概念隐喻中，用来构建目标域的具体源域概念有具有细微的差异性，如京族民歌多使用与海洋、海洋物产、海底地理、大船等与海洋密切相关的事物隐喻爱情概念，而汉族民歌则更多使用土地动植物、河流等事物构建爱情概念。这建立在京汉人民对不同生产、生活方式的体验基础上，具有认知理据性；同时受传统宗教和历史文化的影响，京汉民间文学互动融合，体现出"你中有我，我中有你"的特征，同时各自文化的独特性也得以保留。

（作者赵亚丽是北部湾大学国际教育与外国语学院讲师，吴力菡是广西民族大学外国语学院副教授、文学博士）

135

略论京族三婆庙与其他三婆庙的不同

林　澜

一、引　言

广西京族信仰多神，信奉的神灵大多来源于自然宗教、道教和佛教。京族地区有灵光禅寺，供奉观音菩萨；有三婆庙，供奉观音老母、柳行公主和德昭婆；有伏波庙，供奉汉朝伏波将军马援。这体现了京族信仰习俗的多元格局。京族是一个以海洋渔业为主的海洋民族，信奉的神灵多与海洋密切相关[①]，他们虔诚供奉镇海大王、海龙王、海公、海婆等，祈求神灵保佑出海平安，渔业丰收。[②]

粤西和广西北部湾地区等地也有三婆庙，所供奉的三婆是妈祖，与东兴京族三婆庙供奉观音老母、柳行公主和德昭婆不一样。但是关于京族三婆庙的研究比较少。提及京族三婆崇拜的有符达升等的专著《京族风俗志》、任才茂的论文《京族的海神信仰与和谐社会的构建》、黄安辉的博士论文《中国京族哈节研究》等。本文意欲在现有研究的基础上，厘清京族三婆庙与包括广西北部湾在内的粤西三婆庙的不同。

二、福建、广东的三圣妃信仰

谢重光等（2011年）认为，宋代福建、广东潮州已产生、流行三圣妃信仰，它是林默娘（妈祖）、陈靖姑（临水夫人）等三位女神信仰的统一体，而今闽台等地则广泛流行"陈、林、李"三奶夫人信仰。通过对宋福建《仙溪志》《临汀志》等记载的研究，可得出三圣妃信仰即三奶夫人信仰、妈祖信仰、临

---

① 廖国一：《京族传统文化的基本特征、重要价值与传承创新》，《京族文化的传承与发展——防城港市京族文化研讨会论文集》，南宁：广西人民出版社，2008年，第80~92页。

② 中国民族旅游网：《京族信仰：多神崇拜》，http://minzulvyou.com/，2012年8月2日。

水夫人信仰，既自成体系各自发展又统一于三圣妃信仰，两个信仰之间常常相伴相随、难分难解，两种神明的神功、神性常常交叉感染，互相叠加的初步结论。① 从历史文献及当代大量民祀情况分析，临水夫人与妈祖两位女神原属同一神班，妈祖即"陈林李三夫人"中的林九娘。②

总之，自宋以来，民间女神庙中的三夫人，除了个别地区外，多指陈、林、李三夫人，陈是陈靖姑、林是林九娘、李是李三娘。在一些地区之三夫人还有一些不同的组合，但陈、林二夫人不变。而宋代福建仙溪县、长汀县所祀的三圣妃就是后世所称的陈、林、李三奶夫人，三圣妃信仰即三奶夫人信仰。③

三、粤西及广西北部湾的三婆信仰

宋代，因战乱、人口膨胀、经商贸易等原因，国内经历多次大规模人口迁移，大批北方人士向南方迁移。东南沿海的福建一方面接受南迁的北人，另一方面又向邻近地区输出人口。往南进入广东的闽人也不在少数，闽人不断进入广东沿海城乡，也把方言习俗、民间信仰等带入粤地，影响最大的是妈祖信仰。④

粤西妈祖信仰在传播过程中受到民间力量的改造，不仅出现某些形象转换，而且信仰内涵也有所增添。高州沿海崇拜的妈祖与本地广受尊崇的另一位大神冼太夫人（诚敬夫人）混为一体而难分彼此。⑤

在雷州半岛及其附近濒海地区，妈祖还有两位义结金兰的妹妹：日月灵通招宝夫人、青惠夫人，雷州人合称这三位女神为"三婆"，供奉"三婆"的天后宫称为"三婆庙"。湛江境域属雷州半岛，当地群众素有崇奉妈祖的习俗，许多妈祖庙被称为"婆庙""婆奶庙"。⑥

有关"三婆"的来历，雷州半岛的民间传说极富想象力。传说三圣之一的青惠夫人是沙皇俄国的一位文武双全的公主，名青青公主，约生于宋太宗元年。原是九天玄女降世，天生聪颖、心慈眼慧、善良惠泽，兼有神仙托化，玄法奥深，受命出使汴京，途中正值金兵犯宋，公主助宋攻金，自此宋金干戈平息数年。宋真宗皇赐封公主为青惠公主，传旨建青惠宫。公主流连忘返，一度三年，救助过无数朝野官民。宋真宗八年，青惠在高山上游玩，不慎跌落，为南海女神林默（天后圣母）、日月灵通招宝夫人所救，三人结为姐妹，林

---

① 谢重光、邹文清：《圣妃信仰与三奶夫人信仰关系试析》，《文化遗产》，2011 年第 4 期第 114~120 页。
② 叶明生：《临水夫人与妈祖信仰关系新探》，《世界宗教研究》，2010 年第 5 期第 70~80 页。
③ 谢重光、邹文清：《三圣妃信仰与三奶夫人信仰关系试析》，《文化遗产》，2011 年第 4 期第 114~120 页。
④ 李庆新：《广东妈祖信仰及其流变初探》，《莆田学院学报》，2011 年第 12 期第 1~8 页。
⑤ 李庆新：《广东妈祖信仰及其流变初探》，《莆田学院学报》，2011 年第 12 期第 1~8 页。
⑥ 李庆新：《广东妈祖信仰及其流变初探》，《莆田学院学报》，2011 年第 12 期第 1~8 页。

默为大姐，招宝二姐，青惠三妹。公主回国后，传闻数年后悄然升天，宋皇得追封为青惠夫人，并立青惠庙。自此，后人常见三位女神在海上或陆地显圣，慈心救助黎民，各地续建三座宫，祈求保佑天下太平、国泰民安，后称为三座圣母。从这个民间传说可探寻粤西妈祖信仰在流传过程中的变异痕迹。①

妈祖传入粤西（包括今广西北部湾沿岸地区和海南）后，更多以"阿婆""三婆"形象在民间受到膜拜，甚至在越南会安古港等华人聚居区，粤籍华人也称妈祖（天后）为"阿婆"。经过粤西民间传说的塑造和传衍，"三婆"逐渐成为"妈祖"的代名词，深深扎根于社会基层而深具民间本色，比官府祭祀的高高在上、威仪万千的天后崇拜更具有亲和力，以至于粤西妈祖信仰可以隐约划分为既有重合又有区别的两大系统：民间系统的"三婆"和官方系统的"天后"。②

陆露（2009年）认为"三婆庙"是天妃庙在北部湾民间的别称，且民间还隆重庆祝"三婆诞"，每到"三婆诞"，庙堂香客如织。③还有研究者撰文介绍了廉州天妃庙与涠洲岛三婆庙的关系④，介绍了北海南康的三婆庙。⑤2011年，范翔宇（2011年）介绍涠洲三婆庙如下：涠洲岛三婆庙的后殿正中祀奉有海神三婆婆，她的哥哥三王爷爷在左厢，右厢则是三婆庙始创人黄开广大人位。三婆崇拜附会上了对本地人物的崇拜。⑥吴小玲等（2013年）在《多彩的广西海洋文化——广西海洋文化简明读本》一书中明确说道，广西沿海渔民称天妃或妈祖为"三婆"，⑦广西沿海现存的三婆庙（天妃庙）有涠洲岛的三婆庙、南湾三婆庙、南康三婆庙、东兴竹山三婆庙，以及其他的天妃庙或天后宫。⑧2017年周德业（2017年）的《有"身份"的石联》更为详尽地叙述了北海三婆庙的历史。⑨上述研究者基本认为在广西北部湾，妈祖被称为三婆，所以这里三婆庙就是天妃庙，或天妃宫、天后宫。

李庆新教授（2011年）在其文章中以疑问的口吻提出自己的看法："是否可以认为，在妈祖信仰传入前，涠洲已有本地神灵，妈祖信仰传入后，两者被创造性地汇合一起，逐渐衍生出岛民习惯称呼的'三婆'？换言之，粤

---

① 李庆新：《广东妈祖信仰及其流变初探》，《莆田学院学报》，2011年第12期第1~8页。
② 邓格伟：《粤西的妈祖信仰渊源及其现状》，《莆田学院学报》，2007年第6期第82~86页。
③ 陆露：《海角亭清代对联探微》，《钦州学院学报》，2009年第2期第20~23页。
④ 范翔宇：《楹联文化 风雅流韵——北海历史文化话题之卅五（下）》，《北海日报》，2010年7月25日。
⑤ 陈传栋、苫相杰：《千年古镇 璀璨明珠——广西首批历史文化名镇南康巡礼》，《北海日报》，2010年12月14日。
⑥ 范翔宇：《祭祀文化 五寺十三庵七十二庙——北海历史文化话题之五十七（下）》，《北海日报》，2011年5月22日。
⑦ 吴小玲、黄家庆、银建军：《多彩的广西海洋文化——广西海洋文化简明读本》，桂林：漓江出版社，2013年。
⑧ 周德业：《有"身份"的石联》，《北海日报》，2017年8月2日。
⑨ 周德业：《有"身份"的石联》，《北海日报》，2017年8月2日。

西三婆是否就是披着'妈祖'面纱的本地神灵？"① 也就是说，起码在目前，我们还是可以认为妈祖基本等同于三婆。

粤西的三婆信仰还影响了澳门的三婆庙创建。清道光二十三年（1843年），居住澳门的铁城郑上攀率众前往海南清剿盗匪，在雷州白沙港，赖清惠三婆保佑，歼灭匪徒，众人力求郑上攀将清惠三婆迎到澳门龙湾，建三婆庙永供祭祀；后来清惠三婆屡次显灵，帮助澳门民众度过难关。关于澳门三婆庙创建始末，同治三年（1864年）郭裕堂所立碑石《三婆庙碑记》也有叙及。② 澳门崇拜的海神中，天后（即妈祖，又称天后圣母、天妃、海神娘娘）和三婆（据说是天后的三姐）是不同的两个神；澳门有妈祖阁、望厦天后圣母殿、天后古庙、天后殿、天后宫等，还另有三婆庙。③ 也就是说，澳门的妈祖跟三婆并非同一个人。

四、京族的三婆信仰

京族地区供奉观音的寺庙有澫尾、山心等村的三婆庙以及巫头村的佛祖寺。在三婆庙中，观音被崇奉为"观音老母"，观音老母的神位镇坐主座，是三婆庙中的主神。每年哈节、春节等节令都要呈三牲祭拜。在山心，镇海大王诞期祭拜时，首先要拜祭三婆庙中的观音老母，之后才拜祭镇海大王。在京族渔民看来，观音老母是掌管全面的神。当地村民黎继益说，"三婆"就是三位仙婆，是佛的旨意，天上神仙派下来管镇海大王的。④

符达升等（1993年）合著的《京族风俗志》也提到：广西京族澫尾、山心、红坎等村都立有"三婆庙"，"在三婆庙中，观音被崇奉为'观音老母'，是三婆庙中的'三婆'之一。另两位是'柳行公主'和'德昭婆'。"⑤ 此处所说的"柳行公主"，实则是来自越南的女神"柳行公主"。东兴山心吃亭附近的三婆庙，据吃亭负责人说，柳行公主和德昭婆是保佑京族人祖先出海平安的保护神。⑥

其实，越南人民一直以来就有信奉女神的信仰传统，这与长期以农业耕作，特别是以种植水稻为基本经济活动的居民精神生活有关。越南人民所供奉的许多女神中，以四大女神最著名，分别是瓯姬、媚娘、蛮娘和柳杏。⑦

① 李庆新：《广东妈祖信仰及其流变初探》，《莆田学院学报》，2011年第12期第1~8页。
② 李庆新：《广东妈祖信仰及其流变初探》，《莆田学院学报》，2011年第12期第1~8页。
③ 《民间习俗》，http://www.macaudata.com/，2018年6月24日。
④ 任才茂：《京族的海神信仰与和谐社会的构建》，《广西民族师范学院学报》，2012年第1期第45~49页。
⑤ 符达升、过竹、韦坚平、苏雄光、过伟：《京族风俗志》，北京：中央民族学院出版社，1993年，第119页。
⑥ 任才茂：《京族的海神信仰与和谐社会的构建》，《广西民族师范学院学报》，2012年第1期第45~49页。
⑦ 刘志强：《越南的民间信仰》，《东南亚纵横》，2005年第6期第45~47页。

对柳杏圣母的崇奉在越南叫母道教，在越南北方比较盛行。传称，柳杏圣母姓陈，后黎朝天佑年（1557年）出生于山南镇天本县云葛乡的黎太公家中。其时，正巧玉皇大帝之次女因摔碎玉剑而被贬放人间，即降生于黎太公之家。因此，柳行公主就是道教玉皇大帝之次女。柳杏圣母在18岁时与桃郎成亲，三年后因眷恋天庭而升天，又因赎罪未足而再被送回人间。圣母在人间卖酒、乞食等变身现形，感化民众，惩罚有罪。大约在后黎朝末期回归天庭。圣母诞生地云葛乡建有圣母神祠。后黎朝以及阮朝各皇帝都曾给圣母封号，称圣母为上等福神。①

在越南佛教的诸佛、菩萨之中，观音菩萨是最受崇拜的。在大乘佛教的影响下，越南诗歌在本国的传统文化、风俗习惯的基础上，创作了一大批关于观音传说故事的作品。代表作有《蛮娘传说》《倚兰元妃传》与《氏敬观音传》。这些故事广为流传、深入人心，使在越南的女性观世音菩萨完全区别于印度与中国的观世音菩萨，令越南观音独树一帜。②

《蛮娘传说》是一个民间口口相传，没有文字记载的故事。一个叫蛮娘的女子在寺庙为僧侣做饭时莫名其妙怀孕了，似乎是因为高僧达摩提婆从她身边走过。达摩提婆解释为"人天合气"所致。之后蛮娘显出神力，为百姓解除大旱，让榕树流向自己。③

《倚兰元妃传》中的倚兰元妃为十一世纪时李圣宗的皇妃，生下的皇子继位后为李仁宗。她参与处理国事，体恤民情，深得民心，被视为越南当时的女英雄，越南历史上将她神化为观世音菩萨。④倚兰元妃是越南唯一被奉为菩萨的历史人物，她代表越南女人跟佛教的结合。

《氏敬观音传》的观音故事流传最广。氏敬先是被丈夫误会要杀夫而被赶离夫家，只好女扮男装出家，后是村里富翁的女儿与奴仆通奸怀孕，诬赖氏敬为奸夫，并把生下的孩子交给氏敬抚养。氏敬一概忍下，在孩子稍长后去世。敬氏死前写了信给自己的父母和丈夫，真相终于大白。在给氏敬举行超度法会时，如来佛祖显现法身，授记敬心为"观音菩萨"。氏敬的父母和丈夫收到来信后马上去找氏敬，并亲眼看到氏敬成为观音菩萨。其夫非常后悔，也发愿出家。三年后成果，变成一只八哥，嘴里含着一串珠子。因此，越南

140

① 刘志强：《越南的民间信仰》，《东南亚纵横》，2005年第6期第45—47页。
② 阮氏和：《越南观世音菩萨信仰之研究》，《福建师范大学中国古代文学》，2016年。
③ 阮氏和：《越南观世音菩萨信仰之研究》，《福建师范大学中国古代文学》，2016年。
④ 阮氏和：《越南观世音菩萨信仰之研究》，《福建师范大学中国古代文学》，2016年。

佛教的观音菩萨造像有一个特别之处,就是观音的身旁始终伴随着一只八哥[①]。

越南北部妈祖会馆里除了供奉妈祖塑像之外,还有些越南女神,如四法佛、二位女将军、蛮娘公主等,其大多数供奉四法佛像。这些女神在越南人看来都是观世音菩萨的化身。老百姓一进入会馆就既拜妈祖娘娘,也拜观世音菩萨。越南南方本地人的寺庙里除了供奉佛、菩萨、四天王、护法等诸神之外,还供奉几位女神,可是跟北部不一样。她们是南方民间传说中的女神,如主处婆、仙姑、诸位女圣子等。这些女神本是民间信仰的神仙,慢慢地就被南方人当作观世音菩萨的化身,将佛教观音、民间信仰融为一体。之后华人来到了南方,他们的妈祖会馆里面,中间供奉妈祖娘娘像,周围也供奉这些女神。这样华人心中不仅有妈祖娘娘,也有越南式的观世音菩萨信仰。[②]

五、京族三婆庙与其他三婆庙的不同

由上述可知,京族的三婆崇拜和粤西以及本属粤西的钦廉三婆崇拜有着根本的不同,广西京族的三婆信仰有着越南的特点,与中国的妈祖或三婆崇拜有着质的不同。

第一,中国传统观念认为女性的经血和产后排泄物是不洁的,妇女因结婚生子而沾染了这种不洁。首先妈祖等女神作为理想女性,去除了和经血、性交、死亡、生产等相联系的不洁的标签。也就是说,与妇女相比,女神只保留有女性特征中的积极方面。其次,妈祖等女神只保留有母亲扮演的那种凝聚者的角色。无论是观音、妈祖,还是无生老母,她们的信仰中都体现出包容性、调解性和结盟性的特点。通过以上两方面的比较可知,中国女神与妇女的性别特征并不是同构的,女神只保留有女性性别特征中的积极方面。[③]

南宋的《仙溪志》是较早记载临水夫人信仰的文献,叙述林夫人为"本湄州林氏女,为巫,能知人祸福,殁而人祠之,航海者有祷必应……"叙述另一个圣妃为:"本兴化县有女巫,自尤溪来,善禁咒术,殁为立祠……"直接提及陈靖姑的记载是"神姓陈氏……生为女巫,殁而人祠之。妇人妊娠者必祷焉,神功尤验"。可见,开始时三圣妃差不多都是女巫,非一般的女性。在后来形成的传说中,妈祖(林夫人)是立志不嫁的,陈靖姑虽然已经嫁人,但死于难产,而且是为民除害而殉身于古田临水,她死后民众对其信仰的核心内容是救

[①] 乔氏云英:《从＜氏敬观音传＞看越南佛教文化的特点》,《世界宗教文化》,2010 年 04 期第 67—69 页。
[②] 阮氏和:《越南观世音菩萨信仰之研究》,《福建师范大学中国古代文学》,2016 年。
[③] 范正义:《西方学界妈祖信仰研究述评》,《莆田学院学报》,2017 年第 12 期第 1~84 页。

产扶胎、保赤佑童。至于李三娘，经考证，她于唐大历八年（773年）出生在福建省连江县马鼻镇鲤溪上洋里，唐贞元七年（791年）得道于马鼻镇辰山村招宝场。三娘14岁出嫁陶家，未已夫亡，即回娘家，学医学巫，尤长于妇科、儿科。[①]千百年来，李三娘与陈靖姑、林九娘一起，被民间誉为"妇女、儿童的保护神"。[②]三圣妃最终都摆脱了性交、生产等不洁的标签，她们保护妇女、儿童，充当的是凝聚家庭的角色。

越南人民历来主要从事农业生产，他们希望五谷丰登，农作物繁衍茂盛、茁壮成长，所以他们想到的第一个供奉的人物就是母亲，就是代表生命缔造和延续的女性。因此，越南早就有供奉母神的信仰，人们供奉的女神大部分都是母神，是已经结婚生子的女人，而不是像世界上其他一些宗教那样崇尚神圣、纯洁的处女。也就是说，越南的女性文化基本上是一种母性文化。[③]越南的观音也都带着越南民族母性文化的典型特点。

第二，自从宋代形成陈林为首的"三夫人"以来，其神系道统的组合，即具有地域的代表性，如《仙溪志》中所说的"陈林李"三夫人，其陈夫人为福州侯官人，李夫人来自尤溪，林夫人来自莆田湄洲，三位女巫分别代表城市、山区、海陬三个不同的地域，三位女神来自不同的社会生活背景，她们被想象为在不同的社会生活条件下具有各自的经验或法力，能抗拒来自某一方面的灾难，因此人们将她们组合在一起，取其法力的互补，实际上是一种山、海、城三种文化的兼融，具有很重要的代表性。[④]而京族三婆庙中的三个女神似乎不具有这样的含义。

京族三婆更为独特的是，柳行公主是越南母仪天下的典范。然而，据越南小说《传奇新谱·云葛神女传》对柳行公主的描写："自此云游不定，或假体美姝，吹玉箫于月下；或化形老姬，倚竹杖于道傍。凡人以言辞戏慢者，多被其殃；以财币禳求者，复蒙其佑。"还有仙传《会真编·崇山圣母》所述："厥后，母曾经游北河诸胜，隐见往来。人或见之者，如高山辋日（注：高平牧属山祠，今存），美沼浴云（注：不拔富美邑祠，今存），及白衣晚化，试豪郡之法门（注：唐豪易使古庙，今存）；双棹宵来，度泸江之善士（注：白鹤县泸江。四事，详见《鸡窗缀拾》）。其神通游戏，类多如此。"[⑤]分

① 《李三娘出生地及生年初考》，福州新闻网（http://www.yidianzixun.com/），2014年3月28日。
② 《福州连江县召开李三娘文化研究会成立大会》，http://fj.people.com.cn/，2015年1月26日。
③ 乔氏云英：《从〈氏敬观音传〉看越南佛教文化的特点》，《世界宗教文化》，2010年04期第67~69页。
④ 叶明生：《临水夫人与妈祖信仰关系新探》，《世界宗教研究》，2010年第5期第70~80页。
⑤ 陈益源：《越南女神柳行公主汉喃文献考索》，《中华文史论丛》，2007年第2期第219~243页，第364页。

明是一个既潇洒又调皮、功力非常了得的自在女神，迥异于中国母仪天下的女性形象。至于越南常见的观音故事所讲述的观音，也是与中国的观音大相径庭的，除了蛮娘曾被高僧赋予了一点儿神力，救民于旱灾之中，其他基本都没什么太大的神力，似乎难以长年累月地帮助民众逢凶化吉。而倚兰元妃以皇妃身份参与治国之举，是在中国的菩萨、神仙身上几乎不会发生的事情。

六、结 语

东兴虽然地处广西北部湾，但是因为京族来自越南，故京族的三婆信仰不同于粤西和广西北部湾的三婆信仰，京族的三婆信仰源于越南民间的观音和柳杏圣母等信仰，而粤西和北部湾的三婆信仰源自福建的妈祖信仰。本文对此略做了一点儿分析，这是远远不够的，这方面的研究还有很大的发展空间。

（作者是北部湾大学国际教育与外国语学院副教授、北部湾海洋文化研究中心兼职研究员）

京族传统服饰审美观念探析

潘俊杰

中国的少数民族京族，是中国境内唯一以海洋经济为生的少数民族。据记载："京族的祖先因追赶鱼群从越南的涂山、春花、宜安、花丰、瑞溪、芒街、万柱等地迁来，距今已有 500 年的历史。"[①]

他们主要聚居在广西壮族自治区防城港市下属的东兴市江平镇澫尾、巫头、山心三个岛屿，俗称"京族三岛"，也是我国京族唯一的聚居地，总面积20.8 平方千米。"京族三岛"背靠广西的十万大山，面向南海北部湾，是我国重要的海洋渔场，处于热带向亚热带过渡的区域，一年四季温热潮湿，常年绿茵覆盖，花开不败，地理位置非常优越。虽然只有短短的数个世纪，但是在迁徙之前受到越南中北部其他民族的影响，迁徙之后受到中华汉族等多民族的影响，经过自身的继承、创造和发展，京族已然形成了独特的民族文化。京族传统服饰是其民族文化中重要的组成部分，更是以其美轮美奂的民族风情，及其特别的服饰造型、色彩形成独特的民族审美心理和审美文化。"民族审美心理指一个民族区别于其他民族的审美趣味、审美能力、审美理想的独特心理结构。由于特定的生活条件、生活方式、自然环境及血统遗传等因素，使一个民族的各个阶级、集团和个人具备了共同的、相对稳定的审美意识、民族性格，这种共同性常常以系统的整体功能呈现于民族成员的审美实践活动中。"[②] 这种审美心理和审美文化是与其生产、生活所处的自然环境密不可分的。"在文化与自然互动关系的发展过程中所积累和形成的知识和经验，这些知识和经验蕴含与表现在这个民族的宇宙观、生产方式、生活方式、社会组织、宗教信仰和风俗习惯等之中。"[③] 京族的传统服饰文化，正是其生产方式、生活方式、社会组织、宗教信仰和风俗习惯的体现，也反映出其民族的审美心理和审美文化。

144

---

① 广西壮族自治区编辑组编：《广西京族社会历史调查》，南宁：广西民族出版社，1987 年，第 3 页。
② 刘建明、王泰玄等：《宣传舆论学大辞典》，北京：经济日报出版社，1993~2003 年。
③ 郭家骥：《生态文化与可持续发展》，北京：中国书籍出版社，2010 年。

一、京族传统服饰款式造型及搭配的审美印象

《防城县志》记载："安南人（即现在的越南人——笔者注）的服，男衫长过膝，窄袖袒胸，腰间束带；女衫长不遮臀，裤阔……"这里所说的安南人主要指的是京族，占越南京族总人口的 80% 左右，中国境内的京族是 5 个世纪之前从越南迁徙过来的，其服装与越南的京族经过几个世纪的发展有了差别，而《防城县志》所记载的安南人应该指的就是迁徙到中国境内（确切的地方就是现防城港地级市）的京族人民。

京族的传统服饰是以长衫为主体，历史上叫作"婆巴衫"。京族男子身穿长度没过膝盖、没有衣领、没有扣子、衣袖很窄，露着胸膛的长衫，腰间系以丝带或棉麻带子（根据身份地位和家庭经济状况而定，腰间如果系的是丝带，而且数量越多表明身份地位越高或者越富裕），下身穿黑色的、宽且长的裤子，裤子的裆部长度可达裤子总长的三分之一。女性上衣和男性的区别在于，上衣不是长衫，而是比较紧身、比较短"衣不遮臀"、有扣子的短衫，并且女性上衣里面必须要有菱形的或者圆领口的"遮胸衣"。京族女性的"遮胸衣"，有好几种关于它起源的传说：一种说法是，东汉时期的伏波将军马援征服岭南之后，见到岭南少数民族地区的妇女很多像男人一样袒胸露乳，于是发明了胸衣，下令让妇女们穿着；另一种说法是越南学者吴德盛的文章里的观点，"掩胸衣，早在各雄王时代（第一代雄王距今 4800 年左右——笔者注）就已经出现了，这一点，对我们来说当是无疑了的。不过，在宜静（越南宜静地区——笔者注）一带，民间也曾流行过儒士与卖布姑娘有关掩胸衣出现年代的对歌。而儒士的回答却是：'只因安禄山碰了杨贵妃的胸脯，唐代才开始有了掩胸衣①。关于越南雄王时代的传说历史，我在此不做讨论，笔者认为掩胸衣应该也不会晚至唐代才有。实际上，中国在春秋时期就已经有了女性内衣的"袙服"②（类似后世肚兜的东西），战国时期称"膺"（胸腹部的意思——笔者注），两汉时期谓之"抱腹"，流行于魏晋南北朝时期，到了隋唐肚兜基本成形。而根据《后汉书》记载："灵帝建宁三年，郁林太守谷永以恩信招降乌浒人十余万内属，皆受冠带，开置七县。"③说明，至少在东汉时期，岭南少数民族包括越南中、北部族群受到汉服的影响或者说易服是可考的。京族女子在出门的时候也会在掩胸衣和短衫外面加穿一件矮领窄袖旗袍似的下摆较宽的长衫，男子在干活的时候会将开衩很高、很长的下摆打结系在腹部，出门的时候则带上一顶俗称"头箍"的圆顶礼帽，女性则头戴尖顶的"京笠"。

---

① ［越南］吴德盛：《越南京族传统服饰文化》，罗长山摘译，《广西教育学院学报》，1996 年第 4 期第 77 页。
② 见《左传·宣公九年》陈灵公与孔宁、仪行父穿着夏姬的袙服嬉戏于朝堂之上，而被大夫泄冶谏阻。
③ 范晔：《后汉书·南蛮西南夷列传第七十六》，北京：中华书局，1965 年，第 2839 页。

京族长衫、长裤的的款式造型及搭配，既便利于热带丛林生产、生活劳动，可以防止南方太阳暴晒和蚊虫叮咬，而且宽松的衣服和裤子适宜于南方边陲闷热潮湿的气候下散热和散湿气的需要。从审美的角度来看，宽松的长衫、长裤穿在大多都是瘦削身材的京族男女身上显得潇洒飘逸，加之腰间长长的或丝绸、或棉麻的腰带，在海边多风的地方更加显得缥缈若山林上空的云彩或是海边行走的风景。

二、京族服饰的色彩意象及其风格

京族男性的上衣大多以浅青、淡蓝和浅棕三种颜色为主，显现出海边人家的清爽干练，长裤基本都是黑色，上衣和裤子因家境的不同和社会地位的不同而采用丝绸或者棉麻，男性腰间的带子也是以彩色为主，五颜六色地飘在腰间；京族女性的上衣从里到外分为遮胸衣、短衫和出门礼服"长衫"——下摆较宽的矮领窄袖外形类似中原旗袍，颜色多为明黄、淡粉、绿色，穿起来后将京族女子婀娜曼妙的身姿展示无遗。遮胸衣年轻女子用的多是红色，中年女子用的多是浅红色或米黄色，至于老人，则以白色和蓝色居多了。京族女性的裤子也和男性一样宽松，基本是黑色或者褐色，走起路来如乌云滚动，被称之为"收藏海风"。为何京族男女的裤子对于黑色或者褐色如此钟情？"其实，京族人在各历史阶段中，他们对棕色、蓝靛色、黑色也并不陌生。古时，京族妇女穿黑色裙子，后转到穿黑色的、深色的裤子，各类短衫、长衫有时也用黑色或棕色的棉布、绸子、薄纱来缝制。"[①] 这主要是一种悠久的历史传统，据说更早时候是受到高棉民族喜穿黑裤的影响。近、现代越南受到法国的殖民之后，裤子的颜色也不再拘泥于黑色和褐色了。

京族男女传统服饰在湛蓝大海和蓝天白云的衬托之下，呈现出海风吹拂，绝美的画面，充满异域风情。

三、京族服饰的审美观念及特点

1. 淳朴的民风与自然单纯、和谐相处的审美选择

人们的生产、生活方式受其所生活的自然环境影响很大。"生活在海岛上的京族，环境多净色，少杂色，所以他们的传统服装多为大块单一色彩，如浅蓝、浅绿、白色等，很少有杂色和装饰。"[②] 京族服饰的这个特点，很多研究者都发现了。确实，京族生活的"京族三岛"背靠着十万大山，一年四季都

---

① ［越南］吴德盛著，罗长山摘译：《越南京族传统服饰文化》，《广西教育学院学报》，1996 年第 4 期第 89 页。
② 陈丽琴：《京族民间文艺与自然生态》［J］，《钦州学院学报》，2002 年第 1 期第 4 页。

是苍翠碧绿的，花开不败，面对着浩瀚的南海北部湾，天是靛蓝的，云是雪白的，大海是深蓝的，有时候乌云密布的时候天是黑的，映照得海水也如同乌云密布的天一样深黑不可见底。而十万大山的绿色，花儿的红色，大海和蓝天的蓝色，云彩的白色和黑色都是京族服饰最常用的颜色。这也反映出京族淳朴民风内在的审美心理，他们取自然的颜色穿在身上，行走在自然中，这种与自然和谐相处的价值选择与其审美选择是完全一致的。

2. 浪漫的想象在京族服饰中的审美体现

京族男女穿上传统的民族服装，无论是在海滩赶海还是下海捕鱼，抑或简单地行走在海岸边，都像是海风吹拂下的一朵朵云彩，尤其是女性婀娜的身姿随着婆巴衫的飘动，腰间彩色丝带在风中飞舞，头上的京笠在蓝天的背景下像是分割海天的一个个远观的小岛在移动。京族男性的服装虽然没有女性的色彩那么靓丽，但是走动起来却也有清爽、飘逸与厚重并存的感觉，尤其是裤装在走动起来像是黑云在陆地或者海面翻滚，把这种浪漫的艺术想象融于现实的生活之中，这是京族人民在长期的生产、生活中的独特创造。

3. 海洋民族热烈奔放的情感在服饰审美中的反映

海洋民族都不缺乏热烈奔放的情感，在与恶劣海况下的狂风巨浪做斗争的时候，在与肆虐的台风抗争的时候，他们不缺乏战斗的勇气和血性；在庆祝一次次战胜自然灾害、获得海洋大丰收的时候，他们也不缺乏热血和激情。每到京族哈节的时候，他们穿着传统节日的盛装载歌载舞、祭神放歌、狂饮达旦，三天三夜不休不止，这是何等的激情、何等的热烈奔放，比之西方的希腊酒神节、古罗马农神节和牧神节以及凯尔特人的宗教仪式等狂欢节，有过之而无不及。在京族哈节期间，他们的服装更加丰富多样，祭神的服饰与演奏独弦琴的服饰是不一样的，跳舞的服装和赶海的服装肯定也是不一样的。

京族传统服饰以其独特的造型、色彩和蕴含的民族文化内涵，成为其民族的瑰宝，传承并弘扬优秀民族文化也是传承实施中华优秀传统文化工程的重要内容。京族虽然是一个人口规模很小的少数民族，但也是中华民族大家庭重要的一分子，京族服饰文化与中国古代的历史文化血脉相连，对此进行研究不仅是必须的，而且在现代化对传统冲击越来越大的背景下，保存、传承、弘扬京族服饰文化的价值更加弥足珍贵。

（作者是北部湾大学北部湾海洋文化研究中心教授、博士）

中国一弦琴、京族独弦琴研究新思考

何政荣

关于"一弦"或"独弦"乐器的文字记载，古代的林邑、扶南、骠国、日本等国都曾出现过。本文研究对象主要是一弦弹拨乐器，对中国古代主流社会使用的一弦琴，今天存在的京族独弦琴二者源流进行考辨。

中国古代的一弦琴，今天的京族独弦琴，都属一弦多音的平置弹拨类乐器。关于中国一弦弹拨乐器的研究，前人的理论研究中有不同的见解，有"东南亚传入说""中国本土说"，而一弦平置弹拨类乐器"多国共存"和"循环传播"是作者的新思考。

一、前人观点：

一弦琴源流"东南亚传入说"和"中国本土说"之状

关于中国古代一弦琴、京族独弦琴的起源，在中国国内古今理论研究中存在不同的见解。

多数文章赞同中国京族独弦琴由东南亚传入，因而产生了"骠国传入说"和"越南传入说"。在中国古代不同历史时期的大量文献中，还折射出一弦琴"中国本土说"的信号。

（一）骠国传入说

广西学者陈驹通过对历史文献的研究，1986年发表《独弦匏琴源流考辨》，通过中国古代的《太乐令壁记》《旧唐书》《唐会要》《新唐书》等文献，为独弦琴的"骠国传入说"找到佐证。陈文认为唐代刘贶《太乐令壁记》的"隋炀帝平林邑，获扶南工人及匏琴，陋不可用，但以天竺乐传写其声"[1]的话语，其中的"匏琴"即独弦琴。

---

[1] 转引自陈驹：《独弦琴匏琴源流考辨》，《广西大学学报》，1986 年第 1 期。

（二）越南传入说

有关独弦琴从越南传入的说法，除了前人理论研究如此说，笔者还从今天的中国京族三岛的京族社会内部成员的描述了解到：中国京族的独弦琴来自越南。从京族文化自觉者苏维芳、苏凯搜集整理的《澫尾京族简史歌》里可溯其源头，歌中这样唱道："越南涂山是祖籍，洪顺三年的一天，先祖漂到福安邑……"①也就是说，洪顺三年（1511 年），越南涂山（今海防市）的越族一支迁徙中国福安邑定居，福安邑就是现在的澫尾岛，说明越南涂山迁徙的越族将独弦琴携入中国的历史已逾 500 年。

（三）中国本土说

从中国古代不同历史时期的《神仙传》《水经注笺》《拾遗集》《晋书》《宋史》《金史》《文献通考》《明集礼》《通雅》等，到当代陈驹先生的《独弦匏琴源流考辨》，还传递着一弦琴"中国本土说"的信号。

笔者认为，前人观点，都为笔者的新思考提供了有力的论证。

二、新思考：一弦琴流布及源流特征

笔者的新思考源自文献查阅和实证调查两条途径。途径一是文献查阅，笔者通过文献查阅了解到：中国古代一弦琴源流历史悠久，从魏晋至清代记载一弦琴的古代文献达 170 多种，反刍古代文献与一弦琴、独弦琴历史源流的关联资料，在大量的理论研究文献中反复徜徉。途径二是习奏调查，笔者从 2003 年开始学习、了解今天仍以活态存在的一弦平置弹拨类乐器——独弦琴。经过与中越京族专业独弦琴演奏者、民间演奏者进行近距离独弦琴习奏与现场实证调查。笔者认为：只有一根弦的平置弹拨类乐器，在其发展历史中，流布呈"多国共存"状态，源流显现"循环传播"的特征。

（一）一弦平置弹拨乐器流布呈"多国共存"之状

在古代中国留存的历史文献中，都出现过关于"一弦"或"独弦"乐器的文字记载，古代的东亚、东南亚、南亚的中国、日本、林邑、扶南、骠国、印度等都曾出现一弦多音平置弹拨乐器。

笔者通过对中国古代不同历史时期的文献进行梳理，中国一弦琴的历史源流图清晰地浮出水面。最早记录中国一弦琴及演奏者晋代著名隐士孙登的文献，可以追溯至晋代葛洪所撰的《神仙传》。在《神仙传》卷七的第 27 页

① 引自苏维芳、苏凯搜集、整理的《澫尾京族简史歌》。

有这样一段文字描述："孙登：孙登字公和汲郡人，无家属，于郡北山，以土冗居之。好读易，抚一弦琴，性无恚怒，人或投诸水中，欲观其怒，登即出便大笑……"①此后，《水经注笺》《世说新语》《释迦谱》《周氏冥通记》《拾遗记》《杜诗镜诠》《通典》《事物纪原》《政和五礼新仪》《乐书》《锦绣万花谷》《文献通考》《明集礼》《高丽史》《通雅》《胡世安撰》《操缦录》等古代不同历史时期文献都提到了一弦琴。

《拾遗集》中有关于殷时宫廷乐师师延拊一弦之琴的描述："及殷时总修三皇五帝之乐，拊一弦琴则地神祇皆升，吹玉律则则天神俱降。"②《拾遗集》为志怪小说，尽管小说对社会事物的描述允许采用虚构、夸张等手段，但也会对一些社会现象和事物进行写实描述。《拾遗记》告诉我们中国至少在殷时已出现一弦平置弹拨乐器。

唐代刘貺《太乐令壁记》中"隋炀帝平林邑，获扶南工人及匏琴，陋不可用，但以天竺乐传写其声"这段文字，记录了匏琴与东南亚、南亚的三个国家的关联，说明隋炀帝时期的东南亚、南亚林邑、扶南、天竺都有独弦匏琴的分布。

在唐贞元年间，时任剑南西川节度使的韦皋所撰《南诏奉圣乐》"五均谱"中，最早出现了"独弦匏琴"一词。文中这样写到："贞元中，王雍羌闻南诏归唐，有内附心，异牟寻遣使杨加明诣剑南西川节度使韦皋请献夷中歌曲，且令骠国进乐人。于是皋作《南诏奉圣乐》③……韦皋在《南诏奉圣乐》提及了东南亚亦流布独弦琴的国家——骠国，说明了骠国独弦琴进入的真正原因。"《南诏奉圣乐》关于"独弦匏琴"形制是这样描述的："有独弦匏琴，以班竹为之，不加饰，刻木为虺首；张弦无轸，以弦系顶，有四柱如龟兹琵琶，弦应太蔟。"④这样中国文献首次出现"独弦匏琴"这个词。后来北宋的欧阳修、宋祁所撰《新唐书》，对骠国奉乐原因、乐器分类、乐器数量、乐器形制等问题，较之《旧唐书》《唐会要》描述的更为细致。更重要的是在礼乐志、骠国传以及南蛮下等卷中，大篇幅引用《南诏奉圣乐》，照其原貌出现了"独弦匏琴"一词。

明代郑麟趾撰《高丽史》志卷二十四中高丽史七十乐一，记录中国古代一弦琴流入高丽的史实："……高丽太祖草创大业而成……睿宗朝宋又赐雅乐又赐大晟乐恭愍时。太祖皇帝特赐雅乐遂用于朝庙，又杂用唐乐与三国舆当时俗乐，然因兵乱钟磬散失，俗乐则语多鄙俚其甚者，但记其歌名，舆作

---

① （晋）葛洪撰，胡守为校：《神仙传》卷七，北京：中华书局，2010 年，第 27 页。
② 陈驹：《独弦琴匏琴源流考辨》，《广西大学学报》，1986 年第 1 期。
③ （宋）欧阳修、宋祁：《新唐书·南蛮下》，北京：中华书局，1986 年。
④ （宋）欧阳修、宋祁：《新唐书·南蛮下》，北京：中华书局，1986 年。

歌之意，类分雅乐俗乐唐乐作乐志止雅乐止。""亲祠登歌轩架……登歌金钟架一在东玉磬架，一在西俱北向，在金钟北稍西与一在玉磬北稍东博抚二，一在柷北，一在敔北东西相向，一弦、三弦、五弦、七弦、九弦各一瑟二……一弦琴七左四右三"①……《高丽史》记载了高丽太祖皇帝将中国的特赐雅乐除用于朝庙祭祀，还用于本土的唐乐与其他俗乐。在高丽国宫廷的"亲祠登歌轩架"仪式音乐活动中，出现使用一弦琴的记录。

　　1932年，美国高校海斯、穆恩、韦兰三的《世界史》，成为当时西方史学界有影响的代表性著作，1975年中国翻译出版。《世界史》用极其简单的笔触，勾勒中国古代的社会政治、经济、文化变迁，中国与周边藩属国的关系，其中，提及了朝鲜和日本与中国的文化关系，"中国历史学家常常提及朝鲜是中国的一个蕃属国，朝鲜的文明似乎是从中国传入的，这决不是不可能的。中国文化要达到日本诸岛，就不那样容易，因为中国早期不做海上航行，日本之有可靠的历史，仅开始于公元之后。此后，日本人也像朝鲜人一样，多多向中国学习了。"②

　　在公元600年以前，日本曾经通过朝鲜间接接受中国文化。从公元630—894年，日本共派19批遣唐使者来大唐首都长安主动学习中国政治与文化。日本遣唐使者中的许多乐人，将在大唐学习的宫廷乐舞、民间乐舞，购买的乐器、乐谱等各种音乐实物带回日本。笔者知道目前日本依然有一弦琴，但无法考证是在中国哪个朝代传入日本的。

　　笔者从2003年开始与一弦平置弹拨类乐器接触并习奏，了解到今天中国仍以活态存在的一弦平置弹拨类乐器只有京族独弦琴。笔者曾随中国的专业独弦琴演奏者何绍、王能、李平，京族民间社会演奏者苏春发，越南独弦琴大师清心等老师，进行近距离学习独弦琴不同的演奏技法。何绍曾经向笔者介绍，他20世纪60年代初师从澫尾岛京族独弦琴艺人苏善辉学习独弦琴，最初接受的就是越南传统独弦琴演奏技法，后来何绍改良传统的独弦琴演奏技法。同时，笔者还随至今坚持使用右手以竹"挑弹"的王能老师学习越南独弦琴演奏技法。

　　21世纪初，笔者连续五年对中国京族巫头、山心、澫尾三岛哈节仪式进行调查，发现广西东兴江平镇京族三岛与越南广宁省、海防市的京族社会成员，在京族每年共同节日哈节仪式中，如家族亲戚般相互参与。越南的京族社会

151

---

① 〔明〕郑麟趾：《高丽史》志卷二十四中高丽史七十乐一，明景泰二年朝鲜活字本。
② 〔美国〕海斯、穆恩、韦兰合著：《世界史》，北京：生活·读书·新知三联出版社，1975年，第87页。

成员，进入中国参加哈节仪式，也会带着越南独弦琴进行表演。前人文献提及哈节仪式里曾使用的独弦琴、三弦等弹拨乐器，由于中国京族社会成员的承接不力，只能作为表演偶尔出现在哈亭，已无法承担仪式之用。

综上所述，古代一弦平置弹拨乐器在亚洲的东亚、东南亚、南亚，历史流布应呈"多国共存"状态。

（二）演奏使用空间折射一弦琴历史功用

透过不同历史时期的古代文献，我们可以从中管窥到中国一弦琴在中国古代的多种社会功用。

首先，一弦琴的仪式功用。文献描述中国一弦琴在各个历史时期的主流社会中，主要用于仪式活动。杨荫浏在其《中国古代音乐史稿》中，根据《宋史》卷一二九所记载的北宋政和三年宫廷所颁宫架之制、北宋政和三年宫廷所颁登歌之制情景绘制了的两幅示意图。[1]笔者根据杨荫浏绘制的两幅示意图将其中的弹拨乐器分布图截选绘制如下。

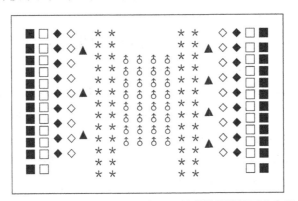

图1 北宋政和三年宫廷所颁宫架之制弹拨乐器排列分布图

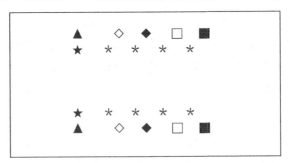

图2 北宋政和三年宫廷所颁登歌之制弹拨乐器排列分布图

注：■九弦琴；□七弦琴；◆五弦琴；◇三弦琴；▲一弦琴；＊瑟；♂歌工；★乐正；☆副乐正。

---

① 杨荫浏：《中国古代音乐史文稿》，北京：人民音乐出版社，1980年。

从图1北宋政和三年宫廷所颁宫架之制的弹拨乐器排列分布图可清晰地看出，北宋政和三年宫廷所颁宫架属户外仪式，活动规模宏大，参与总人数达320人。弹拨乐器有143件，其中有一弦琴7件。

图2北宋政和三年宫廷所颁登歌之制属户内仪式，活动规模小，参与人数只有数十人。弹拨乐器排列分布图可清晰地看出，一弦琴2件。

通过上面两图可看出，在宋代宫廷的仪式活动中，一弦琴占一席之地。

元代脱脱等著的《宋史》在卷一百三十志写道："十有三年，郊祀，诏以祐陵深弓剑之藏，长乐遂晨昏之养，昭答神天，就临安行在所修建圆坛。"于是有司言："大礼排设备乐，宫架乐办一料外，登歌乐依在京夏祭例，合用两料。其乐器，登歌则用编钟、磬各一架，柷、敔二，搏拊、鼓二，琴五色，自一、三、五、七至九弦各二……"①

《金史·乐志》描述了每当皇帝亲自参加摄稷时的宫悬乐队乐器组织：编钟、编磬宫悬乐三十六簴，编钟十二簴……一弦琴三。三弦、五弦、七弦、九弦琴各六……②

上述说明：一弦琴在中国各个历史时期的宫廷用乐中，尤其是仪式活动的用乐活动中不可缺少的弹拨乐器。京族的独弦琴在历史中也曾作为京族哈节祭祀仪式使用的乐器。

其次，一弦琴的通神功用。从《拾遗集》中的一段文字，就传递了殷时宫廷乐师师延拊一弦之琴能沟通人神的作用，殷商时期中国一弦琴已是宫廷中的祭祀乐器。再如，宋代佚名撰的《锦绣万花谷》后集卷记载："……太真王夫人王母少女每弹一弦琴，即百禽飞集时乘白龙周游四海"……③同样说明弹一弦琴通神灵的作用。宋陈旸撰《乐书》卷一中这样描述："一弦琴……八音丝之属，魏孙登常弹一弦琴善啸每感风雷，嵇康师之故其赞曰调一弦兮斡橐寥廓啸一曲兮能骤风雷江左乐用焉。"④

再次，一弦琴的政治功用。明代郑麟趾撰《高丽史》志卷二十四，已提及高丽国宫廷仪式用乐中，作为雅乐乐器组合的一弦琴。作为藩属国出于政治需要，一弦琴得以使用。

同样，唐代骠国献乐的原因也是出于政治需要。韦皋在《南诏奉圣乐》的开头就说明骠国王雍羌向唐献乐的真正原因：一、被迫献乐。南诏王异牟

① 杨荫浏：《中国古代音乐史文稿》，北京：人民音乐出版社，1980年。

② （元）脱脱：《宋史》（卷一百三十志），北京：中华书局，1977年。

③ （元）脱脱：《金史·乐志》，北京：中华书局，1977年。

④ （宋）陈旸：《乐书》（卷一），北京：海豚出版社，2018年。

为了向重视夷狄之乐的大唐表达归附诚意，强行命令己所控制的骠国向大唐奉献未所闻的骠国乐。二、改善控制。唐德宗执政期间，骠国王雍羌欲摆脱南诏的控制，便借献乐之机与大唐发展外交关系，从而达到改善其政治环境的目的。

最后，一弦琴的传递功用。如果说一弦琴在古代国家机构以仪式功能为主，那么它还显示了传递功能。唐代房玄龄等人撰写的《晋书》属于记载历史的典籍，此类文献记录的多是历史上曾发生过的真实事件。《晋书·孙登传》中出现晋时隐士孙登抚一弦琴的文字记录，"夏则编草为裳，冬则被发自覆，好读《易》，抚一弦琴，见者则亲乐之"[1]，记录晋时汲郡隐士孙登抚一弦琴，引发欣赏者情感共鸣的情景。

今天，中国广西东兴江平镇巫头、山心、潾尾京族三岛与越南广宁省、海防市的京族社会成员，在其共同的哈节仪式中，独弦琴又成为传递中越京族音乐文化同源异流现象的符号。进入中国参加哈节仪式的越南京族成员使用越南独弦琴演奏当今越南主流音乐；中国京族成员在哈节仪式中则表演当代中国的主流音乐，如苏春发以独弦琴为京族歌手演唱《在北京的金山上》进行伴奏，演奏中国流行歌曲《流浪者》等。

（三）一弦平置弹拨乐器源流显"循环传播"特征

经过在历史文献及前人的理论研究文献中反复徜徉，笔者认为：被称之为"一弦琴"或"独弦琴"的平置弹拨乐器，在亚洲的传承与发展中呈现出"循环传播"态势。"循环传播"观点有以下基础：

1. 中国文化悠久的历史是"循环传播"形成的基础

中国文化对亚洲尤其是东亚产生了深远的影响，一弦琴在中国的历史早于东南亚传入的独弦匏琴的历史。《拾遗集》告知中国至少在殷时已出现一弦琴。

"一弦琴""独弦琴"只是在不同国家、不同地区对一弦平置弹拨乐器的不同称谓。中国古代的一弦琴与今天京族的独弦琴存在一定的渊源关系。

首先体现为二者演奏使用技法的历史渊源关系。中国古代文献《拾遗集》《晋书》《宋史》等文献对一弦琴的描写，出现了的"拊""抚"等字眼儿，这些都是指一弦琴的演奏技法。虽然今天笔者已无法了解历史上一弦琴的具体演奏技法样态，但笔者习奏独弦琴多年，对今天中国的与越南的独弦琴演

---

① （唐）房玄龄：《晋书》（九十四列传六十四孙登传），北京：中华书局，1999年，第1619页。

奏技法均有接触。"弹"是今天中国独弦琴"以甲代竹"流派的基本演奏技法，亦是越南独弦琴演奏技法中，以竹演奏的挑、弹的常用演奏技法；今天"拍"之技法依然存在，但使用的频率不高。因而，历史文献的记载给后人传递了一弦琴与独弦琴演奏技法的关联性。

其次体现为二者演奏使用场所的历史渊源关系。"一弦琴""独弦琴"曾经演奏使用场所相同，主要用于祭祀仪式活动场所。中国不同时期的古代文献告诉我们：至少从殷商时期起，中国一弦琴已是宫廷中的祭祀乐器，一弦琴在各个历史时期是宫廷祭祀仪式活动用乐不可缺少的弹拨乐器。而京族的独弦琴，从古代到现、当代，也曾经是京族社会民间代表祭祀仪式——哈节祭祀仪式中使用的弹拨乐器。

2. 中国文化影响力、社会多动因形成"循环传播"外驱力

中国古代文明的强大影响力，使得一弦琴自中原向四周转移，影响直至东亚和东南亚的可能性是存在的，进而带来一弦弹拨乐器的循环传播。

上文曾提到韦皋在《南诏奉圣乐》记录了骠国赴中国献乐和归附之意，骠国王雍羌了解到南诏王异牟寻归附中国，也产生了归附之心。便在贞元十八年，派其弟舒难陀奉乐中原朝供。除政治上的归附之外，同时也能体现文化方面的归附与吸收。

文化传播有主动接受和被动接受之分，海斯、穆恩、韦兰撰写的《世界史》传递的就是这样的信息。朝鲜作为中国的一个藩属国，对中国文化呈被动接受状态。日本是中国的非藩属国，由于其国航海技术先进，对国家文化发展的需求，主动远行至中国接受中国文化。古代的交趾（越南）、骠国（缅甸）历史上曾经作为中国的藩属国，无论对中国政治、文化是被动接受还是主动接受，都会带来一弦琴的"循环传播"。

中国与东亚诸国社会发展多动因带来了中外循环传播的条件。古代中国殷周、春秋战国、魏晋、秦汉、隋唐、宋元、明清等各个时期的文化，对今天的东亚及东南亚乃至世界文化产生的影响，可以从各个历史时期的文献中，寻觅到一些间接的佐证。例如，岳麓书社出版的韩兆琦评注的《史记·南越列传》第1543页中"秦时已并天下，略定杨越，置桂林、南海、象郡"。在第1544页几个注释中，韩兆琦对上述语言做出如下解释：秦统一后，平定了范围包括今江苏大部、广东、福建、浙江、江西与湖南的南部、广西的东部和南部、越南北部等广大的越族聚居区域的杨越。在岭南设置桂林、南海、

象郡三个秦行政机构。南海郡驻地设于今天的广东广州市。桂林郡、象郡都设于今天的广西区内。笔者引用韩兆琦的评注，意在让读者了解，秦时政治已经对越南北部产生影响，那么文化的影响就不言而喻了。反之，交趾、骠国文化也会作为朝贡品出现在中原，形成文化的循环流动。

从公元前 3 世纪起，秦至唐，越南隶属中国的历史长达十余个世纪。元代战争南移影响至越南。学者罗贤佑在《元代民族史》中提到：公元 1259 年，忽必烈属下大将兀良台合率军出云南，经交趾（越南北部），进入邕州（南宁）、临桂（桂林）、潭州（长沙）。2005 年年初笔者在越南河内音乐学院，跟随越南独弦琴大家清心老师学习一首名为《沙漠》的独弦琴独奏乐曲。《沙漠》音乐线条的旋法特征与今天蒙古族音乐形态较相似，引发笔者的思考，关于越南地貌介绍并没有出现"沙漠"这一字眼儿。通过梳理、分析历史文献，笔者认为：越南独弦琴乐曲《沙漠》的形成，与越南境内的地貌无关，而与元代政治及文化的影响有密切联系。元朝中国政权及文化再次对越南北部产生影响，是产生独弦琴乐曲《沙漠》的重要原因。

明代永乐皇帝占领越南后，对越南采取了同中国国内相同的全面统治。明清的宫廷音乐，从 15 世纪初至 19 世纪中叶全面、系统地被越南输入，至今仍有重要影响。笔者观点：明代越南属国宫廷迫于中国的政治压力，基本原样复制中国宫廷音乐，因此中国一弦琴完全有理由进入越南宫廷与民间，对越南独弦匏琴产生影响。明代越南京族移民在迁入中国时，将变迁中的独弦匏琴随之携入中国，形成循环传播的特征。

3. 各国的文化储留特点形成"循环传播"内驱力

东亚各个国家的自然环境、文化资源状况和文化储留特点，是形成一弦琴"循环传播"的内驱力。

中国在历史文化保护传承方面，有许多不足之处。回溯历史，中国古代的统治者和文化职能机构，在保留优秀文化方面存在较严重的问题。其主要原因：中国自恃泱泱大国，文化物产丰富，历来不重视文化储存问题，导致一些重要时期的文化财产所剩无几，后来发展到"礼失求诸野"的局面。例如，中国民族音乐学传统音乐的学者，现在研究中国唐代宫廷音乐，必须申请到日本进行音乐实物考证；研究中国宋代宫廷音乐，要申请到韩国进行音乐文化实物考察。原因是在中国国内，唐宋宫廷曾系统的音乐器物基本消亡，只有一些零星器物散落在少数民族中。

结 语

一弦琴在相当长的时间存活于中国宫廷乐队中，中国宫廷音乐又对东亚和东南亚的日本、朝鲜、越南等国的宫廷音乐产生了重要影响。中国古代音乐对于宫廷音乐的文献记载中，一直出现"一弦琴"的身影。令笔者十分不解的是越南、日本、朝鲜等国曾经较为系统地接受了中国的宫廷音乐乐制，为什么这些国家的音乐文献对一直在宫廷乐队里占一席之地的一弦琴基本不提？这是笔者今后需要继续考察研究的问题。

参考文献：

[1] 中国音乐文化大观 . 北京：北京大学出版社，2001.

[2] 中国音乐的历史与审美 . 北京：中国人民大学出版社，1999.

[3] (唐) 王溥，等 . 唐会要 . 上海：上海古籍出版社，1991.

[4] 许序雅、李晓亮 . 唐代骠国献乐考 . 云南社会科学 . 2004(5).

[5] 余定邦、黄重言 . 中国古籍中有关缅甸资料汇编 . 北京：中华书局，2002.

[6] (唐) 刘煦 . 新唐书·骠国传 . 北京：中华书局，1975.

[7] 罗贤佑 . 元代民族史 . 成都：四川民族出版社，1996.

[8] (宋) 欧阳修、宋祁 . 新唐书·骠国传 . 北京：中华书局，1975.

[9] 韩兆琦 . 史记·南越列传 (评注版) . 长沙：岳麓书社 .

[10][日] 林谦三 . 东亚乐器考 . 北京：音乐出版社，1962.

[11] 赵维平 . 中国与东亚诸国的音乐文化流动 . 上海：上海音乐学院出版社，2006.

[12] 赵维平 . 中国与东亚音乐的历史研究 . 上海：上海音乐学院出版社，2012.

[13][美] 海斯、穆恩、韦兰 . 世界史 . 北京：生活·读书·新知三联出版社，1975.

[14] 薛明扬 . 中国传统文化概论 . 上海：复旦大学出版社，2004.

（作者是广西师范大学音乐学院教授、硕士生导师）

中国京族文化网络传播研究

——基于拉斯韦尔 5W 模式的视角①

蓝长龙　黄　勤

京族是中国唯一的海洋渔业民族，也是中越跨境民族之一，目前主要聚居在广西东兴市江平镇一带，人口有两万余人。由于长期受到自然环境、外来文化以及自身文化内生力量的多重影响，使得京族文化内核在不断形塑的过程中逐渐凸显出自身的唯一性、民族性、海洋性和脆弱性等多重特征。文化传播是文化保护与发展的重要组成部分，也是文化再生产的重要环节。京族文化的有效传播，不仅有助于增强京族人的文化自信，也有利于强化京族人对本民族的文化认同，进而能够重新去审视、反思本民族文化在保护与开发中存在的不足之处。新时代的开启为京族文化的传播迎来了新的机遇，也给京族文化的保护与传承提出了新的要求。

谁 (Who)、说什么 (Says What)、通过什么渠道 (In Which Channel)、对谁 (To Whom)、取得什么效果 (With What Effects) 是美国政治学家哈罗德·拉斯韦尔 5W 传播模式的五个基本要素。5W 模式界定了传播学的研究范围和基本内容，影响极为深远。②本文拟从该传播理论模式中的传播主体、传播内容和传播渠道这三个方面研究京族文化网络传播现状及出现的问题，并以问题为导向提出一些解决策略。

一、京族文化网络传播现状

传播者是传播活动中的第一个要素，是使传播得以实现，传播媒介得以发挥作用的一大要素。在传播过程中，凭借各种技术手段向对象发出信息的

① 基金项目：广西高校人文社会科学重点研究基地北部湾海洋文化研究中，2016 年度科研项目"中泰两国海洋渔业民族传统文化比较研究——以京族与乌拉拉维族为例"（2016BMCC04）；2016 年度广西高校中青年教师基础能力提升项目"'一带一路'背景下中国—东盟海洋文化交流与合作研究"（KY2016LX384）。
② 路春艳、张洪忠：《大众传播学教程》，北京：北京师范大学出版社，2007 年，第 2 页。

158

一方即为传播者。它是一个广泛的概念，既指传播机构，也指传播机构的从业人员，同时也包括那些单独的个体传播者。[①] 传播者可以是个人、群体、组织和国家等有本质区别的信源。[②] 通过网上调查发现，在网络上传播京族文化的机构或组织主要有四大类：一是地方政府及其下属管理机构，如防城港市人民政府、东兴市人民政府、江平镇澫尾村村委会和京岛风景名胜区管委会等；二是官方媒体机构，如中央人民广播电台、中国互联网新闻中心、中国旅游报社、广西日报传媒集团、广西民族报社和防城港日报社等中央级、省级和市级媒体；三是商业团体，如网易、新浪、百度、爱奇艺、同方知网（北京）技术有限公司、道客巴巴（北京）网络技术有限公司、北京万方数据股份有限公司、豆丁世纪（北京）网络技术有限公司、东兴市海迎门京族文化旅游有限公司、北京网海德胜文化传媒有限公司、第一星座网和起名网等；四是学术研究机构，如广西社科联、防城港市社科联和广西北部湾大学北部湾海洋文化研究中心等。而传播京族文化的个人主要以京族文化传承人、京族文化爱好者和资深游客为主，如京族吧吧主南国山河、跨境民族乐器京族独弦琴调研队等。

传播内容主要是对各种传播媒介的传播材料进行分析，考察传播内容的目的性。[③] 从京族文化网络传播内容上看，地方政府着重于传播京族医药、京族哈节、京族服饰、京族文化保护与传承情况、京族教育、京族民间舞蹈等信息或新闻，其目的是为了让大众全方位地了解京族文化。官方媒体机构传播的内容大多与京族特色节俗、京族文化传承人和京族乐器等有关的新闻，如人民网发布的《逐鱼而居的民族：独弦琴成京族文化符号》、广西新闻网发布的《记东兴市京族字喃文化传承研究中心主任苏维芳》、防城港市新闻网的《2015京族"哈节"盛大开幕》等。至于商业团体在网上传播的京族文化内容，可分为三大类：第一类是转载地方政府和官方媒体机构发布的京族新闻，如网易转载了人民网的《京族——高脚罾暨防城港民族风情摄影展亮相南宁》、新浪转载了中国广播网的《百姓故事：京族独弦琴艺术传承人代表苏春发》和搜狐转载了新华网的《苏明芳代表：加大力度保护京族文化》等。第二类是通过产业化运作汇聚有关京族文化研究成果，如同方知网（北京）技术有限公司在中国知网上发布的《中国京族哈节研究》《京族独弦琴

---

① 李正良：《传播学原理》，北京：中国传媒大学出版社，2007年，第73页。

② 孙庚：《传播学概论》，北京：中国人民大学出版社，2010年，第23页。

③ 李正良：《传播学原理》，北京：中国传媒大学出版社，2007年，第177页。

艺术生态研究》和《京族海洋文化遗产保护》等。第三类是从他处收集、剪辑、整合而成的京族资料，如起名网发布的《京族的传统节日 京族的风俗习惯》、第一星座网发布的《京族的风俗与京族禁忌文化》等，由于这些商业性机构的主要业务不是传播京族文化，所以其传播的目的可能是为了点缀主营商品。学术研究机构传播的内容大多跟京族文化保护与发展的动态和研究成果有关，如广西社科联发布的《防城港市京族文化研究学会举行挂牌成立仪式》，学术机构既是研究京族文化的主力军，又是京族文化研究动态的传播者。

从传播渠道上看，大体分为五个渠道，分别为网站、网络即时通信工具、网络日志、网络论坛和视频平台。网站是一种通过网页浏览器来访问的沟通工具。在网络上传播京族文化的网站主要有防城港市人民政府门户网站、东兴市人民政府门户网站、中国网和中国民族网等。网络即时通信工具是一种个人或多人通过网络发送语音、图片、视频和文字的跨平台通信工具，如微信、QQ、MSN 和 Line 等。通过微信公众号传播京族文化的主要有京岛风景名胜区管理委员会、海迎门京族文化度假村、跨境民族乐器京族独弦琴调研队和哈哥哈妹等。网络论坛是一种多人通过注册个人账号之后自由发布文字、图片、视频等进行交流的信息平台，如百度贴吧、红豆社区和 BBS 论坛等。通过网络论坛传播京族文化的主要有京族吧、广西东兴市金滩吧等。网络日志是一种可以在网络上发表和张贴个人或机构文章的交流平台，如博客和微博。通过网络日志传播京族文化的有"民族服饰设计阁"在新浪博客上发布的《追溯京族起源发展历史文化》、"京族故事"在新浪博客发布的《京族风情》、"江湖老哥"在红豆博客上发布的《京族渔家博贺欢歌》和"aomeite"在网易博客上发布的《京族》等。视频平台是一种可以提供视频播放、发布、搜索和分享的网络媒体平台。通过网上调查发现，在国内网络视频平台上可以查找到京族文化视频的有腾讯视频、优酷和爱奇艺等。

二、京族文化网络传播出现的问题和不足之处

（一）群龙无首，缺乏专门传播京族文化的精品网络平台

通过网上调查发现，系统地介绍京族文化的网站大概有两个：一个是由北京网海德胜文化传媒有限公司管理的中国民族网；另一个是由中国互联网新闻中心管理的中国网，虽然这两个网站上的京族资料很丰富，但网站管理者很少对内容进行更新，属于静态传播，如中国网只在 2009 年 9 月上传过京族文化资料，其信息量和实效性相对落后。在新的时代，静态传播京族文化

无法满足普通民众日益增长的文化消费需求。地方政府和官方媒体机构传播的内容大部分是京族新闻，传播方式属于动态传播，其优点是新闻信息量大，更新速度也很快，普通民众可以及时了解到京族文化的发展情况，但缺点是民众需先登录官网才能在站内进行搜索方可获得资料，因为这些官网上很少有专门介绍京族文化的栏目。由于信息来源不稳定、传播经费得不到保障，在博客、微信公众号和视频平台传播京族文化的民间团体或个人只能发布一部分资料，其更新速度很慢，无法让民众全方位了解到京族海洋文化的深层内涵。碎片化的传播内容不但没有从广度上拓宽京族文化的传播渠道，反而还削平了京族文化的传播深度，并影响京族文化保护与传承的外延。

（二）传播内容同质化严重，抄袭现象明显

网络传播的特性决定了它与传统大众传播方式的截然不同，也就不可避免地带来了一系列负面作用，如意识形态和文化渗透、假新闻、假信息传播、色情泛滥、个人隐私遭到侵犯、知识产权遭到侵犯等。[①] 在网络上查询有关中国京族资料的时候，笔者发现部分网站上的内容重复出现且抄袭现象明显，如中国网于 2009 年 9 月发布的有关京族历史、京族中元节和京族的宗教信仰等资料时，就特别说明资料来源为全国文化信息资源共享工程，而这些资料出现在其他商业机构管理的网站上时，却说明为本站原创或者没有说明资料来源。从发布时间和发布内容上看，部分商业性网站所发布的京族资料都存在明显的抄袭现象，所以谈不上是他们的原创材料。京族文化资料重复出现在部分网站上且没有说明出处，这就损害了京族文化资料的完整性和权威性，影响京族文化品牌的形塑。部分商业性网站传播京族文化的初衷是值得肯定的，正所谓众人拾柴火焰高，但有些时候要懂得尊重别人的知识产权，如有引用的部分，就应该标明出处，否则，可能会引起版权纠纷。

（三）网络传播技术手段单一，忽视网络多媒体技术的应用

通观京族文化传播者在网络上的传播技术，可以发现，除了视频平台之外，大多采用文字加图片的传播技术，与传统媒体的传播技术无太大区别。网络传播技术手段过于单一，会让受众产生视觉疲劳，影响传播效果。从长远发展来看，京族文化传播者可以广泛应用网络多媒体技术，如流媒体技术、全景环视技术和虚拟现实技术等。流媒体技术是一种边传边下载边播放视频

---

① 段鹏：《传播学基础：历史、框架与外延》，北京：中国传媒大学出版社，2006 年，第 104~105 页。

的多媒体技术，即传播主体一边把视频传送到网络上，而受众可以一边下载，一边观看视频。全景环视技术又称为 360° 全景环视技术，通过应用该技术，传播者可以在计算机中拼接图像和视频以建立实景化虚拟空间，民众可以在自家电脑前通过鼠标控制环视方向进入虚拟情境。据笔者的了解，潭尾村曾经通过该技术向人们展示金滩的风景，但效果欠佳，观看者无法滑动鼠标观看哈亭、京族博物馆、南国雪原和万鹤山滨海湿地公园等景点，北京民俗博物馆在展示东岳庙风采时也采用这种技术，京族文化传播者可以借鉴参考。

三、京族文化网络传播的策略

（一）培养京族民间文化产业管理人才队伍

古人云："兵马未动，粮草先行。"如果把京族文化产业比喻成兵马的话，那文化产业管理人才就好比粮草，因为文化产业管理人才的胜任力决定着京族文化产业开发的信度、广度和效度。非物质文化遗产是社区民众的生活方式的一部分，社区民众是非物质文化遗产的主人、拥有者，也是非物质文化遗产的传承者、长久保护者；官员、专家虽然是非物质文化遗产保护的领导者、学术权威，但毕竟是来自外部的力量。《保护非物质文化遗产伦理原则》的出台应该为非物质文化遗产保护主体问题的争议画上句号：社区民众既是非物质文化遗产传承主体，也是非物质文化遗产主要保护主体。[①]同理，京族民间文化产业管理人才队伍应由京族三岛民众组成。只有京族民众认同自己的民族文化，提升自身的文化自信，才能够真正破解京族文化保护与传承的困境。

对于培养京族民间文化产业管理人才队伍的策略，笔者认为，可以结合京族民众的实际情况，并按照知识管理和胜任力模型等理论推进。

第一个阶段是"筑巢引凤"，即地方政府部门提供人才培训场地和资金，做好后勤服务工作。

第二个阶段是本着自愿原则，发动群众报名参加培训，只要参加培训，均可领取一定数额的补贴，除了地方群众之外，也可以适当接收一些外地志愿者。

第三个阶段是按照知识管理理论进行培训。知识管理的过程大致分为知识识别、知识获取、知识创造、知识共享、知识应用和知识储存。[②]简而言之，参训人员首先要明确自己和参训队伍内外部拥有的以及还未拥有的知识，

① 黄涛、郑文清：《非物质文化遗产保护工作中社区认同的内涵与重要性》，《中国人民大学学报》，2018 年第 1 期。
② Somchai Namprasentchai：*Knowledge Management*，Bangkok:Se—education Public Company Limited，2015，p35.

如果参训人员发现自身缺少某一方面的知识技能，则可以通过两个途径获取：一是求教于拥有这方面技能的其他参训人员；二是求教外部专家学者或者通过外部知识库获取，如图书馆、网上数据库等。知识可粗略分为显性知识和隐性知识，知识创造可视为显性知识和隐性知识互相转换的过程，例如参训人员互相交流学习并携手打造专业的京族文化网络传播平台。知识共享即分享知识，参训人员可以把自身拥有的显性知识和隐性知识拿来与别人分享，互相学习，相互促进，共同推动京族民间文化产业管理人才队伍的建设。知识应用是人才队伍培养的主要目的之一，参训人员要学以致用，努力把自己的知识技能运用到京族文化产业发展的工作上，因为实践是检验真理的唯一标准。知识是一笔宝贵的财富，不管是参训人员还是培训机构，都需要把各种知识储存起来，为京族文化的可持续发展提供智力支持和学理支持。

第四阶段是构建胜任力模型。胜任力是能把某职位中表现有意者和表现一般者区别开来的个体潜在的、较为持久的行为特征，这些特征，可以是认知的、意志的、态度的、情感的、动力的或带有人格倾向性的。[①] 评价和选拔参训人员的胜任力模型，其基本指标主要有协调能力、特殊技能、分析能力、人际交往技能、京族文化认知能力、应变能力、解决问题的能力和活动规划能力等，只有构建起行之有效的胜任力模型，才能选好文化网络传播的"把关人"，才能把京族民间文化产业管理人才安排在合适的岗位上，各司其职，各尽其责，减少外行管理内行所带来的负面影响。

（二）建立专业的京族文化网络传播平台

网络平台是传播京族文化的重要渠道，也是世人了解京族文化的窗口，更是储存京族文化信息的数据库和京族人的网上家园。作为京族文化保护与传承主体，广西防城港市京族文化研究协会、东兴市京族字喃文化传承研究中心等民间团体应该携手京族民众承担起建立网络平台的重任。

对于建立专业的京族文化网络传播平台的策略，笔者认为，京族民间团体可以分四个阶段稳步推进平台建设：

第一个阶段是建立一个专门传播京族文化的网站，网站基本栏目由京族新闻、学术研究、京岛旅游、京族文化、京岛音视和传媒互动组成。京族新闻栏目可以让民众了解到京族社会发展动态；学术研究栏目有利于分享科研成果及推动成果转化成京族文化发展的动力；京岛旅游栏目可为游客提供景

---

① 刘泽文：《胜任力建模：人才选拔与考核实例分析》，北京：科学出版社，2009年，第12页。

点资料、京岛交通、京岛餐饮、旅游线路和京岛住宿等服务，间接助力京岛经济的发展；京族文化和京岛音视这两个栏目有助于民众在网络上近距离体验京族文化的魅力；传媒互动栏目则为民众提供一个网络交流平台，民众既是文化信息的接收者，同时也是文化信息的传播者。传播手段方面，如果还无法使用流媒体、全景环视技术和虚拟现实技术等网络多媒体传播技术，也可先使用传统技术把文字、图片和视频资料上传至网站上，以供受众查阅，满足受众需求。

第二个阶段是在该网站基础上扩大网络传播渠道，即开通有关京族文化的微信公众号、微博和博客等，逐步构建和完善多元化的京族文化网络传播渠道，使京族文化在时间和空间上得到有效传播。

第三个阶段是升级传播手段，即利用网络多媒体技术来优化传播效果。

第四个阶段是提供多语种服务，让中国京族文化沿着"一带一路"真正地走向世界，增进世界各国人民对我国少数民族文化的了解和交流。万变不离其宗，不管在网络上如何传播京族文化，都需要遵循传播理论并结合实际情况开展各项工作。

（三）重视京族文化网络传播对象和传播效果的研究

传播对象和传播效果分别是拉斯韦尔 5W 传播理论模式五个基本要素中的第四和第五个要素。京族文化网络传播是否有效果，其前提是要充分了解受众和满足受众的需要。对于传播对象和传播效果这两个要素的研究，也要逐步开展，不可马虎，要通过"自评"与"他评"来提升京族文化传播的质量。传播过程中存在着两个主体：传播者和受传者。受传者，是传播行为的接受者，是信息传播的目的地，是传播活动的一个重要环节，也是传播过程得以存在的前提和条件。离开了受传者，传播活动就失去了方向和目的，便不能成其为传播。[1]

如果是研究京族文化网的传播对象和传播效果，笔者认为，可以先建立起一套富有多元化和弹性化的传播评价制度，实行定性评价与定量评价相结合，营造全民共建共享京族文化网络资源的良好环境。京族文化网络传播的评价制度应由评价目的、评价原则、评价方法、传播对象的基本资料、评价要点和评价尺度等部分组成。确定评价目的不仅有利于研究人员把握好研究方向，有的放矢，而且还能让传播对象理解开展评价工作的重要性。评价原

---

[1] 段鹏：《传播学基础：历史、框架与外延》，北京：中国传媒大学出版社，2006 年，第 199 页。

则需遵循客观公正与系统全面的原则，尽量避免人为因素的影响。至于评价方法，最常用的评价方法主要有对象评估法、访谈调研法和统计抽样检查法等，研究人员可根据实际需要选择评价方法。评价要点包括京族标志设计、字体大小、栏目设置、图文是否一致、颜色应用、信息量、京族文化认知和搜索功能等。

四、结 语

作为据海而作，随海而居，以海为本的跨境民族，京族人在多重因素的影响下聚同化异，不断形塑自己独特的海洋文化。通过拉斯韦尔 5W 传播模式的视角，可以重新去审视和了解京族文化网络传播的现状，在审视中发现问题，在了解中解决问题。京族文化、网络平台和人才队伍是三位一体的文化网络传播体系。网络平台是传播京族文化的重要通道，从碎片化传播到镜片化传播的转换，需要建立一个稳定、权威且专业的京族文化网络传播平台。而网络传播平台的建立，则需要培养一支专业的京族民间文化产业管理人才队伍，因为人才不仅是京族文化重要的传承者、创新者和传播者，还是京族三岛文化发展的核心竞争力，着力培养文化产业管理人才队伍有助于拓宽京族文化在网络平台上传播的广度和深度。

（作者蓝长龙是北部湾大学国际教育学院教师，黄勤是泰国东方大学艺术学院在读博士生）

"互联网＋"背景下京族文化
传播策略研究

陈冬雁

前　言

京族，中国少数民族之一。根据 2010 年第六次全国人口普查统计，中国境内的京族总人口数为 28199 人，他们主要聚居在广西壮族自治区防城市江平镇的巫头、潭尾、山心三个海岛，即俗称的"京族三岛"上。京族是我国民族大家庭中唯一的既沿边又临海、以海洋捕捞为主的民族，京族文化是我国海洋文化的典型代表。在"一带一路"倡议背景下，推动京族文化传播意义重大。但是，随着全球工业化、信息化的快速发展，京族传统文化的传播正面临着前所未有的困境，包括：承受外来强势文化和经济发展的巨大冲击，同质化、形式化严重，传播功利化、娱乐化，传播的资金、人才、设施不足等。为应对以上困境，本文从创建特色京族文化网站、利用互联网技术保护传承京族文化遗产、推进互联网范围内的可视化传播、互联网推进国际化文化传播四个方面探讨"互联网＋"背景下京族文化传播策略，旨在推进京族文化的深入挖掘、传承保护和开发传播，有助于增强京族的向心力，促进民族间的文化交流，也有利于全面提升互联网时代下的京族文化传播水平，让京族传统文化在信息时代实现可持续发展，更有助于将其文化优势转变为经济优势，带动地区旅游、餐饮、工艺品等产业的发展，从而为京族地区经济发展注入新的活力。因此，本文探讨"互联网＋"背景下京族文化传播策略对传播京族文化具有重要的理论意义和现实价值。

一、京族文化的传播所面临的问题

1.承受外来强势文化和经济发展的巨大冲击

在普遍的"传媒化"的社会里，主流文化的强势传播对京族文化不断造成冲击，京族文化汉化趋势明显，其民族特色渐行渐远，甚至部分京族文化在传播中面临着断层消失的危险。首先，面对大量现代化信息狂轰滥炸，京族文化传播依旧处于相对弱势地位。例如，由于现代化信息的大量冲击，在京族民众中，部分京族歌曲被流行歌曲所取代，甚至许多京族人民已不会讲自己民族语言，对本民族历史也知之甚少，新生的媒介文化不断侵吞弱势民族性区域文化领地。其次，当前我国的经济发展推行"文化搭台，经济唱戏"的基本方式，按照"市场标准为主，艺术标准为辅"的原则，发展经济、繁荣文化。① 在一定意义上，市场经济就是消费经济。对文化消费的实质就是对传统文化的不断抛弃、淘汰、改变，致使民族文化的精神内涵缺少积淀。所谓的民族文化特色成为毫无内涵的文化消费噱头。② 不少京族文化都陷入了文化消费的窘境。尽管不同民族文化的交流整合是历史必然趋势，但京族文化具有自己独特的历史文化价值，在互联网的冲击下更应当注意加以传承和保护。

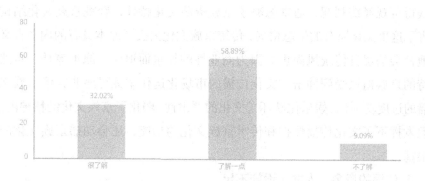

图 1 京族人民对本民族传统文化认知情况图

2.同质化、形式化严重

首先，随着全球工业化、信息化的快速发展，加上网络本身具有同步性强、辐射面广、时效性短等特点，导致当前京族文化的碎片化传播形式大行其道，或简化、或同质化解构着京族文化的形式与内容，使得京族文化在计算机、手机及网络视频等网络媒体产业的发展中渐行渐弱，传统的特色民族文化传承演变为简单机械的文化符号复制，这些都对京族文化的完整性、真实性等造成较大冲击。其次，在互联网时代下，社会大众对"快餐文化"颇为感兴趣，这将大大减少受众对京族文化的接触面，不利于京族文化的完整性传承。在

---

① 李倩岚、李资源：《提升我国少数民族文化国家传播能力的几点思考》，《贵州民族研究》，2015 年第 12 期第 43~47 页。

② 韦路、丁方舟：《论新媒体时代的传播研究转型》［J］，《浙江大学学报：人文社会科学版》，2013 年第 4 期。

京族文化传播过程中，断章取义，只注重文化形式，忽略对文化内涵深度挖掘的现象屡见不鲜。例如，京族的舞蹈"跳天灯"和"花棍舞"，在网络传播渠道上只渲染华丽的场景、绚丽的服饰和表演者的美貌，忽略了其祈求海神保佑的文化内涵。因此，形式化现象的存在，导致京族传统文化趋于同质化，不利于彰显京族的文化特色，对京族文化传播极为不利。

3. 传播功利化、娱乐化

网络产业发展的基本动力就是满足受众群体的娱乐性需求。[1] 因此，京族文化的传承发展不可避免地渗入娱乐性成分。比如，对京族人物的重塑、对京族民歌的改编、对京族文化的戏说，都不假思索地进行了娱乐化，甚至无厘头化，京族文化传播的发展在不知不觉中陷入娱乐性需求中。目前，京族文化传播的功利性较为明显，过分地突出经济效益。例如近几年所流行的京族民俗体验游、京族风情演出、京族产品开发、通过京族节日进行商业利用等一系列关于民族文化开发项目。在开发过程中，很多开发商为在短时间内获得可观经济利润，通常忽略了京族资源文化特性，轻视京族文化结构，损害了这里文化原有的生态格局，传统京族文化失去了原本具有的内在含义，当地社会的优良传统风尚也会因为商业性的加重而退化，原本淳朴、自然、独特的京族遗风受到冲击。文化传播的市场化运作本无可厚非，但京族文化传播的过度功利化、娱乐化破坏了文化的严肃性，弱化了京族文化的精神内涵，不但发挥不了文化传播保护和传承京族文化的功能，还会动摇京族文化的深层根基。

4. 传播的资金、人才、设施不足

首先，京族地区经济发展相对落后，导致了能够为其文化传播提供的资金支持十分有限。大部分京族地区文化传播建设仅依靠政府拨款，资金来源渠道单一，这对于复杂庞大的京族文化传播依旧杯水车薪。其次，人才的缺失威胁着京族文化传播的持续性。一方面，在现代化进程中京族许多文化传承都面临后继乏人的窘境，如吟唱歌舞文艺文化难以为继，婚嫁节日等民俗难以传承等已普遍存在。另一方面，文化传播人才是将京族文化带到大江南北的引路人，而既了解京族文化精神内涵，又精通传播技术的人才并不多见。再次，资金缺乏导致硬件落后。在科技日新月异的今天，互联网更新换代周期短[2]，京族地区的网络基础设施已无法满足传播的需求。京族地区因历史与

---

① 蔡梦虹：《互联网背景下少数民族文化传播机制与策略研究》，《贵州民族研究》，2017年第7期。
② 易巧君：《少数民族传统文化网络传播现状初探》，《民族论坛》，2010年第12期第42~44页。

现实等综合因素，网络通信等基础设施建设发展迟缓，文化传播所需要的基础性工作未做到位，对京族文化传播产生了负面影响。正是由于京族地区基础设施建设的滞后，导致了京族文化在发源地的传播放缓，陷入困境。

二、"互联网＋"背景下京族文化传播策略研究

根据中国互联网络信息中心（CNNIC）发布的《第31次中国互联网络发展状况统计报告》，截至2012年12月底，中国网民数量达到5.64亿，手机网民4.2亿。这标志着我国已成为名副其实的全球互联网用户第一大国。网络时代为传播提供了更多可能，丰富了传播渠道。[1] 从下列图表可以看出互联网在文化传播的速度、广度、深度、经济效益等方面具有无可比拟的优势；互联网在少数民族受众的最终影响力较大。针对当前京族文化传播存在的问题，要充分运用现代技术实现数字化传承，并通过网络拓展，优化京族文化的传播途径，构建"互联网＋"多元化、多层次的文化传播体系。

表 1 传播效能指标权重表

权重	7	6	5	4	3	2	1	备注
指标	规模性	广度	深度	快速	方便	持久	经济性	权重的具体数值不影响对问题的分析，只表明程度

表 2 不同传播工具的效能指标

工具类型　＼　权重积	7	6	5	4	3	2	1	备注
纸质斯煤介	持久(7×2)	方便(6×3)	深度(5×5)	规模(4×7)	广度(3×6)	快速(2×4)	经济(1×1)	权重的具体数值不影响问题的分析，只表明程度
广播	快速(7×4)	方便(6×3)	经济(5×1)	规模(4×7)	广度(3×6)	深度(2×5)	持久(1×2)	
电视	快速(7×4)	深度(6×5)	广度(5×6)	方便(4×3)	规模(3×7)	经济(2×1)	持久(1×2)	
电影	快速(7×4)	广度(6×6)	深度(5×5)	方便(4×3)	规模(3×7)	经济(2×1)	持久(1×2)	
网络	快速(7×4)	深度(6×5)	广度(5×6)	方便(4×3)	规模(3×7)	经济(2×1)	持久(1×2)	
广告	快速(7×4)	方便(6×3)	广度(5×7)	方便(4×5)	深度(3×6)	持久(2×4)	经济(1×1)	

表 3 各种传播工具对中国少数民族文化受众的最终影响程度

工具类型	纸质媒介	广播	电视	电影	网络	广告	备注
权重乘积累加值	112	109	125	126	125	128	具体数值不影响问题分析，只表明程度

1. 创建特色京族文化网站

官方网络传播与民间网络传播相结合。例如建立京族文化官方网站的同

169

---

[1] 孟航宇：《全球化背景下少数民族文化的网络传播》，《新闻爱好者》，2010年第8期。

时，鼓励民间文化网站的建立，引导运用社交媒体如微博、微信、QQ 空间等民间宣传媒介传播京族文化。通过创建京族文化特色网站，一方面实现不同类型资源之间的优势互补，立体式呈现京族传统文化的魅力；另一方面强化与受众之间的互动，以赢得受众的青睐。首先，要根据传播对象和受众需求做好网站上文化内容的设计工作。例如，京族最盛大的节日——哈节，在通过互联网对哈节文化进行宣传时，既要明确哈节的由来，又要明确节日当天京族人民的服饰打扮、举办地址、节日的活动流程，例如迎神部分和祭神部分等；此外，也可以介绍哈节期间开展的特色活动，例如，节日当天，村民们集队举旗擎伞，抬着神座到海边，把本村信奉的诸神灵请进哈亭。斗牛是揭开哈节的序幕，有的村还举行盛大的斗牛活动。还有，祭神在节日当天下午三时开始。祭祀仪式与当地汉族在祠堂里举行春秋二祭大体相同，有主祭、陪祭、礼生（司仪）、执事（传递祭品者）等独具京族特色的活动最能吸引网络受众。京族文化传播内容只有契合受众，才能有效激发广大受众融入到京族文化传播的队伍中来，从而扩大文化传播的网络受众辐射面。其次，进行有创造力的网站设计。既要在网站上展示京族特有的风貌，还要配备精美的文字、图片以及视频等，实现不同类型资源之间的相互补充，立体式地呈现京族传统文化的魅力。以"中国网"为例，网站设置项目类型众多，资源较为丰富，比如设置了民族政策、新闻、饮食、工艺、建筑、体育、人物、文化以及自治等多个方面的内容，通过文字、图片以及视频的搭配，让京族传统文化全方位地呈现在人们面前，展示出京族的文化特色，真正做到让京族传统文化的传播生动、丰富起来。与此同时，也要全面做好网站的功能建设：一方面，创建站内搜索引擎，让网络受众能根据自身的需要，快速检索内容，提高网站的便利性，比如设置"站内搜索"项，并对内容进行科学分类，这样便于提高受众信息搜索的针对性，不仅能够大大节省信息检索的时间，也能全面提升搜索的精准性。创建站内搜索引擎是京族文化类网站不可或缺的重要功能。另一方面，要进一步加强与网民之间的互动与交流，京族文化网站应积极通过创建 QQ、微博、微信等互动传播方式，进一步强化与受众之间的沟通，比如号召网友在新媒体平台中以"京族文化"为主题进行二次创作，充分发挥网友们的群众智慧，并让网友们在创作过程中对京族文化有更深的理解；再比如设置网络在线论坛，开设微信公众号、QQ 群、官方微博等，便于与受众之间展开及时有效的互动沟通，为京族文化传播工作提供更为便捷和直接的渠道。

2. 利用互联网技术保护和传承京族文化遗产

一是要重视京族文化的数字化记录。对于一些书面化的、能够直接通过高清扫描的文化遗产，如神奇古老的京族喃字、叙事体的海岛传说拓印本、韵文体的海歌拓印本、唱哈词的歌词、海岛故事古籍等，可以直接使用全能扫描王或 WPS 内置扫描功能，直接将文献转化为图片，统一文件格式及其他参数，并采用统一的文件档案管理软件来编辑文件的索引、名称；而对于那些已经模糊不清的文献，可以通过碳化材料进行简单处理后，利用 Photoshop 等软件进行深度图像处理，将其恢复到文字可以基本辨认的状态并保存好；对于一些已经在历史风霜下遭遇较大破坏的古迹，利用 SmartPlant 3D、AVEVA 公司的 PDMS、INTERGRAPH 公司的 CADWORX 等专业级三维软件进行数字化复原、虚拟三维建模的工作。通过数字化手段恢复京族文化的原貌，能够有效弥补口头传承消失后京族文化缺乏有效传播内容的窘境，为京族文化传播提供更丰富的素材。二是建立京族文化网络图书馆、动态生态博物馆、网络文化展览等。此方式有助于集中展开专题式传播，能做到主题鲜明、内容全面精辟，从而起到强烈的听视觉效果，提高京族文化传播的社会影响力。可通过互联网博物馆将京族文化信息传递到发达的一、二线城市，实现信息传播的对等性、双向性，再通过将互联网京族博物馆市场化，吸引更多的民间组织和社会团体不仅投资实体博物馆，且更愿意投资互联网动态生态博物馆，按照市场运行规则获取经济收益，并产生良好的社会效益。三是运用互联网动漫技术到京族文化传播中，包括与京族生活各方面密切相关的动漫设计、游戏研发、运营等创意产业，通过互联网技术实现京族文化遗产的传承与发展。所以，要充分利用好数字化的京族文化资源，在微博、微信等新媒体平台发布数字化的京族文化，吸引更多网友关注京族文化，领略京族文化独特的艺术之美、民族之美；再比如设置"京族文化遗产展览项目"，通过"现场""论坛"等几个模块，将思辨、解读与现场等元素有机地结合在一起，让读者对富有京族特色的文化遗产项目有更为深入全面的了解；再如设置"特别专题"，比如开设专栏讲述京族"艺术精品"板块，介绍风格独特的京族独弦琴技艺，独弦琴是京族特有的泛音演奏乐器，在京语中称"旦匏"，也叫"独弦匏琴"。独弦琴完全依靠一条琴弦和一个摇杆，通过弹、挑、揉弦、推、拉、拉揉、推揉等诸多手法，来实现对音乐作品的演绎。让受众在领略京族传统才艺之美的同时，其关注并探索京族传统才艺的兴趣能被进一步有效激发，进一步提高社会大众对京族文化的关注度。

3. 推进互联网范围内的可视化传播

互联网为可视化传播提供了技术支持,弥补了传统文字传播的单调乏味,扩大了传播的受众范围。可视化传播具有感染力强、传播效果好、信息含量大的特征。比如拍摄以京族文化为题材的网络电影。网络电影以其动静合一、声画合一、虚拟与逼真相结合的特征,产生信息传达方式多样、意义丰富、感染力与理解性强的效果,具有突出的跨文化交流能力。网络电影的火热会带动京族地区旅游产业发展,既获经济收益又可反哺京族文化的传播与保护,形成保护与开发的良性循环;再比如举办网络京族音乐会、网络京族歌舞直播,利用现在当下最流行的抖音、火山、快手等视频软件展示京族文化魅力。例如,利用可视化传播展示京族的抗风耐湿石条房、风格独特的京族独弦琴弹奏技艺、独具风情的京族赏月歌(唱哈调)、赋予幸福的京族"花棍舞"、传统的民间舞蹈"跳竹竿""跳天灯""跳乐",还有现代题材的舞蹈——"摇船舞""纸马舞""酒舞""天灯舞"等,其中有些源于民间宗教舞蹈,有些是京族群众日常生活中的娱乐方式,具有明显的娱神或娱人的文化功能。再者,推进可视化时尚设计。可以在各类时尚设计中融入京族文化的浓郁的海洋文化气息、神话以及海神崇拜元素,将京族文化打造成一个复古潮流平台,通过对京族文化的推广,在网络上吸引更多的设计师使用这一文化元素,扩大京族文化元素的影响力与公共辨识度,并鼓励本土企业打响京族文化品牌,将京族文化包装为一个增值元素,以数字化、平面化、碎片化的方式,推动京族文化产业化发展。下列图片可以为京族文化传播可依靠的互联网媒介和可使用的互联网思维提供参考。

4.互联网推进国际化文化传播

据《中国国家形象全球调查报告2015》数据显示，互联网新媒体是国外最主要的中国信息了解渠道。所以，首先可通过建立完善京族文化国际网站、拍摄面向国际的影视作品等方式推进国际化传播。其次应实现就地迎客与网络主动输出的结合。京族文化传播应走出故步自封的藩篱，进行主动输出。即在京族地区开展"就地"文化传播，也主动踏出家门，将京族文化运用数字化的方式主动输出。京族文化数字化传播可包含文字、语言、舞蹈、绘画、仪式、经书等方方面面。不仅通过前往京族地区游玩的游客进行传播，而且可通过数字化传播和国际项目的开展将京族文化带到国际舞台。例如通过拍摄京族记录片，为国际受众呈现了一场视听盛宴。可邀请国际电视台实地体验采访，再通过开展文化巡展与拍卖，与当地学术机构合作等方式，多层次地将京族文化传播到世界各个角落，实现互联网上的主动传播、特色传播，以及多样化的国际传播。再比如建立健全京族互联网国际图书店。随着新媒体技术的发展，网上购物、网上阅读已打破时空限制，没有国别之差。京族互联网国际图书店，兼营京族日用品、京族服饰、京族书法字画、特色乐器等，通过互联网将京族文化传播到世界各地。再比如还可以充分利用海外中国人的朋友圈传递的正能量，持续扩大京族文化在国际社会所赢得的中华文化的认同效益。

结 语

互联网时代下京族文化传播策略的研究，对传播京族文化具有重要的理

论意义和现实价值。在充分明确互联网时代下京族文化传播的优势后，笔者通过深入京族地区走访调研得出互联网时代京族文化传播的困境主要体现在四个方面：承受外来强势文化和经济发展的巨大冲击；同质化、形式化严重；传播功利化、娱乐化；传播的资金、人才、设施不足。为了充分解决上述问题，本文提出以下四个传播策略：创建特色京族文化网站、利用互联网技术保护传承京族文化遗产、推进互联网范围内的可视化传播、互联网推进国际化文化传播。通过上述切实有效的策略的实施，能形成互联网时代有效的京族文化传播机制，有利于全面提升互联网时代的京族文化传播水平，让京族传统文化在信息时代实现可持续发展。

（作者是北部湾大学国际教育与外国语学院讲师）

新时代发挥京族民间信仰作用研究

谌永平

民间信仰是一种文化体系，在历史传承中留下了丰富的文化遗产，这主要表现为作为"实物形式"的历史文物和作为"非实物形式"的非物资文化遗产。京族信仰多神，最有民族特色的是哈亭诸神，承载了京族人民群众的信仰，折射出京族的精神世界和风土人情。本文分析了京族神谱与京族民间信仰的关系，提出了在新时代发挥京族民间信仰作用的建议。

一、京族神谱：多神崇拜

京族是我国 55 个少数民族中人口很少的民族之一，根据 2000 年第五次全国人口普查统计，京族人口数为 22517 人，主要分布在广西壮族自治区防城港市下属的东兴市境内，主要聚居在江平镇的"京族三岛"——巫头岛、山心岛、澫尾岛以及恒望、潭吉、红坎、竹山等地区，其他一小部分京族人散居在北部湾陆地上。京族是一个历史悠久的古老的民族。追本溯源，她的先民在秦汉时代属南越国，后归交趾郡，与骆越有某种亲缘关系。而就现今居住在中国的京族来说，其祖先乃是 16 世纪初（明代正德年间，1511 年前后）开始陆续从越南北部的涂山（今海防市附近）等地迁徙而来的，至今有 500 多年的历史。当时的京族三岛，荒凉无人烟，迁来的京族人要与大自然做斗争，要组织生产，要建设家园，要建立社会秩序。《澫尾京族简史》记述："迁居此地十年时，海产减收人损失。人们心里有焦虑，聚在一起齐叹息。无处不有鬼神隍，祈祷期约试怎样？先祈人丁畜旺，后求鱼虾堆满仓。"他们"首先拜请海龙王，二祈地方众神隍。三求诸家各祖堂，赐福人闻万年长"。京族一直信仰多神，分别在哈亭、庙和各家神台敬祭众神。京族祭奉的神主要有以下三类：

（一）自然神

主要是镇海大王，另外还有高山大王、海公、海婆、水口大王。

镇海大王的全称是"白龙镇海大王"，是三岛开辟神兼海上保护神。传说很久以前，北部湾西北端海岸上有座白龙岭，这里有个大石洞，洞中住着蜈蚣精，船只经此，必须送一个人给它吃，否则，它就兴风作浪掀翻船只。有位神仙化作乞丐，搭船经过。船主要将他抛给蜈蚣精。乞丐早叫船工帮他煨熟一个大南瓜，接近蜈蚣精时，他将大南瓜掷向蜈蚣精的血盆大口。蜈蚣精吞下大南瓜，被烫死了，尸体碎成三截儿，一截儿化为巫头岛，一截儿化为山心岛，一截儿化为澫尾岛。从此这片海域风平浪静，再无妖魔出现。那乞丐原来是镇海大王的化身。每逢哈节，京族民众到海边迎接镇海大王到哈亭享祭（在哈亭中镇海大王的神位，平日是虚位）。①

高山大王，也称"高山神"，全称为"高山神邪太上等神"，是管辖山林之神。澫尾、巫头都有高山大王庙，其哈亭神位平日也是虚位，哈节才到庙里享祭。

水口大王分东水口大王与西水口大王，他们的庙宇立于码头。

海公、海婆神。京族渔民在出海的渔船船头上设立海公、海婆神位。出海时，焚香祷告，祈求丰收和海上平安。澫尾岛的京族渔民拉大网捕鱼前，先拜海公、海婆。每年腊月二十至二十八日间，同一网租的网丁们聚集一处，由网头主持祭祀仪式，祈求海公、海婆保佑生产安全和丰收。

（二）人化的神

京族在迁来三岛之前，就有信奉人化的神，将他们供奉起来，作为他们的保护神。迁入三岛后，也有人准许加入哈亭左昭右穆的神位。

广达大王、安灵大王、兴道大王是京族迁居三岛前原居住地的村社保护神，迁来后，哈亭也供奉广达大王、安灵大王、兴道大王，都是人化之神。广达大王、安灵大王神绩不详。兴道大王，又称"陈朝上将"，全称"陈朝上将敕封兴道大王"。13世纪越南陈朝国公节制兴道王陈国峻，死后封为越南一些地方的村社保护神。定居京族三岛后，京族也将一些特殊的人尊奉为神。山心岛哈亭正坛神位两侧还设"后神"神位，祀奉刘廷宝、刘珧玉父子。民间传说，19世纪初，刘氏父子捐资修山心哈亭。逝世后被尊为后神，从神配祭。历年准许加入哈亭左昭右穆十二家先神神位的有阮大将军等16位有功者、刘贵等5位买厚者、阮桃红公主等4位圣神需要者。②

① 京族字喃文化传承研究中心：《京族社会历史铭刻文书文献汇编》，南宁：广西人民出版社，2015年。
② 过伟、韦坚平：《京族民间信仰与神谱初录》，《广西大学学报（哲学社会科学版）》，1992年第1期。

（三）吸收汉族、壮族的民间神、道教神、佛教神

京族在长期的发展中，其民间信仰也吸收融合了汉族、壮族民间宗教、道教、佛教，有相同的神，也有对神做了改动，也加进了京族的神。玉皇大帝，民间信其有，但无神位，京族地区也没有搜集到他的神绩传说。灶君，京族民间把灶君看作玉皇大帝派驻各家监察凡间的神，一年一度上天将凡人的是非功过报告玉皇大帝。多供于灶头，也有供于厅堂。农历腊月二十三日，用筛子盛托贡品（其中必有糯米糖粥）祭祀，让他向玉皇大帝为主家多说"甜话"，把"坏事坏话"漏掉。除夕接他回宅。灶君上天期间，人们说话做事可以随便，百无禁忌。灶君之祭，明显受汉族文化影响；用筛子盛托供品，其中必有糯米糖粥，有民族和地方特色。也供奉观音，除观音外，还供奉柳行公主、德昭婆，是妇女保护神。供奉天官，为福神，与汉族相同。供奉土地神，守护一家之地。除此之外，京族还敬奉本境土地。潥尾本境土地称"莫大将军""黄马将军""白马将军"。传说莫大将军得神仙指点，起兵反抗封建王朝，黄马将军、白马将军为其部将。三人战死于潥尾，蚂蚁搬土垒坟显灵，被奉为土地神。京族敬奉天官、土地，受道教影响，但将天官与土地合供于家宅，别具一格。京族丧礼做功德法事所敬奉的神有佛、十殿阎王、羽林大神、金刚大神、至德尊神。[1]

二、京族民间信仰的特点

京族民间信仰的产生和发展变化，与其类型和自然环境、生产关系之间关系密切。京族居住区，早期边缘化，同时又是文化交汇区，他们的信仰在发展过程中，有它的独立性，又吸纳了多种文化因素，从而使他们的信仰展现了多重性格，获得了自身发展所需的文化动力。

（一）以海神崇拜为主体的自然崇拜

京族倚海而居，是我国唯一的海洋民族。处于国家边缘，在长期的发展过程中，海洋是他们赖以生存的物资基础，他们对大海极其敬畏，常常祈求于海神，希望得到海神的保佑。以海神崇拜为主体，就成为京族宗教信仰的一大特色。京族的海神谱系包括主神镇海大王，是京族的保护神，在哈亭中居于众神之首，哈节祭祀时也以这位海神为中心。在哈节时，仪式非常隆重，全体京族民众着盛装迎接镇海大王，以京族歌舞祭祀海神，赞颂神灵。海神还以其功能分为水口神、海公、海婆等。在码头建有东水口大王庙和西水口大王庙，时

---

[1] 京族字喃文化传承研究中心：《京族社会历史铭刻文书文献汇编》，南宁：广西人民出版社，2015年。

时受到祭祀，保佑渔民出海顺利。在出海的船只上设立海公、海婆的神位，保佑出海平安和丰收。㾗尾渔民在拉大网捕鱼前，还要拜过海公、海婆。他们认为海神无处不在，敬奉海神，就能得到海神的保护，就能平安，就能丰收。在这么一个相对独立的空间，京族人对自然极其敬畏，他们相信，只有敬畏自然，才能平平安安，才能丰衣足食。

（二）设立标准，人升格为神接受祭祀

从迁入京族三岛之前，京族就有敬奉的人化神。迁入三岛后，经推荐，经过一定程序，一些死后的族人可以升格为神，接受族人的奉祭。准许加入哈亭神位的需符合以下三个条件：第一，有功者：生前对国家、民族、村里和哈亭有贡献的先人。现有 16 人。如杜光辉。杜光辉是杜氏家族第五代人，法名大幡师，字阳平。出生于 1840 年，是杜胜利的儿子，1973—1884 年组织义军，参加抗法黑旗军，与汉、壮、瑶族各族人民奋起自卫，转战在中越边境线上，还曾奔赴在越南芒街等地与越南人并肩作战，反击侵略者，晚年在家乡办学。他是京族人民的英雄，于 1928 年逝世，终年 82 岁。第二，买厚者：即没有后代的老人，生前把其田地作为厚德送给村里做建哈亭用地，或由村里出租、出卖后所得的钱款用于供奉圣神。现有 2 人。如，梁贵公（原名不详），因没有后代，把自家的土地留给村里做厚德，据说，现㾗尾哈亭就是他家的土地。第三，圣神需要者：即村里去世的年轻人，他们生前精明能干，女子长得容貌端庄又未婚，且死于海难的，由"降生童"传话给村人知道，让其进入哈亭，服务圣神。现有 4 人。

（三）多神融和崇拜，众神共同保佑

从族源上看，京族还存在着曾经作为越南族群的记忆，呈现出越南京族的文化表征，如讲京语。从空间地理位置来看，京族居住区处于中越两大各具特色的文化交接点，能兼收并蓄两种文化的文化因子，这为文化的反复选择、再生和变异提供了地缘上的可能。由于远居边缘及历史原因，又为西方外来文化的传入提供了生存土壤，各种文化的交融使得京族文化具有多元性。京族宗教信仰体系除以海洋神为主体，又体现了边际文化的融合与多元。除了海洋神灵，京族还信奉其他自然神灵，包括掌管山林的"高山大王"、土地神等。受道教影响，还供奉玉皇大帝、天官、土地神等。祖灵崇拜和英雄崇拜也是京族信仰体系里重要的一部分。哈亭就设有祖姓的牌位。杜光辉、苏光春这些民族英雄

也成为供奉的对象。南征的伏波将军马援也是京族神灵体系中的一分子。带有道教特色的"师傅"成为京族重要的宗教仪式专家，主持着京族各种习俗仪式。[①]

京族民间信仰的多元性，还体现在善于将外来神灵进行改造。镇海大王最初源于汉族镇海大王的传说。京族将其纳入自己的信奉体系，还将其奉为主神。妈祖在中国广为流传，有着1500多千米海岸线的广西，由福建、广东等外来移民作为文化传播载体，妈祖信仰在广西沿江、沿海广为流布，还衍生出与其相关的神灵信仰，如"三婆婆"。京族人也信奉"三婆"，同样主管生育。[②]由于受中国佛教文化和越南道教文化的影响，"三婆"妈祖的身份被"观音、柳行公主、德昭婆"所替代，相当具有宗教融合的象征性。19世纪中叶，法国神父进入京族地区传教，京族接受了天主教。这也是京族信仰多元化的体现。

三、新时代发挥京族民间信仰作用

习近平总书记在党的十九大报告中明确提出"中国特色社会主义进入了新时代"，这是我国发展新的历史方位。从人民幸福的角度来看，这是一个全国各族人民团结奋斗、不断创造美好生活、逐步实现共同富裕的时代；从民族振兴的角度来看，这是一个全体中华儿女勠力同心、奋力实现伟大复兴中国梦的时代；从国家富强的角度来看，这是一个我国日益走近世界舞台中央、不断为人类做出更大贡献的时代。我们应该抓住时代赋予的契机，发挥京族信仰中的积极因素，推进京族地区的社会经济文化和谐健康发展。

（一）凝聚族群，心理认同，推进社会和谐稳定

共同的心理认同是构成民族的六个要素之一，主要表现为对同一民族的自觉的归属感，包括民族成员对民族整体的认同心理和民族成员之间的认同心理。京族的众神谱系，在京族的信仰中得到了全体京族人的认同，哈节的组织有一套族群认可的规程。作为京族最大节日的哈节，成为凝聚京族族群的重要载体，而参加并出资筹备哈节的习惯做法，已由一种外在的约束转变为一种内在的自觉。现在，每年的哈节，无论在外地的还是在京族聚居地的族人都会自感然后自发地承担起为办哈节"出钱出力"的心理义务。这种心理义务就是一种共同的心理认同，它能使京族群众产生一种民族自觉感和归属感，起着凝聚京族族群的重要作用。京族族人通过迎神、祭拜神、唱哈等仪式，将京族的价

---

① 许晓明：《从宗教信仰体系看京族的边际文化特性》，《民族艺术》，2008年第3期。
② 过伟，韦坚平：《京族民间信仰与神谱初录》，《广西大学学报（哲学社会科学版）》，1992年第1期。

值观予以传承，增强了族群的凝聚力。在古代，举办哈节时邀请当地汉族的乡绅名士参加就成为一种惯例，这在一定程度上增加了京族、汉族之间的联系。在现代，特别是近年来，哈节已成为防城港市的一个民族节日，防城港市的许多单位都应邀参加哈节，并给予一定的财力支持，共享京族的民俗之美。正如费孝通所说的"各美其美，美人之美"①。在哈节之"美"中，京族族群增强了族群认同感，同时也增进了与其他民族的感情。

（二）崇尚自然，保护生态，构建绿色生态家园

当前，全球生态危机日益加剧，生态文明建设已经被提上日程。习近平总书记在党的十九大报告中指出："建设生态文明是中华民族永续发展的千年大计。"在生态环境保护与建设工程中，宗教文化能够发挥更为积极的作用。京族宗教文化主张尊重自然、顺应自然、保护自然的生态文明理念，表现出了深刻的生态意识，他们在这种宗教信仰中，努力构建人与自然和谐相处、人与动物互动互安、天人合一的美好和谐世界。在当今工业化、现代化、城镇化全面快速推进的情况下，更需要发挥好京族民间信仰中崇敬天地、崇尚自然的思想与习惯，科学保护自然与生态，科学地进行保护与开发，最大限度地避免生态无度开发与破坏，最大限度地减少环境污染，保护海洋和森林，构建优美的绿色生态世界。②

（三）传承文化，树立品牌，打造特色乡村旅游

京族三岛是京族在我国的唯一聚居区，开发旅游拥有多种地缘方面的优势，地处中越交界，海陆与越南相接。同时，京族地区滨海风景很具特色与亮点，既有绚丽金滩，也有海岸风光，万鹤山、红树林、南国雪原等高品位景观吸引了众多外来游人。此外，东兴市建筑都富有浓厚的文化气息，例如：妈祖庙、古街、胡志明亭、中越大桥等，这些建筑的人文性很强，因而形成独具风格的风景区。京族居聚区有十分便捷的交通、区位优势，其作为我国与泰国、越南、老挝、印度等南亚、东盟国家的桥梁纽带。因此，京族地区要在防城港市打造中国边境旅游示范区，利用京族民间信仰所独有的内涵、仪式、艺术等资源优势，挖掘京族民间信仰中的特色文化，宗教文化演出项目，增加京族地区旅游的民族性、文化性、神秘性，打造京族非物质文化村乡村旅游品牌，增

---

① 安学斌等：《"非遗"视野下的少数民族民间信仰研究》，北京：中国社会科学出版社，2013年。
② 刘正爱：《宗教信仰与民族文化》，北京：社会科学文献出版社，2013年。

强京族旅游地区旅游的魅力，吸引大量的海内外游客，从而大力发展旅游业，进而带动餐饮、住宿、手工业、副食品加工等行业的发展，从而全面推进京族地区社会的繁荣和发展。

（四）发挥京族民间信仰在对外交流中的作用

防城港市处在"一带一路"最便利对接的交汇点和关键区域，拥有东兴国家重点开发开放试验区、中越跨境经济合作区、构建开放型经济新体制综合试点试验城市、沿边金融综合改革试验区、边境旅游示范区等多个"国字号"政策平台，是名副其实的国家战略聚集区和先行先试特区。防城港市要发挥京族民间信仰在对越交流中的作用，推进"民心相通"，夯实防城港市扩大开放合作的民意和社会基础。

总之，京族民间信仰是京族文化集大成的产物，对他的保护、开发和利用，要与新时代的要求相一致。我们要在历史的长河中，顺应发展规律，发挥好京族民间宗教信仰的作用，激发活力，促进京族社会经济文化发展。

（作者是防城港市社科联秘书长）

新时代如何发挥京族传统社会组织作用研究
——以京族翁村组织为例

李梦云

党的十九大报告将社会组织纳入中国特色社会主义事业"五位一体"的总体布局，社会组织被视为全方位参与新时代国家建设和发展的重要力量，被视为新时代治理体系重要主体和各项建设事业的重要力量。全方位参与和服务将是今后我国社会组织发展的两条主线。

京族是我国人口较少的少数民族，同时也是一个跨境海洋民族，主要聚居在中越边境地区的广西防城港市东兴江平镇的京族三岛。长期以来，京族保存以"翁村"为首的社会组织。翁村制度是京族传统社会中带有原始氏族社会性质的长老制度，具有浓厚的原始民主色彩，一直保持到现在。它在本民族内部有相当大的影响力，在管理民族内部事务中发挥着重要作用。它在某种程度上弥补了政府工作的不足，是京族地区社会管理中不可替代的本土资源，在京族历史发展的长河中发挥了重要的作用，推动了社会的发展，维护了社会稳定，促进了整个民族的进步，是京族社会发展不可或缺的重要组成部分。在新时代，我们应充分利用传统社会组织的积极因素，促进京族地区和谐社会的构建。

一、京族传统社会组织基本情况

（一）翁村组织的由来

由于特殊的历史来源和社会环境，新中国成立前，京族内部一直存在着"翁村""嘎古集团"等传统社会组织。据潭尾村京族人在清光绪元年（1875年）订立的乡约记载，当地人的先祖是在越南后黎朝洪顺年间从涂山等地迁入潭尾岛及附近岛屿，至今已有近五百年历史[①]。前期居住在京族三岛的京

---

① 李澜:《巫头村调查，京族》，北京: 中国经济出版社，2014 年。

族人以血缘关系为主要人际关系网，随着迁入岛中的人数不断增多，血缘的关系逐渐打破，发展为以地缘为纽带的人际关系网，随着人口的增多，社会矛盾突显出来，民族内部纷争不断，需要一个机构来处理民族内部矛盾，维护族群的和谐。京族人参照越南越族社会的长老制，建立了"翁村"，并结合实际需要，不断地健全完善，形成了我国京族所特有的社会组织。"翁村"负责保护本村的山林，负责组织族人抵御外敌入侵，处理族人内部矛盾，协调修路、救济穷人等公共事务。每个家族都派出威望较高的长者参加"翁村"组织的各种活动，共同协商解决村中事务。"翁村"对团结京族人民，调节民族内部矛盾发挥了较好的作用。

京族传统社会中，除"翁村"之外，还存在一个"翁古"集团。"翁村"处理村中重大事项，必须经"翁古"讨论决定，族内重大人事任免，亦须经"翁古"议决。众"翁古"组成"嘎古"（京语各位老大之意），成为京族村内决策集团。"老大"分"上等老大"和"下等老大"，"上等老大"由村中离任的"翁村""正宽"和"翁记"，年龄80岁以上且有"官员"身份的本族长者，本族在官府中有一定职务的现任或离任者以及现任、离任"翁祝"和"翁谟"组成。村中重大事务的决定权，由"翁古"集团掌握，"翁村"只是"翁古"集团的执行机构。"翁村"的职能，更多地体现在处理村内生产、生活日常事务，维护村内治安，主持哈节等。

"翁村""翁宽""翁记"以及"翁古"的组成人员中，只有"翁谟"有少许报酬，其余皆是没有任何报酬的义务职位。"翁巫"的报酬通过向村内各户摊派少量的钱（粮）筹集。①

民国时期，国民政府在京族地区推行保甲制度，许多"翁村"被委任乡长、保长、甲长之职，除负责原有的事务外，还要负责国民政府的各类行政事务，如征收赋税、征兵抽丁等，都由担任乡保甲长的"翁村"组织去组织收缴。担任乡保甲长的一些"翁村"趁机敲诈勒索，弄得不少京族人家破人亡，有些"翁村"还公开霸占村内公共财产。"翁村"不再是解决本民族内部事务的自治组织，变成了执行国民政府征政指令的工具。②

新中国成立后，废除甲保制度，建立新的基层行政组织，生产队、村委会以及村党支部等相继成立，取代了"翁村"组织的部分传统职能，"翁村"在京族社会生活中的影响力不断削弱，特别是"文化大革命"时期，哈节被禁止，

---

① 吕俊彪：《京族人的族群认同与国家认同》，北京：社会科学文献出版社，2014年，第11页。
② 佟义东：《少数民族传统社会组织的现代转型》，《广西民族研究》，2017年第4期。

哈亭被拆除，载体不在，"翁村"也就自然消失了。改革开放后，少数民族传统文化得到尊重和挖掘，京族人民恢复了哈节，重建了哈亭，也重新建立了翁村组织（命名为民间事务委员会）。1985 年，京族人成立了民间事务委员会，恢复了翁村制度。

（二）翁村组织的职能

翁村组织由翁村、翁宽、翁记、翁祝、翁巫组成，其中，翁村一职由族内长老推选，任期 3 年，可连选连任，但一般只能连任两次。翁古分上等翁古和下等翁古。上等翁古由有"官员"身份的本族长者，本族在官府中一定职务的现任或离任者，现任和离任翁祝和翁巫组成。下等翁古由年满 80 岁无"官员"身份的男性村民组成。翁村人选主要由上等翁古讨论决定，下等翁古没有发言权。对下等翁古而言，翁古只是一种荣誉称号[①]，翁村的职责是监督执行村约，调解村民纠纷，召集会议，对外交际，主持每年哈节的祭祀仪式，筹办村中各种公益事务等。翁村要为人正直公道，关心村社、有办事能力，受人尊敬。翁宽由翁古提议，由村民投票选举产生。翁宽负责巡山护林，若有偷伐毁林者，由翁宽按村规民约有关条文进行处罚。每任翁宽有 8 人，为首者叫"宽头"，宽头若干得出色，可成为翁要的候选人。翁记又称文记，负责掌管乡饮簿和公有财产的经济收支账目，由村民直接推举产生。翁祝是哈节庆典时期各种仪式的主持人，负责祭文的写作、诵读。翁祝需有文化，懂汉字和喃字，要无孝在身。翁巫负责管理哈亭的香火和清洁卫生。人选要求是人丁兴旺、子媳齐全，先由翁古提出候选人，在哈亭神灵面前占卜抛珓杯，连续三次获胜珓者为众神所满意而当选。翁村任职期间，可在村内抽出一些公田或渔箔作为报酬。无论翁村、翁宽、翁记、翁祝还是翁巫，如果有办事不公、不负责任或贪污违约等行为，就要被撤换。

从 1985 年建立的《漓尾哈亭亭规》对翁村的职位、职责做了明确的规定，哈亭民间事务委员会的职位包括亭长（翁村）、内务副亭长、外务副亭长、名誉亭长、财务人员、香公、翁祝、司文官员、陪祭员、哈妹等组成[①]。与传统的翁村组织相比，新建的翁村将哈节活动中的各类人员都纳入，结构更加科学合理，更有利于哈节活动的组织。亭长负责主持哈亭事务全面工作，特别是组织好一年一度的哈节。现代哈节的举办，比传统哈节增加了许多事务，因此根据需要增设了两名副亭长，一名负责内务，一名负责外务，还增

---

① 吕俊彪：《京族人的族群认同与国家认同》，北京：社会科学文献出版社，2014 年，第 11 页。

设了名誉亭长和哈妹。名誉亭长一般由哈节文化传承人担任，目的在于提高民族文化传承人的地位，有利于促进族人对民族文化的重视。哈妹纳入翁村，也显出哈妹的地位提高，以及哈妹在哈节中的重要作用。虽然翁村仍由翁古推举产生，但翁古的构成已发生了较大的变化，正、副村支书、本族有名望，有贡献者和本族各生产队队长（村民小组组长）组成翁古。在翁村选举人方面，减少了对"翁村"参选人资格的限制，各生产队推荐了不少年轻有为的代表参加翁村的选举，使更多优秀的年轻人进入翁村，同时参加翁村选举的人数增多，使翁村具有更广泛的群众基础，更能反映民意。

二、京族传统社会组织在管理中的现实作用

京族传统组织在其管理村级公共事务上有着不可忽视也不能小觑的能力，而且其在处理某些社会事务上的有效性是村委会所无法比拟的。那么京族传统社会组织在村级事务管理中起到了什么作用，为什么能够在某些事务方面替代村委会而起重大作用，该社会组织的优势如何呢？

（一）资源整合作用

公共领域是指作为公众的私人聚集在一起，就公共事务进行讨论最后形成共同意见的领地。这种空间是一种不受技术、法制、行政以及市场等因素侵扰的自由空间。一方面，翁村组织能起到创造公共空间的作用。在翁村制度下，所在村民对于村内事务都有权参与。包括纠纷的解决、公共事务的开展、重大事项的决策，都通过这样一些形式的共同集会，为村民参与讨论村里相关事务提供了一个平台。这里的平台包括有形的和无形的，有形的平台为体现京族文化精髓的哈亭，为村民共同商议提供了一个场所；无形的平台即是保障民众参与的这样一种制度。村民只要是有自己的想法而且符合习俗规范的，都可以表达出来，对于需要集体商讨的事情，大家都能在民主平等的条件下共同表决，最后形成统一的意见，从制度上保证了这种充分自由的公共空间的存在。另一方面，翁村组织作为一种民间社会组织形式，与具有国家政治权力色彩的村委会之间形成一种良性互动，也从另一个角度实现了社会的结构整合。村委会作为国家法定村级管理组织，在政治、经济与合法性资源方面有着极大的优势，成为在现代社会事务中的主体，翁村组织的大部分事务都转向依赖村委会来处理。但如前所述，某些特定方面的社会矛盾和纠纷是村委会无法单独有效解决的，翁村组织在这里就起到很好的职能补充作

用，来协助村委会处理一些问题。同时，翁村组织还有对村委会进行监督的功能。由于翁村代表的是京族人民的共同利益，如果在社会管理过程中，村委会有某些不合理、不合法的行为，如以权谋私、损公肥私等有损公众利益的，那么翁村组织代表村民形成统一意见向村委会提出抗议或者寻求其他途径保障公众的根本利益。

（二）动员社会作用

在新的社会历史条件下，目前农村中国家运用正式权力对农民的动员能力下降了，很多农民对国家权力产生怀疑心理和抵触情绪，致使基层干部不得不寻求正式权力之外的社会资源以谋求问题的解决。社会组织在新的时代下就弥补了正式制度动员能力不足的问题，其在社会动员中的作用主要体现在参与动员方面。参与动员是指人们参与、加入现代社会政治、经济、文化生活过程中所受的影响，主要指人们对社会公共事务、各种社会生活及群体活动的关涉，对个人发展的需求及利益的关切。在动员村民参与公共事务方面，对于需要进行民主讨论商议的内外大小事务，由亭长主持召开会议并集体进行公开商讨，最后作出决策。对于本村建设的诸多事宜包括哈亭建设、保护、哈节的举办等公共事务，亭长进行号召和动员，有钱出钱，有力出力，大家共同处理这样一些事务。另外，京族哈节是京族人民每年的重要传统节日。在哈节的组织方面，亭长起到很重要的作用，通过积极组织和动员，将村民动员、号召起来，积极参与活动。哈亭这种社会组织在活动的动员和组织事务方面起着核心作用。这种非正式组织的动员有诸多优势，能保证每个民众都有权参与到与自己生活相关的社会日常事务中，都有发表自己意见、影响共同决策的机会。

（三）社会约束作用

社会控制是社会组织利用社会规范或者风俗、道德、信仰以及信念的力量来将组织内成员的行为施行约束，以防止发生行为偏离或越轨的过程，限制人们发生不利于社会的行为。目前，我国农村社会的社会控制力量极其有限，国家机器没有办法植入到最基层的村级单位，村委会的社会控制力量也极为有限，所以作为体制外的一些社会管理组织就起到了弥补不足的作用。《村规民约》作为集体意志的体现，是全体成员行为规范的制度性文件和规则，其内容涉及民族风俗、公共道德、公共秩序等方面的规定，组织内部成员都必须遵循这一规定，如果有人违反了，就有社会组织据此来执行，进行解决或者处罚。有了这样一个制度性文件，如果发生一些纠纷，比如，山界、地界、田界、林界等所有权方面的纠纷，家庭财产权继承纠纷、婚姻家庭不和产生的纠纷以及各生产队之间产生的纠纷，村委会在没有能力解决的情况下，就只能由社会组织出面，依据其威信和地位并依据其条约来进行调解，消除矛盾。如果发生了《村规民约》里面没有提到的事项或矛盾，亭长可以依据以往的经验或者公平、公正原则进行协调处理。这样不仅能较好地满足当事人的利益诉求，而且能较为公正、公平、民主地处理矛盾争端，给各方利益受损者较为合理也都能接受的利益补偿，清除当事人顾虑，对村的和谐安定团结有极大贡献。另外，社会组织的人选都熟悉本地的历史和风俗，具有高尚的人格魅力，在当地都是口碑好的人，在当地的村民的教化中起到很重要的作用，比如教育村民遵守社会公德、不偷盗、尊重长辈、尊重自然等，通过道德教育的方式从思想上提高村民的思想素质，使民众以内心首先规范作为自身行为准则，通过道德这种软规则来约束人的行为。作为一种内在控制来弥补以正式规则为基础的外在控制的不足。

（四）构建沟通与交流的作用

人与人之间是通过沟通、交流和互动而相互联系在一起的。在京族聚居地区，翁村组织通过开展各种活动动员，使民众参与到社会事务中，构建起了社会交流和沟通网，从而增强了公民之间的信任感，积累了丰富的社会资本，能使民众之间紧密联系起来，凝聚民众的意志和情感。民众在社会日常事务中相互接触，增进了村民之间的了解。沟通是凝聚力产生的前提条件，感情不断加强以至于产生强烈的群体归属感，以至于形成了发达的社会沟通网络和互惠规则。在这样一种社会环境中，村民之间产生了强烈的彼此社会信任，这样一种社会信任反过来更加强化了民众之间的情感联系。正如学者黄宗智所说"乡土之间社会的信用并不是对契约的重视，而是发生了以一种行为的规矩熟悉到不假思索的可靠性"。在这里，参与者清楚地熟悉违约的风险、声誉的风险，互惠规范保证了民众之间的信任与合作，对破坏正常社会关系的行为具有一定的遏制作用。如果村民的行为有损自身诚信和名声，在这个关系网格，其自身社会资源就会随之降低，成员对他的信任降低，从而也降低了民众之间进行沟通、交流与合作机会。所以生活在这样的环境中的村民通过这种古典的社会管理组织，自然地将情感紧密结合起来，增强了当地民众甚至各村之间的交流和团结，强化了凝聚力[1]。

三、京族传统社会组织在管理中存在的问题

翁村从1985年重新恢复至今已有30多年历史，但受各方面因素的影响，发展相对还是比较缓慢的，在活动经费、自我发展能力等方面仍存在诸多问题，总体上仍处于发展的初级阶段，还没能完全适应现代发展的要求，距离现代民间社会组织还有一定的差距。

（一）活动经费不足

作为专门管理哈亭的民间社会组织，活动经费严重不足。由于是民间组织，哈亭没有固定经费来源，活动经费只能靠捐赠。在哈节期间，应邀参加哈节的企事业单位会捐赠一些资金，外出务工的京族人回来参加哈节时也会有所捐赠。这些捐赠对举办盛大的哈节来说，也只是杯水车薪。活动经费的不足，已影响到组织活动的正常开展及其宗旨的完成。经费不足，还导致哈亭没有专职工作人员，只能靠一些离退休人员志愿服务来维持组织的日常活动，运转效率不高。每年举办哈节，委员们要把大量的时间、精力用于筹措活动经费，严重影响了组织开展社会服务的质量和社会声誉。

（二）发展潜力不足

民间事务委员会管理人员年龄偏大且都是兼职，只有到了快要举办哈节时才真正投入到委员会工作中。受现代文化发展的冲击，京族传统文化对年轻人来说没有吸引力。年轻人对京族民间事务的参与热情不高，或者说是无意参与。由于没有激励机制，组织发展潜力严重不足，在组织建设、管理模式、能力建设等方面的能力欠缺，无法满足现代社会组织的需求。

四、如何发挥京族传统社会组织在管理中的优势

在我国现有的政治体制下，发挥既存的传统社会组织在社会管理中的作用是可行且有效的。民间社会组织治理传统可以发挥其优势来弥补国家行政管理的不及或缺失，促进社会更好地向前发展，所以要取其精华、去其糟粕，充分利用它的优势，并积极规避这些组织存在的与社会现实相冲突的地方，从而处理好该地区农村社会管理的问题，为建设社会主义和谐新农村发挥作用。

---

[1] 彭庆军：《论民族地区传统社会组织的创造性转化》，《华中科技大学学报（社会科学版）》，2013年第5期。

（一）尊重并从制度上引导其发展

传统社会组织的作用是不容忽视的。这些组织在民族农村地区或者说社会治理中是不可或缺的。村委会、基层政府组织首先要充分认识到这种传统社会组织在处理部分事务上有效性，尊重民族地区传统社会组织的作用，在这个基础上再逐步寻求村委会或者国家权力与其相通之处。比如，他们目的是相同的，都是为了维护本民族团结，促进发展，充分利用其社会管理资源，妥善处理与其的关系，共同协作并在具体社会管理中形成良性的互动，构建制度的与非制度的社会组织相结合的二无社会管理模式，发挥各自的优势，相互补充，解决社会管理难题。在社会组织层面，社会组织能不能健康发展，政府要创造条件，提供更多的政策支持，而社会组织要找准新时代的新定位，更好地发挥自身作用，配合政府共促发展。政府可以采取一些其他措施来因势利导，引导传统社会组织运用正确的符合法律规范的手段措施管理社会，并将目标扩展到建设小康社会和新农村建设，实现社会主义和谐发展，最大限度地发挥社会组织的积极功能。任何民族的传统社会组织，其一大功能就是维持该民族的社会稳定，促使社会向有序化方向发展，京族也不例外，由于翁村制度在京族社会有悠久的历史，已完全融入到京族人民的日常生活当中，对京族人民具有完全适用性和合理性，因此很容易得到京族人民的认同。在建设社会主义新农村，实行村民自治的过程中，可以充分利用传统社会组织的积极因素，维护京族地区的社会秩序，促进京族地区健康有序地发展。京族独具特色的社会组织虽然在现代化进程中已受到了很大的冲击，但是它作为一种潜意识的传统力量，仍然在现实生活中发挥着很大的作用。只要将传统的社会组织与现代化进程中的新形式、新情况、新问题结合起来，就能够发挥京族社会组织有效的影响和作用。

（二）强化基层组织与传统组织的良性互动发展

虽然村委会不是政府组织，但是其作为乡村治理的现代权威，在某种程序上具有了基层政府组织的属性，可以将其归为合理合法型的权威组织。作为一种正式制度形态，为了适应经济发展的需要，村委会获得了更多的平台，在管理村级事务中趋于主导型地位。然而村委会的功能不是万能的，对于很多村级事务，如财产所有权、婚姻家庭、侵权、渔业捕捞纠纷的解决，村委会无法有效彻底解决这类事务，村民也不一定服从其调解，村组干部出面调解，甚至是政府运用行政手段有时也比不上该村传统社会组织领头人的三言两语，

所以必须通过其他路径的选择来对这些村级事务进行处理。因此，各地基层政府利用村委会来进行农村社会管理的同时，针对少数民族农村当地的具体情况，要尊重各民族自身所有的传统社会组织，充分认识到这些传统组织在该地区、该宗族所具有的威信以及重要性，因势利导，吸收其中合理合法内核，用来为少数民族地区社会管理服务，促进民族地区农村社会稳定，为其发展创造一个良性的社会和制度环境。[1]同时，传统社会组织也要自觉定位为新时代的建设性力量并展现新作为。社会组织只有自觉定位为新时代的建设者、参与者、贡献者、推动者，才能更好地融入社会发展大潮，得到国家和社会更多资源支持，更好地发挥自身作用，并通过展现新作为来证明，社会组织在中国特色社会主义建设事业中是一支不可或缺的重要力量，发挥着至关重要的作用。

（三）提高"社会化、法治化"水平以适应社会发展

在现代化浪潮中，京族传统社会组织翁村不但没有消亡，反而从一个具有深厚原始民主色彩的长老制组织，逐步发展为具有特定功能的现代社会组织。虽然翁村的构成、运行机制、功能与传统相比都发生了较大的变化，社会管理功能消失了，解纷止争功能弱化了，社会影响力下降了，但京族人对翁村重新进行了角色定位，重构其组织结构、运行机制和功能，重新恢复其社会影响力，在京族文化的传承与发展中发挥着重要的作用。提高社会化，从政府的角度来说，要给社会组织提供更广阔的舞台。[2]对社会组织来说，必须规范自律、依法自治，把自身发展和所有活动全部纳入到法律轨道之内，把遵守法律作为自己的底线要求。所以，需要从政府的角度和社会组织的角度两个方面共同努力，我国社会组织才能够取得更好的发展。

五、结　语

党的十九大提出"要打造共建、共治、共享的社会治理格局。加强社会治理制度建设，完善党委领导、政府负责、社会协同、公众参与、法治保障的社会治理体制。加强社区治理体系建设，推动社会治理重心向基层下移，发挥社会组织作用，实现政府治理和社会调节、居民自治良性互动"。这为社会组织发展带来了新机遇，也对社会组织如何参与社会治理提出了新使命和新要求。京族传统翁村制是村民实现民主选举、民主决策、民主管理、民

---

[1] 彭庆军：《论民族地区传统社会组织的创造性转化》，《华中科技大学学报（社会科学版）》，2013年第5期。
[2] 吕俊彪：《京族人的族群认同与国家认同》，北京：社会科学文献出版社，2014年，第11页。

主监督，实行自我管理、自我教育、自我服务，具有较深厚基层民主特征的乡村基层村民自治制度，深深地植根于京族民众的传统文化和乡村土壤之中。由于国家权力向乡村民众的渗透下移，目前"翁村"组织的组织结构、运行机制、职能范围等都发生了很大的变化和迁移，但仍在京族民众生活中发挥着不可替代的重要作用。

（作者是防城港市社会科学界联合会学会部主任）

新时代如何发挥京族传统社会组织作用研究

新时代京族人才培养的思考与探索

黎成珍

一、培养好少数民族干部是做好民族工作的关键

大力培养和选拔少数民族干部是党和国家的一项重要的民族政策。我们党历来十分重视少数民族干部的培养和选拔工作。新中国成立之初，毛泽东同志在《对西北少数民族工作的指示》中就指出："要彻底解决民族问题，完全孤立民族反动派，没有大批从少数民族出身的共产主义干部，是不可能的。"①1981 年 8 月 16 日，邓小平同志在视察新疆时强调指出："干部问题具有极端重要性，少数民族地区工作能不能搞好，关键是干部问题。"② 胡锦涛同志在 1993 年 6 月 8 日出席全国培养选拔少数民族干部工作座谈会时指出："培养选拔少数民族干部是一件关系全局、具有战略意义的事。"③ 习近平总书记说："'我们比历史上任何时期都更接近实现中华民族伟大复兴的宏伟目标，我们也比历史上任何时期都更加渴求人才'——爱才求贤若渴；人才问题始终是一个基础性、全局性和决定性的问题。"④ 可见，我们党的历代领导集体始终把培养和选拔少数民族干部当作一件关系全局、具有战略意义的大事来抓。做好京族干部培养选拔工作，其重要性表现在：

（一）**培养京族干部有利于贯彻党的民族政策，做好民族工作，正确解决民族问题**。京族干部是中国共产党联系京族群众的桥梁和纽带。他们与本民族有着广泛而密切的联系，了解本民族的历史和现状，熟悉本民族的语言文字、

---

① 《毛泽东同志在新中国成立初期对西北少数民族工作的指示》，《中国民族》，1981 年第 8 期。
② 《历史上的今天》，人民网（cpc.people.com.cn/GB/64162），2011 年 8 月 11 日。
③ 胡锦涛：《高度重视，切实做好少数民族干部的培养选拔工作（1993 年 6 月 8 日）》，《十四大以来重要文献选编（上）》，北京：中央文献出版社，2011 年。
④ 习近平：《使留学人员回国有用武之地 留在国外有报国之门——在欧美同学会成立 100 周年庆祝大会上的讲话》，新华网（news.xinhuanet.com），2013 年 10 月 21 日。

生产生活和风俗习惯、思想感情，了解本民族人民的要求，在本民族群众中有一定的影响力和感召力，也被京族群众当作自己利益的代表，能发挥其他民族的干部不可替代的特殊作用，是我们党做好民族工作的主要力量。

（二）培养京族干部有利于加快少数民族和民族地区的经济社会发展，有力地推进扩大开放的实施。中国特色的社会主义事业的成功，离不开少数民族和民族地区的经济社会的迅速发展。"一带一路"倡议的实施，为防城港市、东兴边境地区，也为京族地区加快发展提供了极好的发展机遇，对于促进民族团结进步事业，实现全国各民族的共同繁荣，保持国家的长治久安，都具有重大的经济意义和政治意义。

京族人民群众勤劳、勇敢、智慧，有强烈要求加快发展的愿望。京族地区具有独特环境优势，拥有丰富的旅游资源，海洋资源，进一步开发利用，发展前景十分广阔。要想充分利用好这些条件，充分挖掘潜力，实现民族地区跨越式发展的目标，除了国家的大力帮助和兄弟民族的支援外，关键要依靠大批有强烈事业心的京族干部带领他们进一步发扬自力更生、艰苦奋斗的精神，充分发挥京族人民的积极性、创造性。因此，从这个意义上说，努力培养一支适应新形势、新任务要求的京族干部队伍，是民族地区加快发展的关键所在。

（三）培养京族干部有利于为社会主义现代化建设和民族地区的发展创造一个团结和睦、政治稳定的社会环境。长期以来，境内外敌对势力一直把民族地区作为进行渗透、颠覆和破坏活动的重点地区，采取种种手段，破坏民族团结和社会稳定，危害国家统一。边境少数民族地区面临的颠覆和反颠覆、渗透和反渗透、分裂和反分裂的斗争将是长期的、复杂的。在这种严峻的形势下，民族地区能否经受住各种困难和风险的考验，保持社会稳定，顺利进行社会主义现代化建设，关键在于民族地区各级领导班子是否坚强有力，在于各级领导干部是否具有较高的素质和领导能力。面对这一情况，我们必须进一步采取措施，加大力度，培养一大批德才兼备的京族干部队伍，并依靠他们团结带领各族人民群众，坚决维护民族团结、社会稳定和国家统一，为我的社会主义现代化建设及民族地区的发展提供一个安定团结的社会环境。

二、京族人才队伍质量不断提高

京族是中华民族大家庭中的一员。据 2010 年全国第六次人口普查，全国京族人口仅为 28199。他们中聚居在东兴市江平镇的就有 18660 多人，分布在澫尾、巫头、山心三个海岛 20.8 平方千米的土地上，与越南一水之隔，其他

分散在江龙的红坎、恒望、寨头、米漏、瓦村和竹山的三德村等地。京族是我国唯一以海为生的少数民族。他们以海为伴，以岛为家，文化独特，传奇感人。京族的祖先是在封建社会从越南涂山迁来的。新中国成立初期，京族曾被称为"越族"。1958 年 5 月，根据其历史、语言、文化特点、生活习俗和本民族的意愿，经国务院批准，正式定名为"京族"。

新中国成立后，党和国家历来把培养京族干部看作"彻底解决民族问题"的根本政策。主要表现在：

（一）抓教育、强基础，从源头上培养。为充分发挥京族群众在经济社会发展中民族团结和睦、社会稳定的作用，防城港市各级党委政府十分重视民族教育：一是逐年加大资金投入，改善办学条件，促进京族地区教育事业持续发展。京族是全国少民族中人数较少的一个民族。为保证京族子弟入学就读，先后开办民族小学 7 所、中等职业技术学校 1 所。近年来，各级政府和民宗委等部门进一步加大对京族学校的投入力度，添置各种先进的教学设备，完善基础设施，营造良好的学习环境，不断夯实京族人才培养的基础，为社会培养及输送一批又一批品学兼优的社会人才。二是各级政府及部门关心教师工作生活条件，逐步提高教师的生活待遇，落实并完善边境地区乡村教师生活补助政策。特别是使农村教师"居有其屋"，为农村教师安心从教创造了良好的工作和生活条件，也使得优秀的大学毕业生不仅"下得去"，而且"留得住"，稳定和充实了农村教师队伍。三是认真落实义务教育经费保障机制和"两免一补"政策。按照《广西壮族自治区中小学民族班管理办法》对半寄宿制学校京族学生每月生均发放约 150 元生活补助。四是东兴市委、市政府认真落实教师继续培训制度。每年利用寒暑假时间分期分批对教师进行再教育、再培训；组织名师上示范课、公开课；组织到外地学习，到高校培训，使教师队伍整体素质得到显著提高。

（二）落实人才培养制度，规范人才培养工作。把京族人才的培养选拔任用工作作为建设高素质干部队伍的重要组织部分，进一步明确注重来源"培"，广开渠道"育"，拓宽领域"选"，因人适才"用"的新思路，切实在敢于突破、不断改进用人方法上下功夫。先后落实《关于大力培养少数民族高层次骨干人才的实施方案》（教民〔2005〕11 号）等一批有利于加强京族人才教育和保障民族干部参与决策、管理的工作制度，为优秀京族人才的脱颖而出和健康成长创造了良好的环境。

（三）抓素质培训，为京族人才成长奠定坚实的基础。为此，每年我市把对京族人才的教育培训放在突出位置，以夯实理论基础、坚定理想信念、强化党性锻炼、提高技能水平为重点，通过短期培训等多种形式加强经常性教育。建立健全了计划调训与需求培训相结合的培训机制。比如，我市每年都按一定的比例选派京族干部参加全市的少数民族干部培训班，请专家、教授作专题辅导，重点提高京族干部的政治理论水平、战略思维和开拓创新能力。市委干教在举办各类培训时都有针对性地安排一定数量的"三种"干部参加培训。同时，每年都选派京族科级领导干部参加市级少数民族干部培训班、中青班进行培训。

（四）抓实践锻炼，打造京族人才提升能力的平台。一是采取"留位子、扩位子"的方式，拓宽培养锻炼渠道，"在同等条件下，优先考虑优秀年轻干部、妇女干部、少数民族干部和非中共党员干部"的使用，有目的地进行压担子锻炼，增长才干。二是通过一定组织程序选拔优秀京族人才进行跟踪培养，适时选京族干部到上级机关和发达地区挂职锻炼或安排到关键岗位和艰苦复杂环境中锻炼等，进一步扩大了京族干部培养锻炼的途径。比如，加强对全国人大代表各项能力的培养；先后组织京族基层党组织干部到发达地区学习考察先进经营和管理模式；组织经济能人、领头技术能人到浙江、福建等地学习先进的海水养殖技术等技能。

几十年来，党和国家培养造就了一批又一批、一代又一代坚决执行党的路线、方针、政策，和整个中华民族同呼吸、共命运、心连心的京族干部。他们在各条战线上发挥着重要的作用。

三、京族人才培养存在的问题

（一）**京族人才队伍数量不足**。自党和国家有关培养和选拔少数民族人才政策实施以来，京族人才队伍从缺少到不断发展、补充，到具有一定规模，但各种专业人才数量仍然偏少、人才队伍发展不平衡，尤其是"一带一路"倡议的实施，需要更多与东盟发展相适应的人才。人才队伍不足仍然是一个严重的亟待解决的问题。

（二）**"两基"教育巩固难度提高**。京族世居地东兴、澫尾、巫头、山心等沿海沿边。随着东兴开发开放试验区、边境旅游试验区等各种优惠政策的出台，京族人民乘着改革的东风，利用天时、地利、人和的各种优势，旅游、边贸、捕捞业和养殖、渔业等发展蓬勃发展，许多孩子小学毕业或初中没读完，就辍学参与做边贸（走私）活动。家长看孩子小小年纪就会挣钱，心里面很高兴，朝"钱"看，轻视教育，增强"两基"教育巩固难度。

（三）**京族人才质量有待提高**。京族干部通过各途径普遍提高了文化水平。但由于各种原因，他们的思想素质、科学文化素质、决策管理素质仍然偏低。因此，需要通过各种途径，采取有效措施，大力提高京族干部队伍素质，增强他们的领导能力与驾驭社会主义市场经济和改革开放的能力。

（四）**实用型、技能型人才不足**。东兴市中等职业技术学校是京族地区唯一的一所职业教育学校，一直都得到党和政府的关注，为国家也为京族地区培养了不少实用型的技术型人才。但由于职业教育的办学条件差、师资力量薄弱、教学设备及基础设施跟不上，民族地区的学生大多流向发达地区，导致了职业教育的服务型范围与区域的适应出现问题，忽视了民族地区原生性、实践性知识，比如沿海地区应注意水产养殖业、加工业、边贸以及旅游的人才培养。职业教育没有与民族原生性、实践性紧密结合起来，对当地经济发展未能发挥指导、引领作用，发展却不尽人意，成为人才培养工作的短板。

四、京族地区人才培养对策及建议

当前，对京族社会工作人才的培养面临许多新情况、新问题。政府、社会组织等各方面力量，需要从政治、经济、文化、社会发展的趋势，以新的工作目标和思路，采取有力措施，为培养京族社会工作人才探索有效路径。

（一）**从京族实际情况和本地的特点出发，切实制定好适合本地区实际情况的干部、人才培养规划**。京族世居地的人才培养要与民族经济发展相结合。随着科学技术的日新月异和社会的不断发展，不仅应看到教育的发展要受经济条件的制约，还应看到经济的发展更要受教育发展的制约。京族世居地教育与经济能否走上良性循环的道路已不完全取决于经济发展水平，而是更多地取决于教育与经济发展的结合程度。所以，京族世居地在培养少数民族干部和建设人才的过程中，深入研究新形势下培养民族干部工作中出现的新情况、新问题，提出跨世纪民族干部工作的规划和措施，从实际情况和发展需要出发，制定出行之有效的人才培养规划。

（二）**要采取有力措施，加快提高少数民族干部队伍的思想政治素质和工作能力，改善干部队伍的结构，努力培养更多的适应民族地区建设需要的科技人才和经济管理人才**。历史的原因和经济发展的制约，客观上造成少数民族干部的成长提高遇到一些困难和阻碍，这就需要从组织上高度重视，下大力气，采取措施，为民族干部的成长提高创造、提供一些特殊的条件和机会。干部交流、挂职锻炼、专业培训、参观考察、到大专院校进修、上党校学习等，是提高民族干部素质行之有效的办法，要继续坚持并加以完善。少数民族干部要加强学习，严格要求，努力提高自己，为民族地区的发展进步做出新的贡献。

（三）夯实京族人才培养基础，加大教育投资、提高教育质量。一是思想上重视教育。京族地区人才的缺乏，归根结底是教育问题，教育事业落后，必然人才缺乏，必然影响经济的发展。打破这种恶性循环的关键环节，发展基础教育是长远的最佳选择。京族地区要抓好基础教育，除了依靠国家的支持外，地方政府还必须要重视基础教育的作用，切实把发展基础教育作为一项重要任务来抓，根据实际情况制订出适合本地区教育发展的计划并付诸实施。二是加大教育投资。京族地区人才拥有量少，加上不正常的外流，就会造成大量的人才流失，所以，一定要在稳住现有人才的基础上进一步加大人才资源开发的投入。当前，人才资源开发投入上要认真做好：要树立长远的战略眼光，积极筹建人才培养专项资金；加大引智的投入。要想方设法引导和鼓励企、事业单位积极参与人才开发的投资，比如创办民办学校、企业职业院校等，从而在全社会形成一个良好的人才开发投资机制。三是提高教育质量。教育质量的提高，需要各级政府在增加教育投入改变硬件结构的基础上，大力提高教育"软件"的质量，留住并且吸引高素质的教育人才来京族世居地执教；要大力发展素质教育，注重学生的全面发展。

（四）认真落实培养少数民族高级人才政策，不断培养高级人才。新中国成立以来民族院校培养的大批京族干部和建设人才在京族地区的发展中起到了非常重要的作用。这些人已经成为京族地区各行各业发展必不可少的骨干力量。所以，在今后的京族地区的发展过程中，依然要依靠民族院校培养的大批人才。一是要有计划地根据京族地区的实际需要来培养人才；二是要着重强调思想政治素质教育，培养政治立场坚定、思想素质较高的人才；三是要根据当前的国际国内和防城港的形势，大力培养掌握新技术、拥有新观念和创新意识的人才。

（五）巩固"两基"已有成果，妥善处理好后"两基"出现的新问题。防城港市率先通过了国家对"两基"教育任务的验收。但在取得较好成果的同时，"两基"工作也面临着不少的新问题。要解决这些问题：一是需要各级政府加大对后"两基"各项工作经费投入；二是加强对不重视孩子学业的家长的教育；三是把"两基"教育纳入政府官员的政绩考核范畴，确保"两基"教育工作得到强有力的领导。

（六）努力拓宽培养初、中级专业技术人才渠道的方式、方法。京族地区的经济一般以捕捞、海水养殖、边贸、旅游等为主。各级政府要根据实际，着重开发比较优势资源。在人才使用及培养上应以海水养殖、边贸、旅游等初、中级为主，高级人才为辅。所以，要根据实际需要，采取有效措施，大力开发初、中级人才。进一步地加大政策力度，多渠道地培养更多更优秀的建设人才，是摆在我们眼前的一项重大任务。近年来，东兴市也抓好独弦琴、字喃等在民间传承方式以及在学校传承试验成功的可能，从一个侧面也说明京族人才教育不仅有特色、有潜力、有待开发，也很有可能探索出超越常规的独特路径。这些独特的教育或培养方式不仅在京族人才培养上长期被证明有效，还很可能向全国推广。

（七）创新思维，统筹做好培养实用型、技术型人才培养，不断补齐人才培训工作的短板。在中国的社会发展中，我们既需要学术型、研究型的人才，更需要大量实用型、技术型的基础人才。特别是许多具有传统、民族和地区优势的产业，需要通过多种形式的教育、培训和非正规学习加快人才的培养。所以，应根据不同行业的特点，制定具体的人才质量标准，使各类人才的培养和质量提升有据可查、有法可依，而不是通过笼统、粗放和脱离实际的"正规"或"理想"的所谓标准来制约各类人才和各种产业的发展。在推进民族教育、培育民族人才的探索实践中，这类经验和教训特别应该认真地吸取。因此，京族地区应自主探索一些传统的学习方法、教育方法等，会产生很好的教育和培训效果，不断补齐人才培养工作的短板。如在艺术教育、工艺传承、京族医药等的开发方面，京族的非物质文化遗产传承、歌舞、师徒相传、家庭教育等都发挥了重要作用，体现出明显的效率，对规模化的学校教育形成了有益补充，也使民族人才在数量增加的基础上，又有了多方面品类的增加和更加专深的拓展。

（作者是防城港市社会科学界联合会办公室主任）

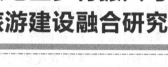

新时代京族地区乡村振兴与
现代文化旅游建设融合研究

苏世成

一、乡村振兴的基本概述

2018 年中央一号文件《中共中央国务院关于实施乡村振兴战略的意见》（以下称《意见》）中指出，实施乡村振兴战略，是党的十九大做出的重大决策部署，是决胜全面建成小康社会、全面建设社会主义现代化国家的重大历史任务，是新时代"三农"工作的总抓手。[①]《意见》公布一系列政策，部署我国的乡村振兴战略。本人认为对乡村振兴的理解要重点把握好以下四个方面：

一是把握实施乡村振兴战略的重要意义：是解决人民日益增长的美好生活需要和不平衡、不充分的发展之间矛盾的必然要求，是实现"两个一百年"奋斗目标的必然要求，是实现全体人民共同富裕的必然要求。

二是把握实施乡村振兴战略的总体要求：坚持农业农村优先发展，按照产业兴旺、生态宜居、乡风文明、治理有效、生活富裕的总要求，建立健全城乡融合发展体制机制和政策体系，统筹推进农村经济建设、政治建设、文化建设、社会建设、生态文明建设和党的建设，加快推进乡村治理体系和治理能力现代化，加快推进农业农村现代化，走中国特色社会主义乡村振兴道路，让农业成为有奔头的产业，让农民成为有吸引力的职业，让农村成为安居乐业的美丽家园。

三是把握实施乡村振兴战略"三步走"的时间表：

——到 2020 年，乡村振兴取得重要进展，制度框架和政策体系基本形成；

199

---

① 《中共中央 国务院关于实施乡村振兴战略的意见》，新华网（www.xinhuanet.com/），2018 年 2 月 4 日。

——到 2035 年，乡村振兴取得决定性进展，农业农村现代化基本实现；

——到 2050 年，乡村全面振兴，农业强、农村美、农民富全面实现。

四是把握好实现乡村振兴路径：中国特色社会主义乡村振兴道路怎么走？中央和地方的表述有所差别，东兴市委结合本地的实际，在《中共东兴市委员会关于实施乡村振兴战略的决定》中提出了六个"坚持"①：

坚持党管农村工作。毫不动摇地坚持和加强党对农村工作的领导，确保党在农村工作中始终总揽全局、协调各方，为乡村振兴提供坚强有力的保障。

坚持农民主体地位。把维护农民群众的根本利益、促进农民共同富裕作为出发点和落脚点，调动农民的主体性和创造性，使其成为乡村振兴的建设者和受益者。

坚持城乡融合发展。切实把农业农村摆在优先发展的位置，在干部配备、要素配置、资金投入、公共服务等方面全面优先。统筹谋划工业和农业、城市和乡村，促进城乡要素均衡配置、平等交换，加快实现城乡均衡融合发展。

坚持绿色生态和谐。践行"绿水青山就是金山银山"理念，以绿色发展引领乡村振兴。着力解决乡村突出的环境问题，打好污染防治攻坚战，严守生态保护红线，营造山清水秀的自然生态，构建人与自然和谐共生的乡村发展新格局。

坚持开放兴边富民。全力实施开放带动战略，深度融入"一带一路"南向通道建设，发挥先行先试政策叠加优势，深化同东盟国家的农业交流合作，打造沿边乡村振兴示范带，服务国家睦邻、安邻、富邻战略。

坚持改革创新引领。聚焦"人、地、钱"等关键环节，坚决破除体制机制弊端，全面激活主体、要素和市场。树牢发展精品精致农业理念，培育农文旅等新产业、新业态，实现农业高端化、精细化、品牌化、国际化。

习总书记说过"中国要强农业必须强，中国要美农村必须美，中国要富农民必须富"，这说明农业、农村、农民问题是关系国计民生的根本性问题。事实上，当前我们正处于决胜全面建成小康社会、夺取新时代中国特色社会主义伟大胜利的关键时期，全面小康绝不是去除农村后的小康，这样的小康是不平等、不均衡、不合理的。正如习总书记说"农村不能成为荒芜的农村、留守的农村、记忆中的故园"，乡村振兴就是为了让乡村复兴、民族振兴。

最后，我们要时刻谨记：农民是乡村振兴的主体，农民是乡村振兴的受益者。

---

① 《中共东兴市委员会关于实施乡村振兴战略的决定》，东兴市人民政府门户网站（www.dxzf.gov.cn/），2018 年 7 月 30 日。

二、京族地区乡村振兴与现代文化旅游建设融合的有利条件和不足

京族主要聚居在广西防城港市东兴市江平镇的漓尾、巫头、山心三个小岛上，部分分布在江平镇的谭吉、红坎、江龙等村及防城港市区。据 2010 年第六次全国人口普查统计，京族人口为 2.8199 万，其中广西有 2.33 万，东兴市有近 2 万。京族以渔业生产为主，现在也兼顾海水养殖、农业、旅游以及边境贸易等。在 500 多年的发展历史中，京族人民创造了独特的丰富多彩的民族文化，主要体现为海洋文化。京族人民的吃、住、行、娱等无不烙上海洋的印记，海洋文化中的大海、海鱼、海风、海岸、海港、渔民、渔船、盐田等元素，无不渗透到京族人民生活、生产的每一个细节中。京族海洋文化历经长久，具有海纳百川的开放性、兼容并蓄的亲和力。特色鲜明、丰富多彩的京族海洋文化，是中国民族风情旅游资源中的稀有品种，具有巨大的旅游开发价值。

那么，京族地区在实施乡村振兴与文化旅游建设融合中有哪些有利条件？笔者认为有利条件主要体现为东兴的"三大优势"和"五大名片"。

（一）"三大优势"：区位优势、资源优势、政策优势。

区位优势。东兴既沿边、沿海又沿江，与越南北部最大、最开放的口岸经济特区和单列三类都市——芒街市仅一河之隔，处广西北部湾经济区核心区域和西南、泛珠三角与东盟三大经济圈结合部，是中国面向东盟的前沿和窗口，是中国通往越南等东盟国家最便捷的陆海大通道，也是越南等东盟国家走进中国的第一站。

资源优势。东兴物华天宝，资源集"边、海、少"等特色于一体，有国家 4A 级景区金滩，有全球最大的跨境红树林示范保护区，与世界著名风景区——"海上桂林"越南下龙湾距离最近。东兴拥有"上山下海又出国"品牌，是中国最佳生态旅游城市。东兴栖息着 4 万多只各类鹭鸟，盛产对虾、沙虫、鱿鱼、石斑、海蜇、青蟹、金花茶、香料等特色产品，国家地理标志认证的"红姑娘"红薯等无公害养生佳品享誉国内外。

政策优势。东兴享有国家、自治区和防城港市多项叠加的政策优惠，汇集了支持重点开发开放试验区建设的进境种苗（景观树）口岸、边境旅游异地办证、落地签证、人民币跨境结算业务等一系列先行先试特殊政策，涵盖特殊监管区、财税金融、投融资、产业贸易、土地资源、口岸通关与旅游管理、"人才特区"等多个领域。2015 年 12 月，国务院又出台《关于支持沿边重点地区开发开放若干政策措施的意见》，对东兴及京族地区又是重大利好。

（二）"五大名片"：国门城市、生态东兴、养生胜地、电商之城、开放东兴。

国门城市。东兴是我国唯一与越南海陆相连的国家一类口岸城市，建市20年，城镇化率69.4%。据《2010年中国城市化率调查报告》，东兴城市化率增速位居全国369座县级市之首。东兴正突出边关风情、民族特色、东盟元素"三融合"，大力推进城市建筑艺术化、城市建设景观化、城市环境舒适化、城市生活时尚化、城市服务国际化、城市形象·品牌化，塑造边海文化名城，构建"一带一路"重要门户城市。2017年经东兴口岸出入境人数突破1000万人次。经东兴口岸赴越南的游客占广西的90%左右，已成为中越边境最大的旅游集散地，是我国第三大陆路口岸。

生态东兴。东兴生态环境优美，有山、有海、有边关、有平原，平均气温22.4℃，气候温和宜人，冬暖夏凉，雨量充沛，是广西乃至全国著名多雨区之一。东兴位于我国唯一未遭受污染的北部湾海域，全市森林覆盖率超过55%，环境空气优良率达到100%。

养生胜地。东兴是一个既沿海又沿边的小康型养生胜地，是中国长寿之乡。集边关文化、海洋文化、长寿文化、红木文化、伏波文化、京族文化以及历史文化等特色于一体，有京族哈节、京族独弦琴艺术两个国家级非物质文化遗产和京族独弦琴、京族鱼露、京族民歌等多个自治区级非物质文化遗产。

电商之城。东兴推动落实"互联网+"行动计划，加快实施东兴电商发展规划，建设中国—东盟跨境电商交易中心，争创国家级电子商务示范基地；依托十大类专业市场，建设一批特色产品专业电商交易平台，电子商务发展迅速。2013—2015年电子商务发展指数稳居全区首位，三获全国"电子商务百佳县"，成为全国电子商务进农村示范县（市）。

开放东兴。东兴是走向东盟的桥头堡，也是海陆东盟走进中国的第一站。通过加强与越南芒街市的交流合作，健全两地政府、部门定期会晤机制，推动与越南芒街市在商贸、旅游、卫生、文化、体育、警务等领域的深入合作，形成了"中越国际商贸·旅游博览会""中越青年界河对歌""中越边民大联欢""中国—东盟国际青少年足球邀请赛""中越元宵节足球友谊赛""中越跨境足球、网球联赛"等品牌活动。

（三）不足方面。

一是经济总量小。2017年东兴市国民生产总值104亿元，财政收入13.2亿元。东兴市的经济总量不及广东沿海一个乡镇甚至一个村，影响了乡村振兴战略与文化旅游方面的投入。二是群众对乡村振兴政策的理解还不够深入，参与的热情不够高涨。三是管理体制或管理制度不够完善，旅游景区"脏、乱、差"问题还没有得到有效治理。四是旅游产品档次较低且形式单一，旅游资源没有充分挖掘，文化与旅游没有很好地融合。五是京族地区在全国的知名度还不够高，与广西的桂林、北海相比还有很大的差距。以上存在的问题或不足，将会影响京族地区的乡村振兴与文化旅游建设融合发展。

三、新时代京族地区乡村振兴与现代文化旅游建设融合对策

改革开放 40 年来，京族地区的经济、文化和社会事业都得到长足的发展，人民生活水平和生活面貌发生了巨大的变化，当地绝大部分的群众已步入了小康的生活，城乡差别越来越小。民族团结、社会稳定，加上前面所列的优势，都为乡村振兴与现代文化旅游建设融合打下了坚实的基础。但如何才能把乡村振兴与现代文化旅游建设融合起来，互相促进，共同发展，笔者在此提出如下"五个坚持"作为对策：

（一）坚持顶层设计

党的十九大报告指出："五年来，我们党以巨大的政治勇气和强烈的责任担当，提出一系列新理念、新思想、新战略，出台一系列重大方针、政策，推出一系列重大举措，推进一系列重大工作，解决了许多长期想解决而没有解决的难题，办成了许多过去想办而没有办成的大事，推动党和国家事业发生历史性变革。"用我们通俗的话语来理解，就是越困难的事情，越需要顶层设计，要以上率下，事情才容易办好。所以要想把京族地区的乡村振兴与文化旅游建设融合得更好，顶层设计工作是非常关键的。如何做好顶层设计，首先是东兴市委市政府要就京族地区的经济、文化、社会发展有长期和近期的方案，如出台《中共东兴市委员会关于实施乡村振兴战略的决定》，为东兴全市乡村振兴战略做出具体的部署。

又如为贯彻落实《文化和旅游部等 10 部门关于印发内蒙古满洲里、广西防城港边境旅游试验区建设实施方案的通知》（文旅发〔2018〕1 号）精神，结合我市实际，我市出台了《中共防城港市委员会关于加快防城港边境旅游试验区建设的决定》，对我市边境旅游（包括京族地区）制定了非常具体的措施办法，如提出"坚持生态优先，擦亮品牌。树立和践行绿水青山就是金山银山的理念，坚持生态优先、绿色发展，严守生态红线，打造蓝色海湾，留住海韵乡愁，建设南疆生态绿廊，变生态优势为旅游产业"。"坚持兴边

富民，稳边睦邻。以旅游业发展带动边境基础设施改善和民生事业发展，全面深化中越边境地区群众的经贸旅游合作与人文交流。""挖掘中越边境民俗文化、商贸文化、生态文化，打造边关民俗风情旅游带。大力发展文化创意产业，打造大型实景演出。建设一批具有东盟建筑风格的特色旅游街区，大力发展异域文化、美食、演艺、购物产业。进一步挖掘京族渔民文化、伏波文化、潭蓬古运河、南珠文化等海洋文化资源，开发北部湾海洋文化旅游产品。"这与乡村振兴战略的内容是一致的。这个《决定》为京族地区的乡村振兴和文化旅游建设做了最好的顶层设计。东兴市或江平镇还应在京族地区的人才培养、文化保护传承和资金投入等方面有具体的措施，这样京族地区的乡村振兴和文化旅游建设就有了"尚方宝剑"。

（二）坚持规划先行

乡村振兴也好，文化旅游也好，都必须规划先行，这是一项重要原则。当前的乡村建设，决定着未来相当长一个时期内的村庄风貌。今后，随着乡村发展，一些中心村将成为乡村振兴的人口和资源集聚高地，一些特色村、历史文化名村会成为乡村振兴的亮点和招牌，如潕尾村和巫头村这样的京族特色名村。因此，我们应坚持有重点、有区别地搞建设，避免造成混乱无序和巨大浪费。像潕尾村搞旅游开发也有20多年了，但整个村的规划建设还远远没有跟上时代的发展要求，给游客的感觉还是有点脏乱，主要是农民建房没有什么规划性，随意性很大，没有突出民族特色和地方特色。金滩风景区的垃圾问题变成老大难问题，每逢节假日，都有游客在网上曝光垃圾满海滩的图片，对金滩风景区的旅游形象非常不好。这主要还是政府没有认真把潕尾作为一个特色名村来规划好、建设好，京族三岛另外两个村山心和巫头也同样存在农村建房没有规划的问题。所以，今后京族地区的乡村振兴和文化旅游，必须坚持规划先行，树立"城乡融合、一体设计、多规合一"理念，在产业发展、人口布局、公共服务、基础设施、土地利用、生态保护等方面，因地制宜编制乡村振兴地方规划和专项规划方案，分类指导，精准施策，一张蓝图绘到底，久久为功搞建设。

（三）坚持把京族文化保护传承与开发相结合

2018年的"中央一号"文件中指出："传承发展提升农村优秀传统文化。立足乡村文明，吸取城市文明及外来文化优秀成果，在保护传承的基础上，创造性转化、创新性发展，不断赋予时代内涵、丰富表现形式。""划定乡村建设的历史文化保护线，保护好文物古迹、传统村落、民族村寨、传统建筑、农业遗迹、灌溉工程遗产。支持农村地区优秀戏曲曲艺、少数民族文化、民间文化等传承发展。”

因此，乡村振兴离不开文化和旅游，要把文化旅游融入乡村振兴建设中。京族地区最有吸引力的文化就是京族文化。京族地区要以京族文化、海洋文化为主要文化要素，突出特色旅游，注重文化传承和发掘。京族的文化元素主要表现形式为京族哈节、京族独弦琴艺术、京族民歌、喃字、京族鱼露及京族服饰制作技艺等一批国家级和自治区级非物质文化遗产。京族文化既是乡村文化，又是防城港市文化的一个品牌和名片，具有唯一性，值得珍惜、保护、传承、传播。如何做好保护和传承工作？笔者认为要做好三个方面的工作：

1. 要提高思想认识。防城港市的干部、群众，尤其是京族地区的干部和群众要对京族文化的保护和传承工作的重要性有足够的重视，要提高思想认识。这项工作不但是京族人民的事，更应成为全市文化事业发展建设中的一项重要的工作。只有在思想认识上到位了，在工作落实中才能到位，才有可能把它作为地方的品牌和名片精心打造和关心爱护。

2. 要在保护传承中开发。京族地区的经济大发展给京族社会和京族人民带来了勃勃生机，但也对京族文化带来了冲击，使京族的传统文化日渐淡化和流失。主要表现为京族的语言、文字、建筑、服饰等文化艺术和京族人的生产、生活汉化程度严重，很多京族小孩不会说京族话，平时京族人不穿京族服装，懂喃字的京族人不超过 20 人，除了哈亭外没有体现京族文化特色的建筑。更严重的是京族文化传承人员的老龄化，使得传统文化传承出现断层。几年来各级党委、政府逐渐重视，再加上京族地区一些文化传承人和热心人士的努力，京族的文化保护和传承工作有了较好的改观，也取得了一定成效。如京族喃字和独弦琴艺术走进京族学校课堂，高脚蹭培训班每年都坚持培训几十名京族少年儿童。在苏维芳、苏春发等一批京族文化传承人的努力下，“京族喃字文化传承研究中心”“京族人家独弦天籁艺术团”和“京族独弦琴文化培训基地”先后成立，培养了一批新的传承人。

对京族文化的保护传承开发，应重点做好以下两个方面的工作：

一是要继续收集、研究、整理有关京族历史文化的物质载体，深入挖掘京族海洋文化资源，扶持创作一批有特色的文艺精品，如加大力度开展嘲剧

的创作。在做好独弦琴、鱼露的传承人基地的基础上，新建京族服饰、京族民歌传承人基地。鼓励扶持项目传承人建立项目传习所，开展传承培训工作。通过加强京族博物馆和防城港市海洋文化博物馆的建设，进一步展示京族历史文化。

二是要对京族非物质文化遗产进行保护，建立健全非物质文化遗产保护名录和项目档案，建设非物质文化展示中心。要通过声、像、民间艺人演示、实物展示相结合的形式展现京族文化的活动和演变过程。如京族服饰、鱼露加工制作等海产品加工、饮食习俗、民族语言、民间歌舞、民间竞技、民间故事、人生礼仪、民族宗教、商贸活动和建筑艺术等，保护、传承和发展京族文化，推动旅游业的发展。

3. **要与旅游相结合，形成文化旅游产业。**要明确京族文化产业的发展重点，加快建设京族海洋文化产业群。依托京族地区独特的自然景观和历史文化传统，发展文化旅游、休闲渔业、海洋文化艺术等产业。建设一批"海洋文化主题公园""海洋文化风情街"，组建"海洋文化艺术团"等。我市旅游和文化部门要密切配合，利用当前的旅游黄金时期，认真挖掘提炼京族海洋文化来开发旅游产品，如可以在金滩策划演出一场实景舞台剧《神奇的京族》（暂定名），这样可以把游客留住，拉动旅游消费。还有把独弦琴制作成工艺品，把京族服装大批量生产卖给游客。这样既可以形成文化旅游的产业，又可以把京族的文化保护和传承下来。

（四）坚持农民主体地位

农民是农业农村发展的主体，在京族地区实施乡村振兴战略和文化旅游仍然要坚定不移地走群众路线，充分依靠京族群众。把实施乡村振兴战略摆在优先位置，必须坚持农民的主体地位，尊重农民的首创精神，充分调动广大农民群众的积极性、主动性，真正让他们成为乡村振兴和文化旅游的参与者、建设者和受益者。

1. **加强农村基础设施建设。**加强农村基础设施建设是实现乡村产业兴旺、生态宜居的基础。京族地区农村的水、电、路等基础设施建设相比于山区来说是比较全面的，但档次低，个别路段没有全部贯通，尤其是村中道路基本没有路灯，这对开发搞乡村旅游是不利的。还有就是环境卫生的问题，卫生死角多，垃圾乱扔的现象还是普遍存在，导致夏秋两季蚊子太多，影响了游客的心情，也影响了外来投资创业者的信心。这些都是城乡发展不平衡的具体体现，也是导致农村产业落后、农村经济社会发展缓慢的重要原因。今后一定要真正统筹京族地区城乡发展，加大对农村的投入，将城镇基础设施建设不断向乡村延伸，重点解决好"最后一千米"问题，改变基础设施建设的城乡"差序格局"，引导农民建设美丽家园，使乡村宜居、农民乐居，让农民在共建共享发展中有更多获得感。

2. 要促进农民增收。京族地区由于所处的地理位置较好，在就业和增收渠道上相对山区农村有较大的优势，农民在家门口就可以解决就业问题，因此，农民的收入比较有保障。但如何保障当地农民增收的可持续性，是当地党委政府要重点考虑的问题。一是保持土地承包关系稳定并长久不变，第二轮土地承包到期后再延长30年。这一政策无疑为稳定农村土地承包关系发挥了重要作用，也给农民吃了一颗"定心丸"。二是在旅游景区内不管如何规划管理，都要考虑当地农民就业问题。农民的宅居地分配安置问题和集体生产用地问题也要优先充分考虑，这样才能保障农民有稳定的就业和收入，增收才有保证，农民才能安居乐业。

3. 健全乡村治理体系。京族地区乡村和谐才能增强农民群众的获得感、幸福感、安全感。健全的京族地区乡村治理体系是实现京族地区乡村社会有效治理的前提，也是化解乡村社会矛盾、实现乡村和谐的保障。一是注重农村新型社区治理。农村新型社区的出现和发展是新型城镇化和新农村建设协调发展的结果，同时也带来一些治理难题。因此，在健全乡村治理体系中尤其要重视加强对农村新型社区的治理。二是加强乡村基层协商民主制度建设。乡村基层协商民主对于满足农民不同利益诉求、实现乡村公共利益最大化具有重要意义。应通过村民议事会、监事会等组织，通过民主恳谈会、协商对话会等形式发挥协商民主在乡村治理中的积极作用。三是充分发挥现代乡贤的作用。这是健全自治、法治、德治相结合的乡村治理体系的重要方面。与传统乡绅不同，现代乡贤作为乡村社会的长者、贤人，能力突出、威望较高，能够起到协调冲突、化解矛盾、维系情感等作用。实践证明，像澫尾村的苏维芳、阮贤友、吴永才等一批退休老干部作为现代乡贤，在村里发挥的作用是一些现任领导干部无法替代的。

（五）坚持抓好人才队伍建设

习近平在党的十九大报告中指出，要培养造就一支懂农业、爱农村、爱农民的"三农"工作队伍。今年的"中央一号"文件指出："实施乡村振兴战略，

必须破解人才瓶颈制约。""造就更多乡土人才，聚天下人才而用之。"

京族地区当前的发展，也必须破解人才瓶颈制约。笔者认为京族地区当前最急切需要的人才有三类：一是从事渔业生产的科技人才；二是文化教育和文化旅游策划包装方面的人才；三是经营管理人才。如何解决这方面的问题？办法不外乎两个：一是大力引进，二是就地培养。这两个办法要同时使用。这就需要当地党委政府出台优惠政策、调配人力资源和加大对人才的培训力度。同时要引导外出农民工、退伍军人、农村大中专毕业生返乡创业创新，让各类人才、资本等要素在京族地区发挥作用、大展身手。

针对乡村振兴与文化旅游融合，重点要大力实施乡村文化人才战略。

1. **实施文化人才招聘工程。** 针对京族地区乡村文化人才青黄不接、人才奇缺的问题，建立文化人才制度，东兴市可统筹面向社会招贤纳才，把具有专业特长、热爱乡村文化事业、业务素质高、甘于奉献的优秀人才选拔到文化战线上来，从而打造一支专业化的文化工作管理队伍。

2. **实施文化人才培养工程。** 东兴市制定出台相关扶持政策，大力支持民间草根文化队伍建设。按照"不求所有，但求所用"的原则，积极支持京族地区的民间文艺团体、文化示范户、民间艺人等的发展，支持他们采取多种方式拓宽文化服务渠道，在经费、技术、场地等方面给予扶持；定期对草根文化人才进行培养，引导鼓励他们开展健康向上的文化活动。

3. **实施文化人才培训工程。** 健全完善农村文化人才培训机制，加大对农村文化人才的培训力度。对农村基层文化骨干、乡村文化工作人员要定期开展培训，提高其政治素质和业务水平。特别是要加大对京族本土文化传承人的培训，推动京族传统文化的传承与创新。

4. **实施文化人才激励工程。** 建立吸引文化人才责任机制，鼓励和支持用人单位以灵活多样的方式招聘、引进文化人才，提高其经济待遇；推行引进文化人才住房补贴、子女入学、医疗保障等优惠政策；对在京族地区范围内成功创办工艺美术、文化旅游、文化创意、演艺娱乐等重点文化产业的企业或机构，给予一定的项目和资金补助；对编制内业绩突出、表现优秀的乡村文化人才优先给予选拔任用。

（作者是防城港市社科联副主席）

京族海洋特色小镇发展路径研究

李天雪　朱　浩

2016年住房城乡建设部、国家发展改革委和财政部印发的《关于开展特色小镇培育工作的通知》和我国的"十三五"规划中，明确提出了到2020年，要培育1000个左右各具特色、富有活力的休闲旅游、商贸物流、现代制造、教育科技、传统文化、美丽宜居等特色小镇，并引领带动全国小城镇建设，不断提高建设水平和发展质量。统计显示，2015年我国海洋经济总量接近6.5万亿元，比"十一五"末期增长了65.5%；新兴海洋产业保持较快发展，年均增速达到19%。海洋服务业增长势头明显，滨海旅游业年均增速达15.4%，伴随着海洋经济的兴起，海洋特色小镇将成为特色小镇建设中独具一格的新蓝海。[①]2017年，东兴市江平镇被认定为第一批广西特色小镇，获评自治区批准创建的京族海洋特色小镇，并获得建设资金2000万元，这是江平镇取得突破发展的重要契机。京族是我国的长寿民族，同时，东兴也是"中国长寿之乡"，拥有丰富的康养文化资源。因而，结合江平镇丰富的京族康养文化资源，对京族海洋特色小镇的发展路径进行规划显得尤为重要。

一、京族海洋特色小镇发展的产业基因

（一）"特色小镇"的内涵

《2018年国务院政府工作报告》提出，大力实施乡村振兴战略。乡村振兴需要一个载体，把乡村优美环境、人文风俗、历史文化、特色资源等在空间上进行集中和集聚，推动特色产业发展，这一载体就是特色小镇。[②]特色小镇最初发源于浙江。截至2018年，特色小镇在全国遍地开花，出现了各式各样

---

① 范颖华：《海洋特色小镇将迎来"美好时代"》，《中国企业报》，2017年8月8日。

② 宗和：《康养＋休闲开辟新蓝海品牌助力特色小镇聚集资源》，《中国企业报》，2018年5月15日。

的的特色小镇，其中不乏历史文化型小镇、科技型小镇、农业小镇、产业小镇、文旅小镇，强调以文旅为主的特色小镇数量最多，竞争压力也最大。特色小镇特在产业，立足于现有产业。打造具有吸引力的高品质商业产品是特色小镇发展的一大要点。

（二）京族建设海洋特色小镇的战略选择

江平镇地处东兴市东部，南邻北部湾，有防东二级公路和广西滨海一级公路穿越境内，是东兴市的"东大门"。江平镇总面积257.09平方千米，海岸线长38千米，辖2个社区和15个行政村，总人口5.6万，城区面积1.6平方千米，是"全国重点镇""全国文明村镇""第一批全国改革发展试点小城镇""广西特色文化名镇""广西北部湾经济区发展规划重点建制镇""中国最美村镇"，是我国京族的唯一聚居地。[①]江平镇当地的京族人以海为生，发挥当地渔业生产及进出口海产品的地缘优势，大力发展海洋渔业，建立了京岛海洋渔业核心示范区，实施"公司＋基地＋农户"的开发养殖模式，打造了集孵化和养殖、捕捞和进口加工、冷链和仓储、转运和营销为一体的海产品产业链条。

目前我国强调以文旅为主的特色小镇数量很多，竞争性大，京族海洋特色小镇应立足现有产业，走差异化竞争的定位和路径。江平镇是我国京族的唯一聚居地，江平镇自身蕴涵的丰富康养文化资源是特色小镇发展建设的一大优势。此外，东兴是国家重点开发开放试验区、沿边金融综合改革试验区、边民互市贸易区和边境经济合作区。江平镇连接了防城港与东兴口岸，要驱车前往东兴口岸必会经过江平镇，因此江平镇的区位条件和政策扶持也是推动其发展壮大的优势。但是，江平也存在着人才储备不足、品牌知名度不高、景区公共环境卫生较差等问题。因而江平镇要立足于自身海洋、边关、民族和康养资源优势，创建特色鲜明、产业发展、绿色生态、美丽宜居的京族海洋特色小镇。

创建江平京族海洋特色小镇分为培育期、建设期和命名三个阶段。小镇按照创新、协调、绿色、开放、共享的发展理念，聚焦特色产业，融合文化、旅游、社区功能的创新创业发展平台，核心建设区面积为2.64平方千米，重点建设陆岛码头及沿天鹅湾渔港腹地，与江平镇区辐射带动滨海公路东至七彩贝丘湾、西至北仑河口等扇形范围。[②]根据江平镇党委、政府公布的资料显示，

---

① 数据来源：防城港市人民政府门户网站《江平镇特色小镇取得阶段性成效》。
② 数据来源：防城港市人民政府门户网站《江平创建京族海洋特色小镇获批》。

将以巫头村、澫尾村为核心区打造建设京族特色康养小镇，具体战略定位为中国唯一海洋民族文化体验地、中越海上跨境旅游合作区、国家海洋高新技术产业示范区。江平镇蕴涵着丰富的京族康养文化资源，合理开发利用京族的康养文化资源，应是京族海洋特色小镇下一步发展规划的重点。

二、京族海洋特色小镇发展的区位优势

（一）地理位置优越

江平镇地理位置优越，连接了防城港与东兴口岸，是内地通往东兴口岸的必经之地。这样的交通枢纽地位也为江平镇的发展提供了便利。东兴的海陆空交通也十分便利，距广西第一大港防城港仅38千米，距南宁吴圩机场180千米，北海福成机场180千米，可以说坐拥两个机场一个大港口。东兴与越南北方的经济开发区芒街市仅一河之隔，进出口产品通畅，地缘优势十分明显。此外，江平镇南部临海，也是其发展的一大优势。广西巴马发展的是山水养生，京族海洋特色小镇可利用临海优势，发展滨海养生，与巴马的山水养生相呼应。

（二）资源禀赋明显

1. 舒适的自然康养环境

东兴地处亚热带，濒临北部湾，景色迷人。京族三岛森林覆盖率高，有海边林带，生态环境好。古朴的民族风情，博大豪放的海洋文化，旖旎多姿的海边风光，都是京族人民居住地吸引人的地方。东兴有屏峰雨林公园、万鹤山湿地公园、交东滨海红树林公园、北仑河口红树林生态区，为京族人民提供了一个良好的休息环境，更是一个个天然氧吧，净化了空气，为京族人民提供了养生之所。

东兴是一个边贸城市，也是一个临海城市，城市的发展主要靠旅游边贸及海产品加工带动，市内重工业少，不会受到大气污染、水污染等问题的困扰，是一个宜居城市。生活在此的京族人民的健康得到保障，处在一个养生宜居之所。江平镇处于中国大陆海岸线的最南端，面积24.6平方千米，属亚热带气候，年平均气温在22℃左右，最高32℃，最低10℃，年均日照量超过2100小时，冬暖夏凉，海风清爽宜人。区内15千米长的优质海滩（金滩）集沙细、浪平、坡缓、水暖、无鲨于一身，无污染，海水清澈，可同时容纳5万人进行海水浴、冲浪和沙滩运动。阳光、海水、沙滩和民族风情，组成了集滨海资源和民族风

情于一体的旅游景区。岛上绿树成荫，海边林带达 4000 多亩，栖息着 4 万多只鹭鸟。京岛文化气息浓厚，民族风情淳朴奇特，中越民情交融。①

2. 独特的康养饮食文化

江平镇南临大海，生活于此的京族是海洋民族。京族具有多样化的康养饮食文化，靠海为生，海洋性突出。京族的饮食文化受海洋影响明显。江平镇所临大海处于北部湾北路河入海口处，海水中养料丰富，使得海产品众多。京族人民利用这些丰富的食材创造出了许多独特的菜品。这些菜品既美味可口，又符合京族人民的养生之道。

京族人民有其特色食谱，例如清蒸花蟹、沙虫冬瓜汤、红螺炒萝卜、蒜蓉蒸扇贝、青蟹生地汤、车螺芥菜汤、芋蒙焖鱼等。这些菜品都是利用当地的特色海产品加上独特的烹饪手法调制而成的。这些菜品不仅美味可口，还有其独特功效。例如清蒸花蟹中含有丰富的微量元素及蛋白质，具有很高的营养价值，还具有抗结核作用，对结核病的康复有很大益处，对腰痛腿酸也具有一定的治愈作用。又如沙虫冬瓜汤中的沙虫富含脂肪、蛋白质以及磷、铁、钙等多种微量元素，具有很高的食疗作用和医药价值，有降血压、滋阴降火、清肺补虚的功效。总之，京族的饮食文化海洋性特点突出，饮食与海产品紧密联系，而这些以海产品为原料的特色食谱又兼具健康养生之功效。

3. 社会尊老爱老蔚然成风

东兴市委、市政府在 2010 年发文把每年农历九月九日定为全市为老年人送温暖集中活动日。每逢农历九月九日，政府部门会组织开展大规模的尊老、爱老、助老活动，并借此建立了百岁老人生日祝寿制度。老人过百岁生日时，政府部门领导会亲自登门为老寿星赠送蛋糕和其他物品祝寿。同时，通过政策和资金扶持，东兴先后成立老年人书画协会、老年体育协会、老年腰鼓队、老年文艺队等 56 个组织。逢元旦、劳动节、哈节、国庆等重大节日，这些协会组织老年人自编自演文艺节目参加庆祝活动，开展棋牌、门球、气排球、乒乓球等系列体育活动。这些活动的开展既锻炼了身体又愉悦了身心，让老人们保持了良好的精神状态。东兴市精神文明办公室会同老龄委等部门，在城乡组织开展家庭敬老养老"学、比、评"活动，引导居民学孝德典型、比赡养水平、评孝敬家庭，提高了年轻人的责任意识，有效推进了家庭养老责任的落实。各中小学把尊老、爱老、助老作为道德教育的重要内容纳入教学计划，并通过多

---

① 数据来源：东兴市文体广电新闻出版局。

种形式的主题实践活动，教育青少年常说感恩话，争做孝敬事，多解老人难，从小养成尊老、爱老、助老美德。在江平镇的村里，现在也努力让孝风成为村风。村里每年还会开展"孝道户""文明户"的评比活动，营造注重孝道、注重家庭和睦的社会风气。村委还会不时地组织年轻志愿者到老人家里，免费帮老人按摩、理发、健康体检，营造尊重老人的社会氛围。

三、京族海洋特色小镇发展的运营手段

（一）深挖康养文化资源，发展特色优势产业

目前到江平京族三岛旅游的形式主要还是旅游观光和体验休闲民宿，产品的开放仍停留在较低的层次，没有形成明显的京族康养特色。京族丰富的康养文化资源是江平开展康养旅游的基础，应紧扣京族康养特色，使江平康养旅游能在众多康养品牌中脱颖而出，进而把江平打造成集生态湿地、滨海风光、古街文化、绿色农业、长寿美食、民族风俗体验等多种内容于一体的康养旅游胜地。同时，针对不同的消费人群，开设具有针对性的旅游路线，针对老年人可开设长寿养生体验游，针对中年人可开设运动康体游，针对年轻人可开设生态美食游。细分不同的消费人群，对京族康养文化资源进行深入挖掘，以便实现资源利用的最大化。

种植业和养殖业是江平镇的特色优势产业。江平镇目前建成优质"红姑娘"红薯基地共750多亩，"菜篮子"工程基地2440亩，"天和"辣椒基地100亩，特色水产养殖投放面积达5.3万亩，建成潭尾南美白对虾育苗基地30亩，工业化标准南美对虾养殖场200亩；引进投资1800多亩、年产值达3600万元的金花茶基地，成功打造了千亩生态休闲观光现代农业基地。[1] 依托红薯基地和"菜篮子"工程基地可建成生态农业观光区，并以此带来的收益继续扩大种植规模，从而形成良性循环。特色水产养殖是江平镇海洋文化的重要体现，也是京族海洋特色小镇的特色产业。建设相应的水产养殖示范基地，既可以为当地养殖户增加收益，也可以作为特色旅游项目，吸引游客前来游玩。

（二）紧扣海洋特色，规划功能街区

特色小镇产业发展追求特色而强力，环境塑造追求精细而美化。江平镇以京族文化、海洋文化为主要文化要素，突出旅游特色。江平老街是一条承载了海洋特色小镇变迁的街区。江平镇在建设时可围绕江平老街，在周边建设划分为传统小吃街、旅游特产街、休闲餐吧等各种功能街区，同时注重老街的非物

213

---

[1] 数据来源：防城港市人民政府门户网站《江平镇特色小镇取得阶段性成效》。

质文化传承，建设相应的特色文化展示馆，宣传江平镇的京族文化和海洋文化。特色小镇的功能街区划分应紧扣当地的产业发展趋势，以特色小镇功能街区为平台，展示当地特色农副产品，推动主导产业的升级发展。海洋文化是江平镇的一个重要文化元素。江平京族海洋特色小镇应紧扣海洋特色，在建设街区时可统一规划加入相应的海洋元素，例如在街边路灯上加上船锚，使人一看便能联想到这是海洋民族的聚居地。同时，可设立专门的海产品展销区，这样既方便了游客选购，也可带动当地水产养殖业及海洋捕捞业的发展。

（三）抓好生态环境建设，打造宜居特色小镇

美丽宜居的生态环境是京族海洋特色小镇的名片，也是建设京族海洋特色小镇的基础和保障。京族三岛的生态环境脆弱，在特色小镇的开发和建设过程中应注重对生态环境的保护，实现京族海洋特色小镇的健康可持续发展。金滩实行的是开放式的经营管理，没有门票收入，景区的经营投入有限，使得当前景区的环境卫生状况堪忧。景区内的公共环境卫生普遍较差，影响了金滩的景区形象。要打造宜居特色小镇，首先，应提倡绿色旅游，在旺季时适当控制进入景区的车辆数量，减少汽车的尾气排放，同时可投放一批自行车供游客租用，提倡骑车绿色游京岛。其次，可在景区增设警示标语，提醒游客不要随意乱扔垃圾，还可以设置一批具有海洋特色的垃圾箱，既可以回收垃圾，也能吸引游客眼球。再次，在金滩边上应多种植一些树木，提高植被覆盖率，这样能够有效净化空气、固土防沙，也能减轻台风灾害带来的影响。最后，从保护海洋特色小镇生态环境的角度考虑，相关部门需要准确估算小镇的最大游客容量，统计每日接待游客量。节假日期间，游客数量猛增，当游客数量达到小镇最大承载量时，必须采取限流、分流措施，安全地把游客疏散到周边景区，不能只考虑眼前利益而忽略了小镇生态环境的承受力。[1] 保护生态环境有利于实现京族海洋特色小镇的健康可持续发展。

（四）多渠道宣传，提升影响力

京族海洋特色小镇是 2017 年获批的项目，其知名度还不高，开展康养旅游的影响力也有限，这就需要加大对京族海洋特色小镇的宣传，提升其康养旅游的影响力。特色小镇的打造不能盲目跟风，在打造特色小镇的过程中要体现出当地的特色，深入挖掘当地传统文化，把优势产业做大、做强。京族与海洋

---

① 展鑫：《海岛地区特色旅游小镇打造策略研究》，浙江海洋大学硕士学位论文，2018 年。

是打造京族海洋特色小镇的最大特色，应依托京族的康养文化资源，大力发展康养旅游，开发康养体验项目。同时，江平镇还应建设一个具有当地特色的旅游标志物，既能吸引游客的眼球，又能体现出当地的历史文化及风土人情。在小镇的建设过程中，可依据当地的海洋和民族特色，设计一个可以反映当地特色的标识，塑造京族海洋特色小镇的品牌形象。可以在标识中融入京族高跷，这样既能体现出京族海洋民族的特色，也便于游客识别，加深游客对特色小镇的印象。要提升京族海洋特色小镇的知名度，多渠道宣传必不可少，可以通过拍摄宣传片的形式，让更多人了解江平，还能通过创建微信公众号和官方微博等多种形式进行宣传，进一步提升京族海洋特色小镇的知名度和美誉度。

（五）发挥政府引导作用，完善政策支持体系

特色小镇的建设离不开政府的规划与引导。首先，政府应对当地进行全面细致的考察，并出资聘请专家制定小镇的发展规划，确定小镇的运营模式及发展定位，合理安排小镇的空间布局，对当地建筑风貌进行统一规划和管理。其次，政府应加大对京族海洋特色小镇的财政支持力度，保障小镇的开发建设顺利进行。江平镇创建京族海洋特色小镇获得了自治区政府 2000 万元的建设资金。合理使用资金，让资金真正落到实处，改善小镇的交通、供水供电、卫生事业等基础设施的建设，并适当增加小镇的公共娱乐设施，例如建设文体中心，使当地的基础设施更加完善，增加京族海洋特色小镇的吸引力。最后，应采取措施提升当地民众对特色小镇建设的积极性。滨海旅游经营的季节性明显，金滩每年 5—11 月是旺季，而每年的 12 月至次年 4 月是旅游淡季。旅游季节性的反差给当地旅游企业经营者带来很多困难，每逢淡季，游客稀少，当地旅游企业经营者生意惨淡，这在一定程度上打击了经营者的积极性。政府可以通过给予民众补贴的形式，增强民众建设特色小镇的幸福感，使民众意识到特色小镇的创建能切实改善他们的生活，这样民众就会有更多的热情投入到特色小镇的建设之中。

结　语

特色小镇的建设是一个持续推进的过程。京族海洋特色小镇的创建得到了政策的支持与政府的高度重视。丰富京族康养文化资源和优越的区位条件是京族海洋特色小镇建设的最大优势。同时，特色小镇在建设过程中也面临着一些问题，京族海洋特色小镇的知名度仍不高，人才储备不足和生态环境脆弱也

是建设中遇到的难题。因此要深挖京族康养文化资源，发展壮大特色优势产业；紧扣海洋特色，规划功能街区；抓好生态环境建设，打造宜居特色小镇；加大京族海洋特色小镇宣传，提升江平镇康养旅游的影响力；发挥政府引导作用，完善政策支持体系。打造品牌和提升知名度将是小镇建设的取胜之匙。

参考文献：

[1] 袁晓莉, 戴云. 打造特色小镇 构建健康养生养老产业——关于建设兴义市康养旅游国际化度假区的思考 [J]. 黔西南党校论坛, 2018 (01)：46-52.

[2] 李娟. 美丽海岛建设背景下的特色小镇发展研究 [D]. 浙江海洋大学, 2018.

[3] 何莽. 基于需求导向的康养旅游特色小镇建设研究 [D]. 北京联合大学学报 (人文社会科学版), 2017(02):41-47.

[4] 傅林江. 构建大健康养生养老特色小镇 [J]. 中国房地产, 2017(35):29-30.

[5] 韩政. 突出比较优势, 打造康养胜地 [J]. 广西城镇建设, 2017(10):10-19.

（作者李天雪是广西师范大学历史文化与旅游学院教授，朱浩是广西师范大学历史文化与旅游学院硕士研究生）

新时代京族文化传承与发展

京族海洋特色小镇的建设研究

——以防城港市江平镇京族海洋特色小镇为例

吴小玲

2014 年，浙江省最早提出"特色小镇"的概念，并迅速将之打造成为产业转型升级的新载体，引起全国的广泛关注。2016 年 7 月，住建部、国家发改委、财政部联合发布通知，决定在全国范围开展特色小镇培育工作，提出到 2020 年培育 1000 个左右各具特色、富有活力的休闲旅游、商贸物流、现代制造、教育科技、传统文化、美丽宜居等特色小镇。目的在于探索小镇建设健康发展之路，促进经济转型升级，推动新型城镇化和新农村建设。[①] 同年 10 月 24 日，住建部公布了第一批 127 个中国特色小镇，广西有 4 个小镇入选。广西壮族自治区人民政府办公厅《关于培育广西特色小镇的实施意见（桂政办发〔2017〕94 号）》提出，广西特色小镇的培育应突出产业发展能力，主要以建制镇（乡）、产业园区、现代农业核心示范区、特色旅游集聚区等为载体进行培育[②]。

防城港市位于广西南部、北部湾北岸，与越南接壤，处于中国与东南亚交往的前沿地带，自然风光奇特秀丽，历史源远流长，拥有海疆特色及少数民族文化特色，文化遗产、名胜古迹众多，旅游资源丰富。东兴市江平镇是中国京族的唯一聚居地。京族先民在这块土地上留下了众多充满神奇色彩的文物古迹，京族村落具有特色鲜明的风俗习惯与风土人情，还拥有京岛旅游风景区、红树林自然保护区等，具有建设海洋民族风情特色小镇的有利条件。近年来，东兴市立足海洋、边关、民族特色资源优势，积极培育特色鲜明、产业发展、绿色生态、美丽宜居特色小镇——江平京族海洋特色小镇[③]。

---

① 《住房城乡建设部、国家发展改革委财政部关于开展特色小镇培育工作的通知（建村 [2016]147 号）》，住建部网站（http://www.mohurd.gov.cn/），2016 年 7 月 20 日。

② 广西壮族自治区发展改革委：《广西壮族自治区人民政府办公厅关于培育广西特色小镇的实施意见（桂政办发〔2017〕94 号）》，广西商务厅门户网站（www.gxswt.gov.cn），2017 年 7 月 24 日。

③ 向阳：《广西防城港江平创建京族海洋特色小镇获批》，《防城港日报》，2018 年 2 月 23 日。

2018 年 8 月，《广西壮族自治区人民政府办公厅关于公布第一批广西特色小镇培育名单的通知》公布，江平京族特色海洋小镇被列入名单。如何进一步做好京族海洋特色小镇建设，发挥其在京族文化传承和社会发展中的引领作用，以实现京族经济社会文化发展的双赢，这是当前京族地区面临的紧迫问题。

一、特色小镇建设的内涵

特色小镇是指相对独立于城市中心区，具有明确产业定位、文化内涵、旅游特征和一定社区功能的发展空间平台[①]。它可以是以某一特色产业为基础，汇聚相关组织、机构与人员，形成的具有特色与文化氛围的现代化群落[②]，也可以是依赖某一特色产业和特色环境因素（如地域特色、生态特色、文化特色等），打造的具有明确产业定位、文化内涵、旅游特征和一定社区功能的综合开发项目[③]。如浙江的上城玉皇山南基金小镇、余杭梦想小镇、西湖云栖小镇等。从这个意义上来讲，特色小镇既不是传统意义上的"镇"，也不是一个行政区划单元，更不是地域开发过程中的工业园区、旅游园区，而是一个具有明确产业定位和旅游功能项目组合的、打破传统行政区划概念的某种特色产业集聚区[④]。它具有以下三个特点：

1. "特"。指小镇要彰显特色，以引人瞩目。即小镇要有在产业、历史、环境等诸多因素融合而成的独特之处，使小镇本身具有某种文化特质，呈现出某种价值追求，从而成为某种产业集中相应就业者云集的"特色"工作生活区域。[⑤]

2. "色"。指的是小镇要有宜人的风貌与宜居的环境。特色小镇的最终目标是要形成一个围绕特色产业，同时发展旅游，彰显地方文化，拥有一定居民的小镇生活区域。因此作为一个生活区，小镇要为当地的居民提供舒适的生活环境。作为一个风景区，小镇也要提供一个能吸引游客前来观光、休闲的环境。

3. "小"。从规模上看，特色小镇重在小规模，与大城市的大规模建设相区别，其规划面积一般控制在 3 万平方千米以内，聚集人口 1 万—3 万，且

---

① 广西壮族自治区发展改革委：《广西壮族自治区人民政府办公厅关于培育广西特色小镇的实施意见（桂政办发〔2017〕94 号）》，广西商务厅门户网站（www.gxswt.gov.cn），2017 年 7 月 24 日。
② 卫龙宝：《浙江特色小镇建设的若干思考与建议》，《浙江社会科学》，2016 年第 3 期。
③ 北京绿维创景规划设计院：《特色小镇的综合开发运营模式解读》，旅游运营网（www.lwcj.com），2016 年 11 月 26 日。
④ 李茂：《准确把握特色小镇的内涵与外延》，《河北日报》，2016 年 9 月 12 日第 7 版。
⑤ 杨东：《特色小镇规划建设过程中存在的问题与建设思路》，《建筑学研究前沿》，2017 年第 35 期。

不受原有行政区划局限的"小"地方。在形态上看，它可以是建制镇，也可以是风景区、综合体等。

特色小镇不但是区域的发展平台，而且是区域经济发展的新动力和创新载体[①]。目前，我国先后公布了三批特色小镇，共 740 个，广西的第一批特色小镇有 45 个。它以各种形式呈现，如资源禀赋型、新兴产业型、特色产业型、时尚创意型、生态旅游型、历史文化型、交通区位型、高端制造型、城郊休闲型等。特色小镇建设的目标是以信息经济、环保、健康、旅游、时尚、金融、高端装备制造等产业为基础，来打造具有特色的产业生态系统，以此带动当地的经济社会发展，并对周边地区产生一定的辐射作用，成为区域经济发展的新动力和创新载体[②]。

二、江平京族海洋特色小镇的建设现状

（一）江平镇的基本情况

江平镇位于广西防城港市东兴市东面，南临北部湾海面，西与越南万柱隔海相望，其历史可上溯到明朝洪武元年，是一个倚山、傍海、沿边而建的重镇，是广西的两个沿海、沿边又沿线的边境镇之一。全镇总面积 257 平方千米，海岸线长 38 千米，城区规划建设面积 15 平方千米，辖 2 个社区和 15 个行政村，居住着汉、壮、京、瑶等民族，共有人口 5 万。江平镇的澫尾、巫头、山心三个村（岛）是我国京族的唯一聚居地，京族人口约有 1.8 万。江平镇自然资源丰富，有耕地 3.7 万亩，山地 19.6 万亩，可开发利用海滩涂 4.5 万亩，盛产玉桂、八角和鱿鱼、虾、蟹、文蛤、沙虫、海蜇等山海珍品，有自治区级风景名胜区京岛旅游度假（内有著名旅游胜地澫尾金滩）（4A）、新石器时期交东贝丘遗址、国家级非物质文化遗产京族哈节、红树林、万鹤山等自然人文景观。水陆交通便利，滨海一级公路贯境而过，距东兴口岸 17 千米，距防城港 22 千米，距南宁吴圩国际机场、北海福成机场均约 150 千米。拥有京岛港和潭吉港两个主要港口，年吞吐能力 100 多万吨，可与我国华南各港口、越南各大港口通航。镇内农业以种植稻谷、玉米、红薯等为主，盛产虾、海蜇、沙虫、蟹、文蛤等海产，工业以农副产品加工尤其是海产品的加工为主。江平镇是全国重点城镇，现已荣获广西特色文化名镇等殊荣，是第一批全国发展改革试点小镇和《广西北部湾经济区发展规划》重点建设镇。2018 年 8 月，江平京族海洋特色小镇被列入广西首批特色小镇培育名录，成为防城港市唯一入选省级特色小镇建设培育名单的小镇。

219

---

① 卫龙宝：《浙江特色小镇建设的若干思考与建议》，《浙江社会科学》，2016 年第 3 期。
② 卫龙宝：《浙江特色小镇建设的若干思考与建议》，《浙江社会科学》，2016 年第 3 期。

京族海洋特色小镇的建设研究

（二）江平镇建设京族海洋特色小镇的历程

江平镇不但有着浓郁的海洋特色、民族特色，而且承载着厚重的历史文化，是京族文化、边关文化、海洋文化、长寿文化、岭南文化和中西文化交融交汇的小镇。近年来，东兴市立足海洋、边关、民族特色资源优势，积极培育特色鲜明、产业发展、绿色生态、美丽宜居特色小镇——江平京族海洋特色小镇，取得了较好的效果。2018年8月，江平京族特色海洋小镇被列入第一批广西特色小镇培育名单。

1. 江平京族海洋特色小镇的建设目标是：按照创新、协调、绿色、开放、共享的发展理念，聚焦特色产业，把小镇建设成为融合文化、旅游、社区功能的创新创业发展平台。[①]其核心建设区面积控制在规划2.64平方千米的范围内，重点建设的项目是陆岛码头及沿天鹅湾渔港腹地，拟使之与江平镇区连在一起，辐射带动滨海公路东至七彩贝丘湾、西至北仑河口等扇形范围的相应地域。

2. 建设任务及工作进程：为扎实推进以上的建设目标，江平镇按照要把京族海洋特色小镇建设成为中国唯一的海洋民族文化体验地、中越海上跨境旅游合作区、国家海洋高新技术产业示范区的战略定位，结合实际，拟规划以该镇所辖的巫头村、潲尾村为核心区打造建设特色小镇项目，打造一个集滨海观光、京族文化体验、休闲度假等功能于一体的滨海旅游度假区。建设项目主要包括：

（1）建设滨海森林民宿。在不占用新的耕地资源的前提下，利用当地村民住所的庭前院后，开发建设一批生态民宿。

（2）发掘和传承京族文化，带动当地旅游发展。

（3）新建巫头市场。通过建设，使该市场的海产品交易额每年可带动两三百万的游客量。

（4）在万鹤山设置观看台，给游客提供观万鹤归巢景观的观赏处。

（5）通过改扩建，把陆岛码头建成纯观光的快艇旅游码头，打造跨国航线，使游客体验海上互动，形成京族海洋特色小镇"上山、下海、出国"的独特旅游特色。

（6）建设天鹅湾国际渔港码头，作为海产品仓储、物流点，以承接越南、马来西亚等东盟国家的海产品入境。

3. 建设成效：江平镇紧紧抓住两大特色开展特色小镇建设。这里拥有中

---

① 向阳：《广西防城港江平创建京族海洋特色小镇获批》，《防城港日报》，2018年2月23日。

国独一无二的海洋民族——京族聚居地,可以大力发展特色旅游产业,打好"特"字牌;这里拥有中越交界边海地区海洋渔业资源和养殖资源丰富的优势,可以大力发展海洋渔业产业以及海洋渔业产业加工业,打造特色产业链。一个滨海风情游宜居生态小镇——江平京族海洋特色小镇初步崭露头角。

（1）特色产业已经形成。2015 年 12 月,东兴京岛海洋渔业核心示范区荣获"广西现代特色农业核心示范区"的称号,这是江平京族海洋小镇建设的重要产业支撑平台。京岛海洋渔业核心示范区位于江平镇南部京族三岛上。依托独特的沿边沿海优势和丰富的海洋渔业资源,当地政府全力创建海洋渔业生产示范区,已经建成 3900 百亩的对虾养殖基地,形成了一套生态、绿色、高效、可持续的养殖模式。基地实行"公司＋基地＋农户"的开发养殖模式,养殖户负责养殖管理,养殖成品由公司按保本价统一收购,利润归养殖户所有,超出保本价,按市场波动价格,由养殖户自由销售,从而形成较为稳定的产销对接链条,不仅提高了虾塘的经济效益,更为当地农民增收致富起到示范带动作用。目前示范区已经有 15 家农业企业,打造了江平虾等一批具有地理标志的水产品品牌。潕尾金滩基本上每户农民的收入都能达到每年四五十万。[①]

江平工业园区是一个以加工业为主的产业园区,在 2006 年开园建设。近年来,工业园区凭借江平镇建设海洋渔业核心示范区的机遇,发挥渔业生产和进口海产品资源的地缘优势,逐渐形成了集孵化和养殖、捕捞和进口加工、冷链和仓储、转运和营销为一体的海产品产业链条,培育了一批龙头海产品加工企业。半成品虾全部来自越南,在经过解冻、剥壳、去肠、开背、浸泡、速冻等工序后,由工人们打包,运往全国各地。最大的企业年产值达 1 亿,带动 200 人就业。江平镇海洋渔业产业链条的逐渐完整、功能多样和业态丰富,不仅让当地的渔业产品竞争力明显提高,群众收入持续增加,也让当地的经济活力显著增强。截至 2018 年上半年,江平工业园区总产值 44.71497 亿元,共有 49 家企业入驻,其中海产品加工企业有 4 家。[②]

（2）旅游产业成为支撑京族地区经济发展的重要产业。近年来,东兴市大力整合旅游资源开发,结合当地自然资源,多渠道开发特色景点景区,重点推进旅游名镇名村建设,打造好边境跨国牌、京族牌和海陆地标牌三个旅游品牌,着力谋求特色旅游业的大发展。不断通过各种形式挖掘京族地区

---

① 吕瑞琪:《江平京族海洋小镇:走进海洋天堂,探访京族海洋渔业》,广西新闻频道,2018 年 8 月 16 日。
② 吕瑞琪:《江平京族海洋小镇:走进海洋天堂,探访京族海洋渔业》,广西新闻频道,2018 年 8 月 16 日。

的京族文化、海洋文化、贝丘文化、老街文化、长寿文化等特色文化资源，特别是对京族文化元素进行提炼，找出其中可以传承开发利用的元素。通过发展旅游把这些元素串联起来，吸引游客来体验京族文化、体验民宿、体验中越交界边海地区特有的风情。京族文化特色成为当地旅游发展的核心竞争力。2017 年，江平镇接待海内外游客人数达 140.9 万人次，旅游业创产值达 3787.85 万元[①]。

（3）形成了具有北部湾特色的旅游生态功能区。2017 年，东兴天隆泰生态产业公司"天隆泰（桃花岛）生态产业园"入选国家农业部办公厅公布的休闲渔业品牌创建主体认定名单，获"全国休闲渔业示范基地"称号。该公司位于 4A 级景区——京岛风景名胜区，成立于 2011 年 8 月，主打项目天隆泰生态产业园，总规划面积 1000 多亩。产业园紧密结合京族风情、海洋文化及边关风情，目前已建设垂钓海塘 70 多亩、环岛垂钓海沟 2.8 千米、种养桃花树 1500 棵、种植木棉树 2300 棵，完成投资 2350 万元，初步形成了垂钓基地、海景摄影基地、海鸟栖息基地、特色海产品养殖基地、露营基地、学旅基地，可供垂钓、下网等多种多样渔家东乐活动，可以同时接待游客 3000 人。该生态产业园目前将着力提升休闲、住宿等设施，打造具有北部湾特色的全国渔业示范基地。[②]

（三）江平镇创建京族海洋特色小镇的基本经验

1. 民族文化是京族海洋特色小镇发展的资源基础，特色小镇是京族文化传承的重要载体

作为我国京族的唯一聚居地，江平镇打造京族民族文化特色牌。江平镇的澫尾和巫头村在产业结构、民居式样以及风俗习惯等方面都有其独特性。京族人民以海为生，与海相伴，一直以渔业生产为主要的生产活动。在长期的生产、生活中，京族人民形成了独特而丰富的传统风俗，体现在节庆、建筑、服饰、饮食、民间艺术等方面。其中，独弦琴、哈歌、竹竿舞被誉为京族文化的三颗"珍珠"，集各种传统仪式于一身的哈节是京族最隆重、最热闹的民族传统节日[③]。这些特有的民族文化资源使京族特色小镇与其他小镇有效地区别开来，这是建设京族海洋特色小镇的基础；而特色小镇的建设反过来为传承和保护这些民族文化提供了重要的载体。

---

① 吕瑞琪：《江平京族海洋小镇：走进海洋天堂，探访京族海洋渔业》，广西新闻频道，2018 年 8 月 16 日。
② 陈义才：《东兴天隆泰生态产业园获全国休闲渔业示范基地称号》，《防城港日报》，2017 年 12 月 13 日。
③ 吴小玲：《京族文化传承与京族地区旅游产业发展研究》，《中国民族报》，2017 年 3 月 3 日第 8 版。

2. 旅游产业和文化产业的融合发展推动海洋特色小镇发展和民族文化传承

江平镇通过旅游产业和文化产业的融合发展推动京族海洋特色小镇的发展和民族文化的传承和互动发展，拓展了特色小镇的内涵和外延，拓宽了民族文化传承的渠道和民族文化产业发展的空间。

（1）**京族特有的文化标志在旅游开发中得到保护和发展。**独弦琴、哈节、京族服饰、字喃、鱼露、风吹饼等是京族特有的文化标志。在江平古街保留着裁剪京族服装的店铺。经过京族服装师的改良，京族服装既保留了古老京族服装的特点，又惊艳而不脱俗，成为了京族文明的象征性文化之一，吸引了不少游客前来购买、收藏。在京族哈节、独弦琴弹奏等重大场合，穿京族服装成为京族人民隆重而高兴的事情。独弦琴、京族服饰与海滩、海风、哈妹们原生态的表演相呼应，显示京族文化的特有韵味。鱼露、风吹饼（饸丝、京族炒粉）也成为京族风味美食必备品。为了保护京族等少数民族特有的文化，保进少数民族文化的传承和发展，防城港市和东兴市先后开展了全市非物质文化遗产的普查登记和注册保护申报工作，建成了京族博物馆，举办了多项京族哈节以及京族独弦琴表演活动。喃字是京族一度使用的文字，保存有京族的重要历史资料，京族干部苏维芳等组织人员整理喃字资料，义务给村民上喃字课，让年轻人学习喃字，以便能念祖传经文，使京族师公后继有人。京族歌圩也得到延续，京族三岛及江平街成立了老年人山歌协会及歌堂。一到圩日，歌堂里聚满从周边各村甚至从越南赶来的老人。他们以歌交友、以歌传情，传递京族古老的文化，传承京族文化传统。2006年，京族哈节被列入第一批国家非物质文化遗产保护名录；2011年，独弦琴艺术被列入第二批国家非物质文化遗产保护名录。京族鱼露入选自治区级非物质文化遗产名录，京族喃字和京族服饰入选防城港市非物质文化遗产名录，京族风吹饼、京族天灯舞等8项已被列入县级非物质文化遗产名录；京岛风景名胜区入选国家4A级景区，江平镇因此获得"2014广西特色文化名镇"称号。

（2）**京族文化遗产不断得到保护和传承。**哈亭、"三圣宫"、大王水口庙、佛堂、基督教堂等京族民间文化活动场所都得到了很好的保护。哈亭（或吃亭）是京族人民供奉神灵和先祖的场所。是一个且歌且饮的祭祀亭。早期哈亭是用竹木为桩柱、茅草做盖顶的亭式建筑，后来京族人民吸收周边汉壮民居建筑的特点，把它建成能够遮风挡雨的屋式建筑。近十年来，又把它改建成钢筋水泥做框架、琉璃瓦盖顶、瓷砖铺地饰墙的富丽堂皇的殿式建筑。拥有300年历史的三圣宫位于竹山港码头旁，中越界河北仑河的入海口，"大

清国一号界碑"旁边，始建于明末，清光绪二年重建，坐北朝南。整座庙宇飞檐高翘、红墙绿瓦、雕龙画凤、气势壮观，是一座具有中国传统宗教庙宇特色的古式建筑。"三圣"即三婆，又称妈祖，名林默，原起源于福建，后被皇帝赐封为三圣，京族地区所建妈祖庙称"三圣宫"（与沿海各地的三婆庙、天妃庙、妈祖庙的称呼有区别）。庙中所用材料镂刻之材以及屋檐瓦顶的陶瓷浮雕图文制品都是由中国建筑师绘制好图案，越南工匠按设计雕刻、烧制而成，充分体现中华文明之博大与越南工艺之精湛，是两者结合的产物。门前的一副楹联，"竹荫英灵渡海绅商沾圣泽，山朝显赫临江仕庶仰慈云"对仗工整，意蕴丰富，上联保佑出海航行捕捞经商者，下联庇护坐地耕种留守人，四面关照，皆大欢喜。过去渔民们出海前，都要祭拜三圣宫以保平安。如今，这里成为京族群众集会、开展文艺活动和日常娱乐的场所。

（3）京族特色文化存在的社会历史环境不断得到保护和建设。自 2011 年起，江平镇共投入了 3000 多万元用于文化项目的保护与建设，按照保护地域特色和传统特色、保护传统民居和传统民俗文化、保护自然资源和生态环境的思路，凸显京族文化、海洋文化、长寿文化等特色。东兴市坚持以规划为龙头，加快城镇化规划管理，合理布局城镇功能，完成《东兴江平镇总本规划》（2012—2030 年）和《京岛风景名胜区控制性详细规划》的编修工作。投入 396 万元进行城镇基础设施建设，投入 7546 万元建设江平商贸城、江平客运站、江海红木加工石，投入 1300 万元建设京岛风景名胜区门楼，极力打造京岛风景名胜 4A 级旅游景区，完善京族博物馆、生态博物馆等文化设施的建设。投资 1.02 亿元，推进江平镇竹山村、京族三岛等旅游景区建设，打造特色文化名镇和旅游名村。如在瓦尾村，以创建京岛风景名胜区 5A 级景区为主，从京族文化雕像、京族表演馆、老街综合改造、滨海公路沿线风貌改造等基础设施方面展开①。在竹山村以发展"农家乐""渔家乐"特色乡村休闲旅游为主，打造古碑、古庙、古街、古教堂、古榕的"五古"特色。

2018 年以来，东兴市还通过大力开展"边海·京韵"田园综合体建设，强化京族特色社会文化环境的建设。依托京族、海洋、边关、长寿、伏波、红木、华侨、佛教、天主教九大独特文化，利用十里金滩、百里边关、千年古榕、万亩红树林等稀缺资源，东兴市着力构建"一环、一岛、两镇、五区"的"边海·京韵"田园综合体。其中，涉及的项目包括：发展特色种养殖业，实施打造万亩海水养殖等"十个一万"重点项目；启动现代特色农业示范区

---

① 《东兴江平镇》，广西县域经济网（www.gxcounty.com），2015 年 3 月 7 日。

增点扩面提质升级工程，推动京岛海洋渔业核心示范区升级为国家级现代农业产业园，提档升级鑫宇金花茶、七彩贝丘湾、长湖生态园等为自治区级示范区等。此外，还通过打造七彩贝丘—京岛海洋示范区—氵万尾旅游示范村三条线路，积极推进农业＋旅游、康养等多种模式融合，推动农业电商、农业互联网等新业态，促进农村一、二、三产业融合发展。抓好生态环境建设等。①

（四）江平京族海洋特色小镇建设面临的问题

在大力推进京族海洋特色小镇建设的同时，江平海洋特色小镇建设也面临着一些突出的问题：

1. **定位还不够明确。**从定位来看，这个海洋特色小镇是以特色海洋产业为主，还是海洋旅游为主，是历史文化型小镇，还是生态旅游型小镇，还是两者兼而有之，同时并进，一切尚不明确。

2. **京族特色文化建设的力度不够大。**作为文化传承与创新的重要载体，京族特色海洋小镇在塑造属于自己的独特文化，提升居民的文化认同感和归属感方面还有很大的差距。

3. **特色小镇培育的时间短，一些关系还需理顺。**京族海洋特色小镇正在培育中。把它建设成为一个具有产业特色鲜明、人文气息浓厚、生态环境优美的特点，具有旅游与社区双重功能的特色小镇，不但能起到加快生产要素集聚、促进京族地区产业转型升级的作用，而且在传承历史文化、改善人居生态环境、推动边疆地区社会的创新发展方面也能发挥作用。我们在这方面还有很长的路要走。

4. **特色小镇建设规划文件的陆续出台对京族特色小镇建设提出了更高的要求。**随着特色小镇建设的深入推进，2017 年 12 月，国家发展改革委、国土资源部、环境保护部、住房城乡建设部《关于规范推进特色小镇和特色小城镇建设的若干意见》，要求各地特色小镇要立足产业"特而强"、功能"聚而合"、形态"小而美"、机制"新而活"，推动创新性供给与个性化需求有效对接，打造创新创业发展平台和新型城镇化有效载体。不能盲目发展，要实行创建达标制度等②。一些省区在特色小镇创建方案中提出要建立考核指标体系和评价制度，并依据考核情况兑现奖惩，对已入选小镇进行动态调整等。

225

① 《2018 年东兴市政府工作报告》，东兴市人民政府网（http://www.dxzf.gov.cnl），2018 年 2 月 8 日。
② 国家发展和改革委员会．国土资源部．环境保护部等：《关于规范推进特色小镇和特色小城镇建设的若干意见》，中华人民共和国自然资源部（http://www.mlr.gov.cn/），2017 年 12 月 4 日。

三、江平京族海洋特色小镇建设的对策建议

（一）充分利用优势资源，推进生态、文化、旅游"三位一体"，重点打造独具边海魅力的文旅特色小镇

1. **明确小镇的发展定位。** 根据京族地区的历史文化特点，小镇宜定位为海洋历史文化旅游型小镇，以发展海洋旅游为主，以特色海洋产业为辅。

2. **要充分挖掘京族独有文化元素，打造文化符号，整合滨海资源，促进旅游文化产业发展。** 京族"哈节""喃字"、独弦琴等是其特有的文化元素和文化符号，美丽金滩、白鹤栖息湿地公园、红树林和当地渔民捕鱼劳作景象等是其特有的滨海资源，为此要因地制宜，重点推进天鹅湾国际渔港码头、海上运动基地等项目建设，加快京族海洋生态休闲区、国际海洋渔业示范区、海上跨境旅游合作区建设，全面促进京族海洋特色小镇的建设。

3. **要注重生态保护。** 目前，环境问题成为小镇的通病，整治环境概念在全国小镇都有提及，在近来国家四部委发文规范推进特色小镇建设中屡被提及。为此，要尊重"既要金山银山也要绿水青山"的理念，在小镇建设的同时做好生态平衡，绝不能牺牲环境而牟取经济效益、谋求所谓的发展。文化独特、环境优美、生态融合是京族小镇的特色，作为培育中的特色小镇，江平海洋特色小镇建设必须保住这一优势。

4. **要秉承创新、协调、绿色、开放、共享的发展理念，实施多重生态融合发展。** 江平镇京族海洋特色小镇要充分利用自身区位优势、自然资源和历史人文等独特优势，将海洋特色小镇打造成中国唯一的海洋民族文化体验地、中越海上跨境旅游合作区、国家海洋高新技术产业示范区，同时要在小镇建设过程中，尊重本地建设风貌，保持原真性，保留原有居民，注重产业生态、自然生态、社会生态的融合发展，实现以"文化＋产业＋旅游＋生活"四位一体协调发展，使小镇成为集"体验、旅游、生态、人文"于一体的创新平台。

5. **要持续发展。** 要利用优越的多重生态环境迅速集聚起创业者、风投资本、孵化器等高端要素，促进产业链、人才链和创新链的快速形成，使小镇持续发展。

（二）明确产业定位，突出产业的独特性，形成并拓展产业链

特色小镇的建设着眼于"特"。作为特色小镇开发的核心，特色产业的选择、导入与培育，是特色小镇开发成功推进的关键和最大的难题。

1. **明确产业发展特色。** 在选择产业发展特色上，一定要对小镇原有的历史、现状及产业进行分析，要有做深做精的聚焦意识，不能简单地把"互联网＋文化旅游""互联网＋渔业产业""文化旅游＋海洋渔业产业"等同于聚焦产业，打造特色。必须注意它们之间的关联度，找到平衡点，以促进京族文化与特色经济发展的融合。

2. **通过合理布局，彰显产业特色，找到小镇经济发展的引擎。** 为此，京族海洋特色小镇建设一定要聚焦京族地区的经济、环保、健康、旅游等产业，想方设法挖掘自己最有基础、最具优势和最富特色的产业，避免与周边地区的小镇同质竞争。

3. **要形成并延长产业链。** 发展海洋文化旅游业、海洋渔业和海产品加工业等无疑是京族最有优势的产业方向，但要尽快形成自己的产业链。如果长期单纯依靠进口越南的渔产品来进行加工生产，没有形成自己的产业链条，很容易在市场竞争中失去优势。京族文化旅游产业的发展必须突出京族特有的文化特色，实现由单一景区景点建设向综合旅游目的地的发展转变，着力打造成为高品质旅游目的地，满足游客由观光型旅游为主向观光旅游、自驾旅游、养生养老、运动健康、主题游乐、文化体验等各种专项旅游产品并重的复合型旅游发展的需要。

（三）要采取灵活的制度，统筹规划，多边融合，促进小镇发展

1. **要科学统筹规划小镇的建设，完善各方面功能配置。** 政府要发挥主导作用，坚持规划先行，多边融合，充分发挥规划的引领作用，综合规划、国土、发改、环保、文保等多部门，联动编制产业、文化、旅游"三位一体"和项目、资金、用地"三方落实"的建设规划，以"多规合一"的思路系统化、高标准谋划小镇的功能定位和发展思路，为海洋特色小镇营造良好的空间载体。为此，要合理规划江平镇内各类产业的集聚区、功能区的分布，对京族历史文化风貌区进行改造，在建筑风格方面体现京族文化和海疆历史人文特征，确保海洋特色小镇风格所具有的独特文化诉求等。

2. **处理好政府主导与企业发展的关系。** 在特色小镇建设中，政府主要做好规划、保护生态、优化服务，其余的要交由企业去做。现实中，成效显著、发展良好的特色小镇，都是市场化运作的结果，发挥了企业的主体作用，彰显了企业的能动力和影响力。如路桥沃尔沃小镇由吉利集团主导建设，龙游红木小镇由浙江年年红家具集团一手创建等。京族海洋特色小镇建设也要遵

循"政府搭台，企业唱戏"的原则，积极探索推行市场化推进的运行机制，充分发挥企业的能动作用。政府要适时扮演好引导者角色，统领全局，招商引资，合理引导具有一定规模的企业、组织等加入到特色小镇建设过程中，合理布局，科学规划。同时要赋予企业、组织足够的自由度，破除企业在发展过程中的各种制度性障碍，保障组织发展的科学性，保障特色小镇建设的健康发展。

3. 要依托产业基础，做好分类发展。可以依托现有的京族渔村民居、滨海风光，结合生态园区建设，完善京族度假产业文化中心建设，发展"乡村休闲—文化体验—民俗之旅"，吸纳游客体验京族民俗文化旅游；可依托滨海风光和休闲度假园区，完善京族民族风情、渔家活动风情的文化功能，增设渔业文化风情体验区，发展"滨海旅游—风情体验—渔家旅游"等；可利用京族地区的长寿文化大做文章，吸引民间资本开发民居村落，发展健康养老产业，发展"生态资源—滨海旅游—度假养老"；可以开发夏季出海打渔、冬天保暖过冬等休闲度假项目，结合京族风情的旅游项目，发展"沙滩经济—养生休闲—运动旅游"等。把文化因素融入京族特色文化产业的传承。

我国目前已进入了新时代中国特色社会主义建设时期，与全国同步建成小康社会是京族地区社会发展的重要任务。做好京族海洋特色小镇建设，保护、传承和发展京族特色传统文化，促进京族地区社会发展、经济繁荣是京族人民的共同愿望。同时，也希望通过京族海洋特色小镇建设的研究，能为我国人口较少的民族的社会文化发展提供借鉴。

228

（作者是北部湾大学北部湾海洋文化研究中心教授）

京族海洋文化开发建设的优势与策略

苏维生

当前，海洋在国家经济社会发展格局、对外开放和维护国家主权中的地位凸显，在国家生态文明建设中的角色显著，在国际文化竞争等方面的战略地位显著上升。海洋文化越来越成为提升全民族海洋意识和增强国家软实力不可分割的重要组成部分。

海洋强国是我国的基本战略，党的十八大报告、十九大报告均有我国要建设文化强国和海洋强国的表述，这为海洋文化建设提供了重大的历史发展机遇。随着陆地可开发资源减少，海洋逐渐成为国家和区域角逐的战场。海洋竞争实际是海洋文化的竞争，海洋文化的发展依赖于海洋经济的发展，以海洋文明为主题进行文化产品和文化服务的开发是沿海地区和民族未来经济发展和转型的重点方向。在此背景下，沿海区域和民族需要形成新的海洋思维、海洋观念，在关注海洋资源和海洋交通运输开发利用的同时，也要关注海洋文化产业的发展。纵观防城港海洋文化，民俗文化和渔业文化的核心都来源于京族文化，而且具有唯一性和高度独特性。故本文着重探讨京族海洋文化开发建设的优势和策略。

229

一、京族文化的主要形态和特质

京族是我国少数民族中人口较少的民族，同时也是我国唯一的海洋渔业民族。京族文化是我国民族文化大花园中的一朵奇葩。我市是京族的唯一聚居地，全国2.8万多京族同胞中就有1.6万人聚居在我市东兴江平镇的巫头、山心、潭尾三岛，素有"京族三岛"之称。京族历史上称"越族"，新中国成立后，经民族识别，定名为"京族"。京族与越南主体民族同根同源，500多年前从越南迁徙过来，带来了邻邦的文化风情。京族人以海为生，以岛为家，文化独特，传奇感人。哈节是京族最为隆重的民族节日，集中体现了京族文化、习俗和传统。京族的独弦琴、"唱哈"和竹竿舞被誉为京族文化的"三颗明珠"。

2006年，哈节被列入首批国家级非物质文化遗产保护名录。2011年6月，京族独弦琴艺术也被列入国家级非物质文化遗产保护名录。京族以海洋渔业捕捞、养殖、加工为主的生产劳动和海岛、海港、海滩、海水、海风的生存环境，孕育了京族文化的海洋韵味。广西12个世居民族中，除京族外，没有哪一个民族的文化有如此浓郁的海洋文化韵味。海洋文化中的大海、海鱼、海风、海岸、海港、海景、海神、渔民、渔业、渔船、大网、盐田等元素，无不浸润于京族文化之中。海洋文化与民族文化融为一体，构成了京族文化丰富的内涵和特有的形态。①

孕育和发展于南海北部湾的京族海洋文化，与我国其他沿海地区的海洋文化既有共性又有独具特色的个性，体现了北部湾海洋文化的特质。

一是积淀了以开放性、外向性为核心内涵的海洋精神。从自然形态来说，浩瀚的海洋就是开放无法封闭的。沿海人民在海洋中的基本活动都不为地域所限，世界为其所有、为其所用。开放的海洋生态环境塑造了沿海人民的价值观念和性格，创造出海洋文明成果。以开放性、外向性为核心内涵的海洋精神，决定了海洋文化的其他特性。

二是崇尚冒险与"海人合一"的和谐。在沿海地区生活、生存必须冒险，崇尚冒险的京族深谙与海洋和谐共处之道。镇海大王的传说寄托着京族在海洋开发时借助想象征服海洋的幻想，歌颂了祖先征服自然、战胜邪恶势力，开辟美好家园的创业精神。京族人民将与海共处的能力神化为崇拜的对象，海神信仰不是对幻化神绝对主宰的臣服，而是通过神人之间尊卑有序规范人际间的礼仪礼节，规范人与大海的相处准则，实现京族自身发展和人与海洋、社会的和谐。

三是体现了跨境民族关系。京族是跨境民族，祖先原居住在越南涂山、清化一带，于15世纪末至16世纪初陆续迁到广西东兴。京族在居住环境和生计方式方面，继承了越南北部、中部沿海地区京族人靠海为生、以海为本的传统，保留了在越南居住时的一些民俗，比如保留了崇拜海神的信仰特征，供奉的高山大王、圣祖灵应王等神灵均来自越南村落的信仰神。②

四是吸收中华传统优秀文化。京族与壮、汉、瑶等民族杂居，友好往来，相互间文化交流十分密切，吸收了这些民族的优秀文化。比如京族与其他民族一样，

---

① 蓝武芳：《泛北部湾海洋文化保护》，《京族文化的传承保护与发展（论文集）》，南宁：广西人民出版社，2008年。
② 何思源编著：《中华民族全书·中国京族》，银川：宁夏人民出版社，2012年。

过春节、清明节、端午节、中元节、中秋节等，并融入了自己的风俗特点。[①]

五是讲求团队协作性。航海风险大，个人的力量很难抵御，一定要形成团队，培养同心协力、按共同规则办事、尊重权威的团队精神。拉网、塞网是大型的群体性操作的渔业捕捞方式，需要较大的投资和劳作。京族人民几户或十几户合伙经营，合伙购买、共同占有和使用捕捞工具。形成了一种特殊的劳动组织。

六是强烈的拓展和创新变革意识。很长一段历史时期内，京族人民生产水平低下、生活贫困。改革开放后，京族人民发挥族源、文化、语言和地缘优势，大力发展与越南的边境贸易，并学习引进海产养殖业，生活水平迅速上升，成为全国最富的少数民族之一，寻常百姓住进别墅、坐上轿车。

二、京族海洋文化开发建设的优势

（一）独特的海洋文化

京族作为我国既沿海又沿边的少数民族，其传统文化与内陆少数民族相比，带有明显的海洋文化特色。由于其特殊的地理位置以及来源，京族的文化传统又蕴含外来文化的特征。京族的海洋文化习俗在我国少数民族文化中独树一帜，成为中华民族文化中不可缺少的一部分。京族海洋文化的特色主要体现在两个方面：第一，海洋文化具有民族特色。京族虽然人口较少，但是文化独特，特有的京族服饰、京族风俗、京族艺术等，赋予了京族海洋文化浓重的民族色彩，而这种民族风格使得京族海洋文化在先天上和其他地区海洋文化区别开来。第二，京族民众特有的海洋生活方式和习俗。虽然沿海地区民众的生产、生活方式大同小异，同样出海捕鱼，同样打渔为生，但是由于不同沿海地区的周围环境、气候条件各有不同，海洋资源也各有特色，沿海民众在生活习俗和生产方式上各自形成了与当地海洋特征相适应的生活模式和习俗，而这些内容便构成了当地特色的海洋文化习俗。京族人在长期的历史发展过程中，结合当地的实际也形成了各种独特的海上习俗，如哈节迎海神、踩着高跷在浅海捕鱼等，都是京族人特有的海洋习俗。特有的海洋生产方式、生活习俗是京族人智慧和精神的结晶，也是京族特有的和唯一的海洋文化资源。

（二）优越的地理区位

东兴市江平镇所辖"京族三岛"位于中国大陆海岸线的最西南端。东临

---

① 廖国一：《京族传统文化的基本特征、重要价值与传承创新》，《京族文化的传承保护与发展（论文集）》，南宁：广西人民出版社，2008 年。

珍珠港，背倚十万大山，南濒北部湾，西与越南隔海相望，与越南的万柱岛仅一水之隔，距离世界自然遗产、被誉为"海上桂林"的著名风景区越南下龙湾180千米。随着《广西北部湾经济区发展规划》的实施和中国—东盟自由贸易区的建立，特别是2010年6月东兴市的开发开放上升为国家发展战略，东兴成为中国和东盟、南亚等市场的桥梁和纽带，给与东盟国家越南京族属于同源民族的京族提供了前所未有的历史机遇，京族在当地经济区域经济板块市场合作和贸易中扮演着越来越重要的角色。优越的地理区位使得京族地区不仅在文化资源上具有独特的边疆特征，而且让当地的文化产业发展具有更大的对外贸易市场，为开展海洋文化旅游业、海洋博览会等海洋文化产业勾勒了美好前景。

（三）得天独厚的自然资源

京族三岛处于北回归线以南，属亚热带季风气候，年平均气温在22℃左右，最高32℃，最低10℃。年均日照量超过2100小时，日照充足，终年无冰霜，草木繁茂，四季常绿。旅游资源丰富，旅游业方兴未艾。巫头岛上有一片面积达几千亩的沙滩，白沙皑皑，沙滩上绿树成荫，一派活生生北国林海雪原风光，号称"南国雪原"。该岛还有一座远近闻名的万鹭山（也叫万鹤山），有数万只白鹤和白鹭在山上栖息。清晨出巢和傍晚归巢，只见鹤鹭和鸣，白鸟翔集，颇有"天地遍沙鸥"的感触，白沙、绿树、白羽，构成了一幅绝妙无比的画面。沥尾岛的"金滩"，沙质细软金黄，海水洁净碧蓝，浅水区宽阔平坦，白日风平浪静，可同时容纳5万人进行海水浴和沙滩运动，是一个集坡缓、水暖于一身，无污染、无鲨鱼、无礁石、得天独厚的海滩浴场。堤岸是数十里长的防浪护堤，堤上的木麻黄防风林带，绿树成荫，葱笼婆娑。山心岛相对保持了较多传统，只见水田碧绿、鱼塘水满、荷叶摇曳、民风淳朴，一派亚热带田园风光。整个京族聚居区，现已成为广西旅游热点之一，为海洋文化旅游业、海洋节庆展览等海洋文化产业的发展奠定了坚实的基础。

三、京族海洋文化开发建设的机遇

（一）国家重视海洋文化产业

党的"十八大"明确提出了发展海洋经济、维护国家海洋权益的基本思想。这个基本思想不仅表明发展海洋经济和海洋文化产业将是国家未来经济发展的重要方向，也为沿海区域经济调整和转型提供了新的思路。在当前形势下，为了使民众更好地增强海洋意识，国家形成了多元化的海洋宣传格局，在全社会范围内大力营造热爱海洋的文化氛围，为海洋文化产业的发展创造了良好的社会环境。发展海洋文化产业是国家海洋战略的基本内容。在《中华人民共和国国民经济和社会发展第十三个五年规划纲要》中，国家对文化产业所设定的发展目标是：

到 2020 年，国家将建成海洋特色鲜明的海洋文化产业发展格局，形成海洋文化产业带，建设一批典型的海洋文化产业示范区和示范基地。这是国家对海洋文化产业的重视和期望，相关政策的出台更是为海洋文化产业发展思想的落实提供了保证，因此发展海洋文化产业将是沿海地区经济的主要增长方向。当前，国家在海洋文化产业方面的重点关注，说明了区域或民族发展海洋文化产业正当其时，是京族文化产业发展的良好机遇。

（二）京族地区经济可持续发展的需要

海洋文化是海洋经济发展的内核，海洋文化的丰富和内涵扩大依赖于海洋文化产业的文化资源整合和扩展。要实现京族文化均衡发展和经济可持续发展，发展海洋文化产业是京族地区经济结构调整的必然之举。随着国家改革开放政策的实施以及与越南国家关系的正常化，京族民众通过发展跨境贸易、海运业、浅海捕捞、海水养殖及其他海洋产业使得京族地区经济增长迅速，家家生活富裕。然而，伴随着海洋资源的开发利用力度加大，京族民众对于海洋资源的依赖性加强，这就意味着随着海洋资源减少和市场竞争加大，单纯的海洋资源产业很容易使当地经济发展陷入被动。因此开发海洋文化资源，发展海洋文化产业有利于京族地区经济更加平稳发展。合理地开发海洋文化产业必将会使海洋文化产业成为京族经济新的增长点，而当前京族较好的经济发展势头也为海洋文化产业的发展奠定了基础。

四、京族海洋文化开发建设的策略

（一）做好民族文化产业大文章，努力打造京族文化品牌

文化产业是京族文化保护与传承的切入点，是支撑京族文化延续的原动力。未来的发展方向，我们要以战略的眼光来构建京族的综合的文化产业体系，组建文化产业舰队。要利用京族优越的自然环境和社会环境来建设京族的多层次、多功能、多元化的文化产业，集饮食文化、旅游产品加工、长寿文化、人文风情、文化服务等为一体的文化产业，要把它作为新的经济增长点来进行建设，要提高文化产品的供给能力和文化服务的水平，在构建综合文化产业时，要突出京族的特点，有特点便有优势。文化产业本身是经济建设的组成部分，

可作为经济建设的新的增长点，使经济建设不断拓展、延伸。只要文化产业之间各项目互相联动，进而得以综合发展，就会使京岛的经济持续地、健康地、稳定地发展。大力实施京族文化龙头战略，通过保护与开发相结合，依托京族哈节和优秀的民族民间文化等优势资源，挖掘出京族民族文化的发展融合、区域历史名人事迹、生态环境等作为文学或电影题材，全力打造历史文化、海洋文化、京族哈节民族文化、节庆文化，把京族文化资源开发成为产业资源，并以品牌扩大影响，吸引资本、开拓市场。[①]

（二）加强京族文化研究，走保护与开发相结合之路

面对京族旅游产业发展缓慢、层次低、没能形成独特的品牌和产业链这一现状，京族文化发展接下来还要加强文化研究的力量。文化研究与文化生产相结合，使文化成为生产力，是民族民间文化的最佳保护方式。可从以下几个方面着手：第一，充分认识京族文化资源的发展潜力和经济价值，既看到其文化的"事业"性质，又看到其"产业"的潜力，既注重利用那些不可再生的资源，也要开发那些取之不尽的文化资源，将巨大的文化资源转化为经济优势，促进民族文化与旅游、经贸的结合，使京族的文化旅游、文化产品成为经济增长的支柱产业。第二，立足于我们的时代和现实。一方面将民间文化中的优秀元素发扬光大，将民间文化的宝贵资源赋予时代精神，在科学开发和合理利用的基础上，培育新的资源。另一方面，在原有文化因子的基础上，扩展和发扬民间文化，创造新时代的民间文化。第三，通过开发利用民间文化资源，达到人们富裕、民族团结、社会文明的目的。因此，要将民间文化的保护和开发结合起来，并结合自然资源的保护和开发，实现可持续的发展。

（三）设立"海洋文化日"，塑造海洋文化形象

京族三岛作为我国海洋文化的发祥地和承载地之一，加强海洋文化保护，塑造海洋文化形象，是建设现代海洋文化的基础性工作。"海洋文化日"可以作为政府组织、社会各界广泛参与的群众性活动，组织丰富多彩的文体活动，使各种形态的京族海洋文化形象化、生态化，使其历史、文化和科学价值具体化，在保护日期间集中展示。"海洋文化日"还能成为泛北部湾各国海洋文化交流的媒介。京族海洋文化不仅属于京族人民，也属于全社会、全世界，是维护世界文化多样性、促进人类共同发展的重要资源。以"海洋文化日"为联系

---

① 潘小玲：《防城港海洋文化资源及其旅游开发》，《北部湾海洋文化论坛论文集》，南宁：广西人民出版社，2010年。

的纽带，加强中国与泛北部湾各国开展形式多样、内容丰富的海洋文化合作保护，能够推动中国与泛北部湾各国海洋文化合作保护的国际化、长期化、系统化，取得突破性的成效，从而有效保护海洋文化的自然环境、文化遗产和传承机制，对泛北部湾区域海洋文化保护提供经验和示范。[①]

（四）前瞻规划，注重培养和引进专业人才

　　文化产业的发展，专业人才是基础也是关键。故此，我们要用前瞻性思维规划文化产业的发展，注重培养和引进专业人才。相对于其他有形产品的制造和生产，文化产业的运作专业性更强，且文化产品的服务和运作需要遵循文化发展基本规律，因此文化产业的运作发展离不开专业人才的参与。海洋文化发展具有自身的规律和特性，无论是海洋文化旅游产业、海洋博览业，还是其他海洋动漫文化产业、海洋影视产业的运作都需要对海洋文化有深刻理解并熟知文化运作规律的人才推动。虽然当前京族地区具有良好的海洋文化资源和契机，且当地民众具备一定的经济基础和经济发展经验，但是并不能代替专业知识。当地海洋文化产业的发展必须要有专业人才队伍，仅仅依靠原有的人力资源是不够的。因此京族海洋文化产业的发展只有把海洋文化产业化人才问题解决了，相关产业才能在未来的发展中具备成功的基础。所以，海洋文化产业的发展必须基于未来产业发展需求，培养和引进更多的海洋文化专业人才，这才是产业发展的根本保证。

235

　　（作者是防城港市京族文化研究学会名誉会长、防城港市人大常委会原副主任）

---

① 《关于防城港建设"中国海洋名城"的几点思考》，《北部湾海洋文化论坛论文集》，南宁：广西人民出版社，2010年。

论中越京族渔业文化旅游的合作开发
——基于越南云屯的田野调查①

何良俊

引　言

越南的广宁省位于其国土的东北角,北接中国防城港市,南连越南海防省,是全国著名的渔场,拥有丰富的鱼类和海产资源。而云屯则是广宁省历史较为悠久现在仍然繁荣的渔港。广宁省渔区有丰富的鱼类资源,虾、蟹种类繁多,主要为:鲳鱼、鳖鱼、石斑鱼、鲐鱼、海参、明虾(对虾)、墨鱼、蟹类和螺类等。海产销售渠道分为出口和进口两部分,而出口的对象则以中国为主。海产捕捞业是广宁省的传统产业之一,同时也是当前广宁省的支柱产业。近几年,广宁省不断加大对渔业,特别是远洋渔业的投资和扶持力度,升级渔船,改良渔具,力图提高渔业产量。

近年来,越南广宁省加快了从芒街到海防的高速公路、云屯国际机场的建设,并投资兴建了众多大型娱乐场所,以此推动跨境旅游合作及品质不断升级。2016 年,在南宁举行的广西与越南广宁省的工作会谈上,双方就进一步深化旅游合作关系,确保双方游客的合法权益,达成了共识。未来,双方将共同加强旅游市场监管整治,研究新情况,解决新问题;丰富跨境旅游产品和线路,共同打造跨境旅游合作区,共同开发跨境旅游新业态;共同建立旅游合作友城关系;加强双方旅游宣传合作,完善会商和信息互通机制。2017 年,成立云屯特别行政经济区的提案获批准。云屯国际机场与综合旅游区是获得政府总理批准的两项重要工程。预计总投资 10 亿美元的云屯国际机

① 本文为广西高校人文社会科学重点研究基地"北部湾海洋文化研究中心"开放课题项目"广西北部湾边境地区双向开放与民心相通耦合机制研究"(项目编号:2016BMCC02)阶段性成果。

236

场,成为越南有史以来最大的国际机场。2018 年 3 月,云屯国际航空港正式投入运行。广宁省试图把云屯建设成以服务、旅游、高科技、创业创新及国际贸易基地为核心的绿色、先进的智慧海岛城市。

一、田野点概述及传统渔业文化相关问题

拥有美丽海岛和高级生态旅游度假村优势,又处在靠近广宁省各中心城市和集中工业区位置,我们的田野点云屯县成为越南中央及广宁地方政府着力打造的经济开发区。在越南政府总理批准的《至 2020 年展望 2030 年广宁省云屯经济区总体规划》中,云屯被定位为高级海岛生态旅游基地。结合当地发达的渔业文化资源,相关的旅游文化产业也逐步发展。

在云屯著名的渔港街荣 (音:Cai Rong),当我们试着向渔民问及"传统方式怎样打渔"这个我们看似直击重点的问题时,获得的多是一种几近"茫然"的回应。从事近海捕鱼的人认为,自己的方式就是一种传统,只不过"在船上加装了发动机"作为动力;相对而言,中远洋捕捞的船主则多带有一种庆幸或自豪,因为他们认为自己已经不再"传统",而有了更大的船,更先进的设备以支撑其到深海中从事渔业。诚如一位带着一家老幼常年在云屯海面上以两艘单柴油机动力木船作为生产、生活工具的渔民所感叹的:"有钱谁不想投资大船去深海区赚钱?"由此可见,对渔民来说,传统与现代,区分的标准似乎是捕鱼工具的先进与否以及生产率的高低。而坚持"传统",在渔民看来是不得已而为之。于是,"保护传统"不仅是学者们"阳春白雪"的学术理想,更是引导大多数普通渔民主动进行生计模式变迁的一种现实策略。然而,传统与现代是否能简单地以现代技术,如内燃机的装配为标准?抑或还有某些更能蕴含传统脉络的元素?以此为背景,渔业文化中的"传统"与"非传统"的界线在哪里?区隔是什么?这些皆是摆在研究者和政策执行者面前的重要课题。

从生产方式来看,广宁的渔业多为近海捕捞或养殖,较少采取远洋捕捞的方式。近年来,为实现渔业发展"现代化、工业化"的要求,广宁省比较注重对渔业的投资,主要体现在对升级远洋渔船、渔具的投资加大,努力发展远海捕捞产业,重在提高产量。相对而言,近海传统渔业得到的相关扶持政策较少,居于从属地位。但根据 2014 年广宁省水产保护局(NN & PTNT)的报告,广宁省境内共有渔船 8694 艘,其中近海捕捞船 6664 艘,占

全省渔船保有量的 76%；远洋捕捞船 229 艘，占比 2.6%。尽管只有 2.6% 的百分比，但远洋渔业的产量却占到广宁全省渔业产量的 30%。[①]从渔船的保有量看，为追求经济利益，虽然政府的扶持政策向远洋捕捞倾斜，但是此种渔业生产方式产生的效益仍很难覆盖广大的渔民。绝大多数广宁渔民沿用传统的方式进行海产捕捞，如钓墨鱼、钓各类海鱼、下网捕捞、沿岸耙螺以及近岸水产养殖等。省水产保护局局长陈定明分析认为，远洋渔业欠发达的现状，还是归因于地方上渔民家庭经济的相对困难，而这一情况不是近一个时期之内能能够解决的。由此，传统的渔民生计方式不仅具有经济上的意义，而且作为一种"文化存在"，在人文历史方面的意义更为重大。

二、"家"：传统渔业文化的载体

在云屯 Cai Rong 渔港，在港休整的体型庞大的中远洋并泊于港内，近海渔船、交通小艇游弋、穿梭期间，构成一幅共融共生的图景。而渔民、贩售日用品及食品的小贩则使得这幅图景活灵活现、生机益然。

如果按生产方式划分，在云屯海域渔业主要分为中远洋捕捞和近海捕捞。中、远洋捕捞所用的渔船较大，在远离海岸的地方作业，出海一次可以月计，且多为五六艘船组成船队作业。笔者田野工作时在云屯中能够看到这样的大船相互紧靠停泊，据说是从胡志明市开来的渔船，到云屯补充淡水和给养。船上各种设备、仪器较为先进，船员为聘用制，采用行政手段管理。在港口，我们看到夜间出航船只从头至尾挂着一排或双排强光灯，其作用并非照明或信号指示，而是吸引鱿鱼、墨鱼和虾类向渔船靠拢，据说是因为这几类海产在四周黑暗的环境中会本能地向光源游动。在云屯开游船的范明介绍，在港内停泊着的渔船，除了要完成船上的工作任务外，船员可以轮流上岸休整。夜间作业的渔船多属于近海捕捞，一般天色渐黑的时候出港，经过一夜的捕捞作业，第二天天亮前即返回港湾，所获各种水产将直接在码头出售。

从上述生产方式看，无论是中远洋捕捞或是近海捕捞，我们都很难感受到"传统的气息"，行政化的管理方式、现代化的生产设备的运用，似乎与我们固有观念中的"传统"仍有差距。如何界定所谓"传统渔业文化"成为我们推进田野工作前首先要展开的追问。于是，应对以"儒家思想"为价值取向的越南社会进行研究，"家"成为我们观察渔民社会和"传统渔业文化"的一种工具。

---

① 数据来源：越南广宁省水产资源保护局工作报告（2014 年）。

中国人类学在本土研究中对"家"和"家族"的研究得到了长足的发展。当学者们试图去解构某个社区文化时，一直强调文化顶层的规范化在基层文化多样性、结构化转向中的具体表现过程，这是在讨论"大传统"和"小传统"的问题。所谓"大传统"，是指中国文化在上层社会的以儒学为主的文化取向；"小传统"则是在与前者的互动下形成的具有强烈的地方意识的民间文化。自此话语下，以家或家族为逻辑线索来考察某种民间文化视像是可行的。①

社会延续性的核心，用杜维明先生的话说就是创造的转化。他指出："家族的观念可能是在汉代以后便逐渐地深入中国社会，成为社会持续的一个重要纽带。"②汉代是儒家文化以国家力量向地方推行并得以不断巩固的时期。那个时代在越南被称之为"北属时期"，汉王朝先后在此设置交趾、九真和日南三郡，儒家思想以国家意志的形式在地方上确立。至唐宋时期，儒家文化的价值观在越南地方成为文化的基础。自宋朝始，越南以丁部领立"大瞿越国"为标志，开始与自宋以降的历代中原王朝存续宗藩关系，一直持续到清末。中法战争后，清朝与阮朝的宗藩关系终止。这一时期，儒家文化对越南的影响非但没有减弱，反而在历代越南王朝的倡导和推行下日益彰显，到阮朝时期，朝臣甚至有以"中国""华"自称，而以满清为"蛮夷"的情况。③儒家文化在越南发展到了极致。可以说，越南社会基层文化是以儒家文化为价值取向的。

在儒家社会中，家族、家庭的结构形式是人际关系网络基本结构。将静态的家族结构与传统文化和社会变迁与发展有机集合起来，或许是对地方社会展开研究的有效路径之一。特别是在儒家文化浸润的社会当中，家的一整套文化符号以及价值观念已融入于传统文化和基层社会，并以"家族化"的形式延续和张扬传统文化，建构、整合基层社会。云屯渔民家庭对于传统渔业文化的积极意义正是基于这样的逻辑而彰显出来的。传统生计的体验是渔业文化旅游的重要内容。以此为逻辑的起点，在以"儒家文化"价值观为主导的社会，"家"，无论是在形式上还是观念上都可能成为人们感知"传统"的线索。以此，传统渔业文化旅游的开发，以"家"为脉络的生产模式、生活方式或许是理所当然的文化逻辑的起点。传统渔业文化的表达，跟渔船是由内燃机提供动力抑或以摇橹划桨游弋近海并无太直接的关系。重要的是，这种表达需要蕴含传统渔民家庭的生活、家庭成员在渔船上的分工、渔民的

---

① 麻国庆：《家族研究的文化、民族与全球化维度》，《人民论坛》，2013 年第 6 期。

② 杜维明：《现代精神与儒家传统》，北京：生活·读书·新知三联书店，1997 年，第 140 页。

③ 如《大南实录》中即记录了类似情况。

社会关系网络以及对"家"的观念。或许这些才是我们所能体会的传统，同时也是开发旅游产业需要通过某些方式向旅游者展示的东西。

我们如果以渔业文化发展的脉络来看，云屯中的近海渔业多以家庭为单位，以拉网捕鱼的方式为主。但生产、生活方式会因为各家庭的经济条件、人力甚至地缘因素等不同而产生差异。

云屯中从事近海打鱼的以本地渔民居多。每户家庭有一到两只机动船。每天天不亮的时候，渔民即开始进行出海前的准备工作，包括洗网、理网、补充给养和淡水。因为出海不远，所有养料和淡水的工作并不繁重，最主要的是洗网和对渔网的整理和修补。洗网是指渔民站在船头，将渔网一节节地放入较清洁的海水中洗刷，然后拉上船沿用力拍打，不断重复，直至附着渔网的淤泥被清除干净为止。对渔网的整理和修补也是重要的日常工作之一。在此事的分工方面，虽然我们所访谈到的渔民都声称：在家中，补网和整理的工作谁做都一样，只要熟练就行。但我们观察到一个有趣的现象是：对渔网的整理和修补工作，几乎都由年纪较长的男性来承担；而女性则主要承担收网和贩卖的任务。

在云屯进行田野调查期间，传统渔民对于"家"的观念使我们意识到，从这种观念映射出来的文化空间的想象与其他人群的空间想象不尽相同。"空间"的概念，在 20 世纪五六十年代逐渐被引入到社会科学研究中。人类学、民族学研究者多惯用"空间象征意义"来解释某个文化群体的观念、认知或社会关系。在此学术背景下，空间不仅是一个自然的、物理的概念，而且成为某种抽象的、富于象征意义的文化符号以及表达方式。我们或可称之为"文化空间"。[1]

本地渔民分别在岸上和港湾中各有住所。岸上的房屋，是他们称之为"家"（nha）的地方，而港湾中的住所，则称为"nha be"。[2] 对本地渔民而言，岸上的"家"是地方性认同或者说地权的标志。在云屯岸上拥有房屋，表明他们在地方上的话语权以及对地方的归属感和认同感。

在阿静水上的屋子里，主客盘腿席地而坐。因为是第一次到这种水上的房屋做客，我好奇地问主人："这是你的家（nha）吗？"令人惊异的是，主人阿静立刻露出不屑，甚至近乎不悦的神情，答道："不是！这是 nha be，我在岸上有家（nha）的！"而与此同时，介绍我们认识的范明也连忙在一旁

---

① 秦虹增、曹晗：《新文化空间的建构与前瞻：从耕读传家到乡村新习》，《广西民族大学学报（哲学社会科学版）》，2016 年第 5 期。
② 意为木筏上的茅棚。实际上，我们在云屯看到的 nha be 多是用木头搭建的小屋。

打圆场："阿静的家（nha）在岸上，这里是临时住的。"

在访谈中，阿静努力地强调"家"与"本地人"的因果关系。在最开始进入渔民的水上房屋的几分钟，至少在概念上，作为调查者，我们已经不经意地触碰到了传统渔民对于"家"的神经。

三、中越渔业旅游产业互鉴发展

渔业文化旅游建设，实质上是在特定区域中传统文化基础上的重构或建构的过程。如同一种仪式传统，田野的反思还是应当建立在对现实的中越北部湾区域社会发展考量的基础之上。

作为历史上重要渔港的云屯，有着深厚的渔业文化底蕴。更重要的是，这种文化根基在历史的作用下，为云屯在旅游产业开发过程中树立了独特的品牌。当前，家庭式的渔文化旅游经营开始出现。虽囿于发展初期规模和机制的限制，但仍释放出地方渔业文化旅游产业发展的积极信号。在国家层面，广宁省经济发展的两大支柱产业即被定位为渔业和旅游业。云屯也有意识地在引导地方朝向渔业旅游发展，包括增开从渔港到市镇的公交接驳线路；设置连接周边海岛风景区的海上交通客运体系；设立旅游指示引导设施；建设地方文化品牌，如包装位于港口的"李英宗古庙"等。

具体的，在航空方面，2018 年年初通航的云屯国际航空港成为云屯旅游经济发展的重要助推器，其优越的地理位置能使东亚地区几乎所有国家的游客，在不足两小时内飞抵广宁，这将使云屯成为越南首屈一指的商贸、旅游中心。在陆路交通方面，周边如芒街、下龙湾、吉婆岛等地的旅游业发展较为成熟，有能力辐射渔港云屯，距离中国边境旅游重镇东兴的芒街和"海上桂林"下龙湾距离都不算远，有长途汽车达到。实际上近年来，越南经济社会整体发展趋势良好，民众生活水平不断提高，旅游等消费方式逐渐成为中等以上收入阶层的休闲选择。笔者近十年来多次到越南进行田野调查，直观地感受到其民众消费水平的提高。一是私家车开始逐步进入普通家庭。如近两年笔者的友人中已有三人购置了私家车。二是以休闲为目的的旅游增多，与旅游相关的话题也常见于茶余饭后。

文化产业，内容为王。在旅游产品的内容上，云屯的渔业文化旅游资源与上述旅游地形成错位发展，拥有较为广阔的发展纵深。如芒街主打边境体验游和商务游，而下龙湾、吉婆岛等地则以自然的海洋景观吸引游客。独特的渔家体验游使云屯在产业发展上得以规避与成熟旅游点的竞争。海洋性无

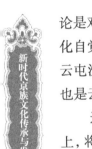

论是对边海的越南京族还是中国的京族来说都是一种来自民族文化底层的文化自觉。追溯文化渊源，重构文化记忆一直是促成旅游行为的动因之一。据云屯渔民介绍，假日选择到云屯休闲活动的游客以周边省市居多。首都河内也是云屯重要的客源地。

近日，中国驻越南大使馆释放出积极信号：在基础设施互联互通的基础上，将进一步试点建设中越跨境经济合作区、旅游合作区，以促进双方的贸易、投资和人员往来。

事实上，广西北部湾地区在地理位置上与云屯的海域非常接近，并且也聚居着以海为生的京族群体。旅游产业开发，同样是地方政府及这里的京族民众关注并努力实践的议题。较之云屯渔港，广西京族三岛的旅游开发在交通方面相对便利，广西的高速公路网络发达，通往京岛的公路也比较宽阔、平整。虽然地方上公共交通资源较为薄弱，但较大的私家车保有量在一定程度上弥补了公交体系缺失的短板。应该说，广西京岛旅游开发的背景和所面临的形势相对有利。但事实是，"京族三岛"传统生计方式被打破，许多京族年轻人选择前往广东打工。从事传统海洋渔业的京族人越来越少，京族聚居地区海洋经济的发展后劲不足。在社会转型、市场化大潮的席卷之下，京族面临着传统文化流失的严峻形势。在此情况下，任何以文化为核心的旅游产业开发都将无从谈起。找回流失的传统，保护和张扬京族渔业传统文化，或许还是应该回到"家"的脉络上来。

结　语

当然，区域渔业文化旅游产业的开发还处于初期阶段，仍有一些尚待建设或完善的方面。一是地理位置较偏，交通不甚便利。虽然云屯距离芒街、吉婆岛和下龙湾等地不算太远，但由于交通基础设施建设较为薄弱，在主要公路下车后需转乘公交车才能到达港口所在地 Cai Rong。主要公路因穿过较多的城市和市镇，日常也较为拥堵。交通设施的落后一定程度上制约了渔港旅游业的发展。[①]二是旅游业刚刚起步，相关软、硬件设施还不完善。云屯渔港的旅游业开始显现出若干开发的苗头，但相关措施和设施仍有待加强。如笔者需要提现，走遍整个市镇却没能找到可用的银联柜员机。家庭渔业旅游项目目前仍是个别渔民自发的行为，未能形成体系，也不具规模。或许游客在云屯只能"一切随缘"。三是缺少对"传统渔业"文化元素的凝练。渔

---

① 下龙市至海防市的高速公路的将于 2018 年 9 月通车是一个利好的消息。

业体验游的经营者将"渔"的过程和"鱼"的滋味呈现给游客，是旅游的重要内容，不可或缺。但如果要将渔业体验游持续下去并扩展开来，甚至要建立某种文化旅游品牌，则不能仅仅将旅游停留在"过程"和"滋味"上，而是要大力发掘传统渔业文化的内涵，将之贴上地方化的标签，通过演绎、展示结合体验，真正凸显出渔业传统文化的吸引力。这一过程中，当地渔民及其家庭应为主体，但却难以独立进行，其中需要政府的配合和多学科学者的参与。

（作者是北部湾大学北部湾海洋文化研究中心副教授、博士）

京族传统美德研究（之一）

钟　玮　任才茂

一、海洋文化影响下形成的勤劳勇敢、团结互助的美德

　　京族三岛人民长期生活在海边，与海洋结下了深深的情谊。他们以自己的方式在自觉与不自觉之中影响着北部湾的海洋文化。由京族人民流传的叙事歌中，我们知道了京族人民在这片土地与海洋的最初关系："京族祖先几个人，因为打鱼春过春；跟踪鱼群来巫岛，孤岛沙滩不见人。巫头海上鱼虾多，打鱼生产有门路；落脚定居过生活，找到这处好海埠。京族祖先在海边，独居沙岛水四面；前继后接几十代，综计阅历数百年。"[1] 500 多年前，京族三岛是无人居住的荒凉小岛，初到小岛的京族人民以他们的智慧和勇敢辛勤地建设着这三个岛屿。前后几十代人的辛勤付出，使当初荒凉的小岛逐渐变成了今天宜居的繁荣城市。

　　坚强勇敢，勤劳且充满了智慧，是京族人的一个重要特点。出海、捕鱼，是靠海为生的渔民主要的生产、生活方式，正如美国作家海明威的《老人与海》中所描写的："一个人可以被毁灭，但不能被打败。"这正是以海为生的人们在长期与大海的搏斗中所形成的深入骨髓的勇敢无畏的坚强。这种坚强勇敢的意志代代相传，从而形成了以海洋为生的民族最突出的性格特征。在茫茫大海之中，这一刻，看似是平静的海面，它安静、温和，可在顷刻之间风起云涌，酝酿着无限的凶险。正因为如此，京族人民信奉海神。善良的京族人民相信，对海神的敬畏能得到海神的庇护，因此每年都要到海边把海神迎回哈亭敬奉，祈求人畜兴旺、五谷丰登，逐渐形成了流传至今的京族人民的盛大节日"哈节"。

---

[1] 2012 年正月初五，任才茂在澫尾村哈亭文化广场碑林抄录。

"拉大网"是一项重要的为生存共同努力的捕鱼方式。"拉大网"流传于东兴京族三岛，是京族传统的捕鱼作业方式。网索在古代使用野山藤编结而成，直径4厘米，如今用力士绳代替。[1]过去，在恶劣的海洋环境中，京族人只靠个人力量是难以生存的，必须团结在一起，以集体的力量与大海搏击，拉大网的"寄赖"习俗也因此形成。看准海情、天气、水期、鱼汛等，京族人出海捕鱼往往会组织拉网队员成群出动，少时二三十人，多时七八十人一起"拉大网"，大网撒在海里呈弧形，岸上两组渔民分别在两边沙滩上用力把大网往岸上拉，海里的鱼网由深到浅，拉网人从远到近，海里大网也由弧形变成半圆形，把鱼虾蟹紧紧围圈起来。整个"拉大网"的过程讲究的是相互协作的精神，用力均匀，并且一起发力，拉网的时候需要渔民们一个接一个轮番上阵，循环动作，才能获得成功。团结协作、相帮相助由此便成为了京族人自觉传承的美德。每次出海捕鱼，自然是青壮年人，不分男女。有的家庭只有老人或小孩，不能参加这一体力活动也没关系，老渔家人即使没有人力出海参加捕鱼，如是占有渔网份子的，同样可以分到一小份的鱼，用以维持生活。无论是谁，看见深海捕鱼的渔船满载归来时，便相互邀约，纷纷带上鱼篓到船上去"寄赖"三五斤鲜鱼[2]。京族人就是以这种朴实而实际有效的方式，体现出中华民族团结互助的传统美德。

除了"拉大网"，在与海洋的抗争、生活过程中，为了获得更多的海产品，过上更好的生活，智慧勤劳的京族人自觉地团结起来，由几户或几十户建立起集体合作的社会组织，参与这个组织的各家各户的劳动力就是"网丁"。"网丁"们在本组织内部推选一名经验丰富、能说能干的人当"网头"，负责组织协调拉大网、塞网、分产品、织网等工作。"网头"除了组织协调之外，没有其他特权，分到的海产品和"网丁"是一样的。从先辈们为了生存到集体的自觉组合，从与大海的抗争到与大海的和睦，京族人的智慧与团结所迸发出的力量，为北部湾海洋文化的发展添上浓重的一笔。这种生生不息团结协作的优良传统一直保留至今。有诗为证：

渔民拉网系腰带，钩在网纲用力拉；拉网情景像拔河，你上我下往后拉。

京族海滨风光好，世代渔工真勤劳；拉网上岸鱼虾多，男好开心乐呵呵。

为了体现出互助、平等，早在1875年，立券海分捕网各项规约规定："约

245

---

[1] 苏维芳、武沛雄、苏凯编：《京族海洋文化》，南宁：广西人民出版社，2015年，第45页。
[2] 马居里、陈家柳：《京族：广西东兴市山心村调查》，昆明：云南大学出版社，2004年。

本村在亭中同上下共议，系出海拉网时，早上寅时至晚上酉时要严格执法，系网头者在网埠候鱼群，谁见鱼谁先撒网，系清晨装网落船（排）候鱼的或想拉网尚候网埠的，或谁网先见鱼群入浅海的都随意拉网。至等人装网落船在自埠候鱼，船网随便等候，若先见鱼群待人备网来不及的就叫别家先拉网，打得鱼均分三份，二份拉网者，一份给候网埠者。不执约祥本村定收所得的鱼还回先见鱼群者再捉拉网者罚古钱六贯不恕此约。"[①] 以乡约的形式规范了京族人捕鱼的范围和方式，避免族人因为捕鱼发生争斗，造成伤亡，使岛上居民能亲如一家，避免出现巨大的贫富差别，从而使壮有所用，老有所养，弱有所依。

二、中华传统文化影响下的艰苦创业、勤俭持家的美德

中华民族传统美德是中华民族在长期发展过程中逐渐凝聚起来的民族精神的重要组成部分。继承和弘扬中华民族传统美德是社会主义现代化建设的客观要求，是加强社会主义道德建设和践行社会主义核心价值观的内在要求。

为建设美好家园，艰苦创业。京族除了聚居在京族三岛之外，还散居在红坎、潭吉半岛。几百年来，生活在三座小岛和两个半岛的京族主要依靠打鱼为生，粮田十分稀少。在海深不测，在大风暴雨的季节，人们只能坐等，这种靠天等海吃饭的日子生活极其困难。除此之外，岛上居民相互来往也很不方便，岛上居住条件极为艰苦。为此，勇于抗争的京族人民痛下决心，不向困难低头。为了解决粮田用地稀少和交通不便等问题，早在民国时期，京族人已经开始逐步进行了修筑海堤、拦海造田的伟大工程。

1931 年，京族人建成第一座海堤——潭吉至江龙村广世隆基围海堤，堤长 500 多米，底宽 20 多米，造田 3000 多亩。此后，京岛人民开始了长达半个世纪的围海造田的艰苦创业历程。先后修筑了红坎至横江大桥 2000 多米的海堤，造田 3000 多亩，红坎至江龙广福田 1000 多米的海堤，造盐田 500 多亩，解决了红坎、潭吉粮田稀少问题和交通问题。京族文化人苏维芳为此写了一首歌赞美红坎和潭吉的京汉人民修筑海堤和围海造田的勤劳勇敢、为民造福的崇高精神。歌词如下："红坎人民有志气，奋战筑堤数千米；汗洒海湾历数年，造田面积三千余。红坎佳邦桥建成，昔日隔海今相连；迎客观海红树林，海堤通桥民方便。"

1964 年春，巫头、潭吉开始了新一轮的围海造田工程。修成了东海堤和

① 京族字喃文化传承研究中心：《京族社会历史铭刻文书文献汇编》，南宁：广西人民出版社，2015 年，第 103 页。

西海堤共计长 750 多米堤坝，造田 600 多亩，从此结束了巫头岛与大陆隔海相望的历史，增加了巫头、潭吉两村的耕田面积。京族哈歌歌词唱道："昔日巫头隔海远，如今海堤陆地连；两条大堤现眼前，拦海筑路又造田。"

京族人民感受到了围海造田、修筑堤坝给生活带来的巨大变化。1971 年，澫尾大队党支部组织村民修筑澫尾至潭吉的拦海大堤，同时修建水渠，将陆地的淡水从潭吉引入澫尾灌溉农田，改善自然环境，建成长 1850 米的澫尾至潭吉跨海大堤。这条跨海大堤的竣工，打通了澫尾至大陆的幸福路，引来了灌溉粮田的幸福水，还增加了粮田 2000 多亩。当时，一位 80 多岁的京族老人黄志兴站在大堤上无比感慨地唱道："过去盼堵海造田，一直盼了八十年；如今有了共产党，愿望最终得实现。"

经过近半个世纪的围海造田、兴建家园，京族三岛人民勇于抗争、不怕困难的精神，极大地鼓舞了京岛人民战胜自然、改造自然的士气，同时也充分体现了京族人民团结一致战胜困难的传统美德。围海造田给京族人民带来了生活上的巨大变化，使他们不但有了粮田，改变了过去只能吃海的苦难生活，还大大地方便了出行，打通了与外界的联系。

建岛护岛，已成为京族岛民的自觉行为。在京族三岛，每年种植和养护海岸防护林已经成为京族人的一种习惯。京族三岛生长着成片的木麻黄树，郁郁葱葱，"大跃进运动"时期，由于砍树取柴，毁林严重，三岛严重沙化，变成沙岛，在澫尾环岛和巫头岛出现了"风起飞沙不见天，到处沙丘不见田"的现状，严重的沙化使三岛环境恶劣，给本来不富裕的小岛民众生活带来了极大不便。爱岛如家的京族人民痛在心里，决心要改变这一现状。澫尾大队的党支部首先下决心植树造林，防卫海岛。1958 年春夏之交，澫尾大队的党支部郑重地把沿海绿化造林工作交给了团支部。时任澫尾大队团支部书记苏维芳、副书记杜福朝立即成立了林业队，由团支部书记兼任林业队长，开展长达 4 年多的植树绿化活动。经过大家的努力，终于在海边先后种了 4 千米长、12 米宽的两批防护林带，这是岛上第一次大规模地植树，取得了巨大的成功。本次种植的主要是木麻黄树。木麻黄树虽算不上名贵树种，却能在瘦瘠沙土上迅速生长，抗风力强，不怕沙埋，能耐盐碱。木麻黄树防沙固土，对防止岛上土地沙化及水土流失起到了重要作用。第二次更大规模的种植是在 1961—1962 年，澫尾村林业队又主动向县林业局找来 200 斤麻黄树种子，成功育苗 10 多亩。林业队组织村民将这些树苗扩大种植面积的防护林，使澫尾环岛沿岸形成了 10 千米长的林带，守护着这座古老而充满生机的渔村。

经过 1958—1959 年两年多的艰苦探索试验，潕尾团支部广泛种植防护林带终于获得成功，成为邻近各村团员青年的榜样，各村在团员青年的带领下，也纷纷开展了植树活动。仅 1961—1962 年，两年间造林 2000 多亩。现在，经过半个世纪的坚守护理，热爱三岛的京族人民自觉形成了每年种树护岛的良好习惯，定期植树已成为了京族三岛的传统习惯，岛上沿岸的林带也变得茂密葱郁，连整个村庄的山坡上到处都长满麻黄树。防护林带挡住了风沙，保护了京岛人的生命财产。潕尾哈歌唱道："伞花开放壮长龙，十里林带闪金黄；避暑遮阳当雅座，泳男浴女乐融融。"巫头人民海歌歌词写道："沿海滩上大造林，绿林锁沙如长城；齐心协力创奇迹，巫头海岛换新天。"①

京族的每一个村庄都有一片神圣的树林，被京族人称之为"神林"。老人说，那些林子是每个村子赖以生存的命脉，如果什么时候林子没了，村落也就没了。村规民约明确不能偷砍树木，村民会自觉保护神林，没有人会走进林子砍树。京族人自己不砍，也拒绝别人挥起残忍的砍刀。因此自古以来，京族人炉灶中的火苗都来自遥远山脊的残肢，以及林间飘落的枯叶、杂草。在古代京族的居住史上，即使祖先修建栏栅屋所需要的木头、竹片、茅草等原材料，都是京族人到很远的没有村民居住的山脊上砍伐和搬运来的。

三、中华儒家文化影响下形成的尊老爱亲、传承孝道的美德

京族人十分注重培养子孙尊敬长辈的传统美德。在中国儒家伦理思想的影响下，京族人订立了尊敬长辈的乡约。《江龙乡恒望村规约（1879）》第七条载："为人子者应以孝敬父母为先。"该村规明确指出："户内若有忤逆不孝父母者，本会长有责任教训劝化他，但教训其不听者，即照章处罚；如儿子媳妇不供养父母，辱骂父母，殴打父母，即应处罚一元八角。"

设立祖先神位传承孝道文化。中华民族是以中原文化为代表的一个重根的民族，对祖先的敬仰与崇拜通常以祭祀的方式体现，所以人们会在最重要的节日，以最虔诚的态度，用认为是最好的食物，来供奉祖先。京族也很重视敬仰祖先，在哈亭设立有功祖先神位，供世代子孙祭拜，传颂他们的功绩。京族还在自家客厅设立祖先神台，节日期间每天早晚隆重祭拜祖先。从京族家中设立的祖宗神台和神位安排也可以找到中原文化的影子。如苏维芳家的祖先神台和中原地区汉族家庭一样设立在客厅中堂正上方，参照中国百家姓中的"延陵郡堂"，神台中央书写"苏门堂上历代先远宗亲之位"，右边写

---

① 苏维芳、武沛雄、苏凯编：《京族海洋文化》，南宁：广西人民出版社，2015 年，第 245-248 页。

上"是吾宗支"，左边标明"普同供养"。神位两侧还配有对联，上联是"宝鼎呈祥香结彩"，下联是"银台报喜烛生花"，横批"福德流芳"。

京族人还通过传唱道德教育歌，传授和培养良好家风。京族人民以海为生。过去岛上没有学校，但是京族人民长期以来秉承"父慈子孝，勤俭持家，规矩做人"的传统美德，这与祖辈们创作的一首首家庭道德教育歌分不开。在平时生产劳动之余，在歌圩、在哈节，老一辈会通过唱歌的形式，教育孩子们要尊老爱幼，勤俭持家，规矩做人，不偷盗、不贪小便宜、不欺辱他人等，逐渐形成了京族传统的道德教育风气。现在苏维芳老人家中珍藏了京族喃字古籍部分道德教育歌，歌词摘录如下：[①]

> 做人须要有骨气，不偷不抢要牢记；不贪不占人财物，仁义道德传千里。
>
> 金针谁忍拗鱼钩，聪明人不须重言；遇困难要懂礼貌，处世为人胜富裕。
>
> 有钱人不失仁义，饿得助少胜饱多；铜钱无香粉浆糯糊，可是巧饰好心人。
>
> 做人要识为节俭，吃穿有义懂做人；见饥饿人要可怜，这都由天不由人。
>
> 做人要识得纲常，君王五等要看齐；孝敬父母始终尽，兄弟和顺相关照。
>
> ……
>
> 每晚无油点天灯，父母长寿共生活；昔日妹也是小孩，如今长大做媳妇。
>
> 母生儿女常挂心，教子成才从小时；父母供养请师教，儿女要报父母恩。
>
> 做儿子品行兼优，先是孝道守常例；父母功劳比山高，十月怀胎母育儿。
>
> 养育子女母艰辛，子女长大爱双亲；早出晚归侍老人，热扇偎依行孝心。

在潭尾村、巫头寸和山心村，至今仍然保持着"给老人发红包"的习惯。春节期间由哈亭组成的"翁村"代表全村村民对孤寡老人、80岁以上的老人"发利是红包"，开展慰问活动，祝福老年人健康长寿。改革开放以来，京族三岛人民生活富裕了，老年人数量逐年增多，成了远近闻名的长寿之乡，百岁老人有10多位。潭尾村老年人协会还形成了一个不成文的协定：老年人协会要关爱老年人。2016年3月19日，笔者拜访了潭尾老年人协会83岁的会长郑日昌先生。他说，现在生活好了，长寿老人多了，潭尾村老人协会目前有

---

① 被访谈人：苏维芳，男，京族，1942年11月生于潭尾村，退休干部，京族字喃文化传承研究中心主任，访谈人：任才茂，访谈时间：2016年3月20日。

会员 300 多人。副会长罗周文说，协会还从每人每年上交的 20 元会费中，拿出一定的经费专门看望慰问生病老年人会员和病故会员，凡生病会员，协会组织人员看望，并送上 50 元慰问金；凡有病故老年会员，均送 100 元抚恤金。此外，对年满 90 岁以上的老人，每年春节大年初一，由协会组织慰问小组，给他们每人发 30 元的红包，表示对高寿老人的尊敬。

时任潭尾村党支部书记武明志介绍说，从 2017 年开始，村"两委"规定，每年春节、重阳节，村党支部都要组织慰问五保户老人和 80 岁以上的老人，向每位老人派送慰问金 100 元；对生病住院和去世老党员都要组织慰问家属，每户 350 元。[①] 山心村也有一条村规规定：凡是本村去世的年满 18 岁以上的人，每个家庭发放 165 元慰问金。[②]

由于京族村的老年人协会做到了尊敬长辈、孝敬老人的模范表率，村里各家各户都传承了尊老爱幼、孝敬父母公婆的良好风尚。

春节扫墓传承孝义文化。京族不过清明节，将扫墓祭祖活动放在春节前举行。有家族集体扫墓和家庭分散扫墓两种仪式。潭尾村举行家族集体扫墓的有苏氏家族、都氏家族、阮氏家族、裴氏家族。以潭尾村苏氏家族举行"祭祖祈福"活动为例，介绍京族春节扫墓活动的情况。据潭尾哈亭亭长苏春发介绍，由于京族祖先最初来到潭尾、巫头、山心几个海岛，生活非常艰苦，京族的后代非常感念祖先为他们创造的可以赖以生存的家园，从老祖宗那里传承了以下传统：在每年年末（腊月中旬）召开家族会议，即开始休渔，从腊月 21 日开始到腊月 28 日，陆续有各家族组织本族人备三牲、香烛、纸钱到祖先墓地举行祭拜祈福仪式，拜了家族祖先神，再拜本境神、镇海大王神、龙王神、海公海婆庙等，才能备年货过春节。[③]

在京族民间还流传着不少孝敬老人的动人故事。

菊花尽孝养母的感人故事。传说一千多年前菊花出身富贵家庭，爱上出身寒门的但孝顺母亲的宋珍，与宋珍私定终身，并鼓励和帮助宋珍考取了功名。皇帝赏识宋珍才学，欲把公主许配给他。宋珍不从被发配边远北国（当时的吴国）十年，留下妻子菊花照顾年迈的宋母。从此，婆媳二人相依为命，菊花父亲强迫她招婿入赘，为了照顾父亲的面子，菊花就聘请一名工人到菊花父亲家顶替入赘三年。由于丈夫发配，家道中落，菊花面对一贫如洗的家，不改初忠，对家婆始终不离不弃，替夫尽孝，历尽人间艰辛，苦等十年终于团聚。

话卿割股喂母的感人故事。喃字文学作品《话卿朱俊》叙述话卿曾为宋

① 被访谈人：武明志，男，时任潭尾村党支部书记；采访时间：2018 年 7 月 1 日，采访地点：潭尾村武明志家中。采访人：钟玮、任才茂。

② 被采访人：刘基记，男，山心村原党支部书记，退伍军人，退休人员。采访时间：2018 年 6 月 30 日，采访地点：山心村刘基记家中。采访人：钟玮、任才茂。

③ 被访谈人：苏春发，男，时年 55 岁，潭尾哈亭亭长、京族独弦琴传承人；采访时间：2011 年腊月 22 日。

国丞相女儿，人品好，从小母亲去世，成为孤儿，后与书生朱俊相遇，并结为夫妻。皇帝诏考，朱俊一举中了状元，留下妻子话卿在家供养母亲。皇帝强迫朱俊娶公主为妻，朱俊不从，被流放齐国，齐王又强迫朱俊娶公主，朱俊仍然始终忠心与妻子话卿白头到老。丈夫流放，家中极其贫困，缺衣少吃，话卿与家婆相依为命，因为家婆饥饿难忍，话卿则割自己的股肉喂养年迈的家婆。为了避免婆婆遭杀，话卿又把自己的双眼割下来纳给淫臣。后来，宋国皇帝为话卿的孝心所感动，让朱俊接回话卿，并赐其王位，一家人过上了美满幸福的生活。

敬老爱幼扶残的罗家姐妹。罗周群、罗周映是潵尾村援越抗美京族烈士罗周德的胞妹。1966年，哥哥罗周德因在抗美防空作战中牺牲，年幼的姐妹因父母早年去世，无依无靠，被好心人罗六叔收留抚养。一家四口人吃饭，只有罗六叔一个劳力，按挣工分分粮食，每年分到的粮食总不够全家人吃饱。还在读小学的姐妹俩，为减轻罗六叔的负担，白天上学，课余砍柴、洗衣做饭，还承担照顾残疾的罗阿妈的工作，每天喂饭、端屎端尿，不怕脏臭，洗衣洗被席。后来罗六叔也年事渐高，行动不便，而后，罗家姐姐光荣参军当上军医护士，妹妹罗周映也成为劳动模范，对罗阿妈及罗六叔的照顾并没有中断，姐妹俩携手照顾罗阿妈和罗六叔，为他们养老送终。[1]1983年妹妹罗周映被评为第六届广西壮族自治区人大代表。罗家姐妹发扬了京族人民的优良传统，为京族人民树立了好榜样。

助人行善的模范黄永泰。在潵尾村，至今仍然传颂着助人行善的模范村民黄永泰的故事。哈亭老亭长罗周文说："京族好人黄永泰，40多年前开始做好事，为贫困户梁兴贵顶工分，供养他家9个子女，至今传为佳话。而现在年过古稀的黄永泰老人，自己虽然身体硬朗，但还要早晚精心照料他瘫痪在床的老婆，每天为自己的老婆煮饭喂饭、端屎倒尿，不厌其烦。真是难得的好丈夫。"

1967年，22岁的黄永泰刚结婚，正好赶上毛主席号召全国"学雷锋"活动。当年有7个孩子的梁兴贵家，老婆瘫痪，一家人有9个人吃饭，只有1个劳动力，挣来的工分难以维持生活。黄永泰积极响应毛主席"向雷锋同志学习"的号召，主动搬到梁家住，每天帮梁家顶工分，让梁家可以多分到一些粮食和鱼，帮助梁家供养年幼的7个子女。一直帮到修筑海堤、围海造田工程竣工，村里有了更多的良田，梁家子女长大了，黄永泰才回到自己家中。

著名作家、戏剧家张化声1968年下放到黄永泰家"三同"时，赞美他们家是学习毛著的典型，给他们家的大门写了毛泽东的一句著名诗词"洞庭波

---

[1] 被访谈人：苏维芳，男，1942年11月出生于潵尾村，退休干部，京族传统文化研究人员，京族字喃文化传承研究中心主任。访谈人：任才茂，访谈时间：2016年3月19日。

涌连天雪，长岛人歌动地诗"。他在著作《天性——如梦八十秋》①第七章"海角狂潮"（1968—1978年）中写道："我和老江挑着草席背包，来到潕尾岛最西端二十队黄永泰家'三同'。永泰是县里著名的学毛著积极分子。"

四、古朴村民组织制度文化影响下的恪守规矩、正直为人的美德

大海的宽广塑造了京族人民豪放开朗、正直守规的性格。为了让族人养成堂堂正正做事、清清白白做人的良好品格，京族族群内部制定了许多约定俗成的行为规范，要求族人都要自觉遵守。主要有翁村组织、哈亭规约、严禁偷盗规约、普通村规条约等。

"翁村"组织：古朴的民主管理形式。"翁村"组织在京族内部已经延续五百年。"翁村制度"（即长老制），由"翁村""翁宽""翁记"和"翁模"四种人员组成，属京族哈亭事务委员会所，负责管理村社有关民间的各种事务。"翁"是京语的"长者""长老"之意。"翁村"职责是监督执行村约，调解村民纠纷，召集会议，对外交际，主持每年哈节的祭祀仪式，筹办村中各种公益事业等。"翁村"任期三年，可连选连任。翁村基本上是义务为众人办事，但有的也可从公有田中获得一两亩来经营，以作为微薄报酬。无论是翁村、翁宽、翁记或翁模，有谁办事不公、不负责任或有贪污违约等行为，群众可随时把他撤换。这种"翁村制度"，是居于京族民众对人性美的自觉追求，具有浓厚的原始民主色彩，"翁村"组织沿用至今，哈亭事务委员会的日常管理运作，成为村民自觉约束的传统习惯。尽管随着国家管理制度逐步完善，"翁村"组织的组织结构、运行机制、职能范围等也较之过去发生了一些变化，但仍在京族人生活中发挥着不可替代的重要作用。

严禁偷盗，团结御匪的规约。京族字喃文化传承研究中心编著的《京族社会历史铭刻文献汇编》中的《团结御匪，严禁偷盗的规约》载："民国二十二年二月十一日同村立约：永福村（潕尾）合众老民上下等，于民国二十二年再订规约，新立条例，严惩罚款，陈列于左：窃民众等，于近见邪奸歹恶也徒贪婪不已，无能做戒。兹民众等齐集会议，订立条约，以防奸诡日偷夜盗，不论园中杂粮、番薯、芋头、蔬菜等物，如有此种行为定（按）规条而重罚，切不宽恕，祈各凛遵。各着（老大）民上下众等签字为实，如有歹党无赖之徒不据众的，顽抗规章肖，合众照例送官究治，若临时改费，使用宽皆系民众暂且负担，至时不可推迟，致误临时之事可也，是为序。""一议如有贪徒夜盗，以前该项规条者，定罚国币一千六百元整。所有连脏认物，

---

① 张化声：《天性——如梦八十秋》，北京：人民文学出版社，2013年。

不可诬告，此约。""一议如有捉得匪徒，因亲放纵者，查出即照例罚放匪人国币银七百二十元整，此约。"

以上各种条规民约，充分体现了京族人从古至今重视和严格遵循的家族规范，养成良好的家风，在广泛吸收汉民族的家训文化的基础上，结合本民族的文化习俗，形成了具有海洋渔业文化特点的家庭传统美德和宗族文化。

今天，在漫长的生产、生活中，随着国家城镇化政策的快速推进，乡村振兴计划的实施，京族三岛休闲旅游业、渔业、养殖业等迅猛发展，海岛面貌发生了翻天覆地的变化。然而，京族人的勤劳勇敢、艰苦奋斗、勤俭持家、敬老爱幼、守规正直的传统美德不但没有消失，反而更加深深地根植于京族人日常生活的沃土之中，流淌在京族人的血液之中。

参考文献：

[1] 防城港市地方志办公室 . 防城港年鉴 2010[M]. 南宁：广西人民出版社，2011.

[2] 任才茂 . 京族的海神信仰与和谐社会的构建 [J]. 广西民族师范学院学报，2012 (1) .

[3] 符达升，过竹，韦坚平等 . 京族风俗志 [M]. 北京：中央民族学院出版社，1993.

[4] 任才茂 . 京族海洋民俗探论 [J]. 贺州学院学报，2012 (1) .

[5] 京族简史编写组 . 京族简史·绪论 [M]. 北京：民族出版社，2008.

[6] 钟珂 . 民国以来京族海洋渔捞习俗变迁及其文化蕴涵研究 [D]. 广西师范大学，2010.

[7] 广西民族事务委员会 . 防城越族情况调查 [M]. 南宁：民族出版社，1954.

[8] 京族字喃文化传承研究中心 . 京族社会历史铭刻文书文献汇编 [C]. 南宁：广西人民出版社，2015.

[9] 广西京族社会历史调查 [M]. 北京：民族出版社，2009.

[10] 苏维芳，苏凯 . 魅力京岛 [M]. 南宁：广西人民出版社，2015.

[11] 马居里，陈家柳 . 京族：广西东兴市山心村调查 [M]. 昆明：云南大学出版社，2004.

[12] 张化声 . 天性——如梦八十秋 [M]. 北京：人民文学出版社，2013.

[13] 郑爱强 . 罗海雄 . 边贸结亲情 [N]. 东兴报，2002-03-04.

[14] 郑爱强 . 两国情 一家亲 [N]. 东兴报，2003-02-24.

[15] 卢岩 . 防城港文化遗产丛书：非物质文化遗产部分 [M]. 南宁：广西人民出版社，2010.

[16] 苏维芳，武沛雄，苏凯 . 京族海洋文化 [M]. 南宁：广西人民出版社，2015.

[17] 任才茂 . 试论京族三岛的海洋民俗 [J]. 钦州学院学报，2012 (2) .

（作者钟玮是北部湾大学人文学院讲师、硕士；任才茂是北部湾大学办公室主任、副研究员）

253

京族传统美德研究（之二）

任才茂　钟　玮

中华民族传统美德是中华民族在长期发展过程中逐渐凝聚起来的民族精神的重要组成部分。继承和弘扬中华民族传统美德是社会主义现代化建设的客观要求，是加强社会主义道德建设和践行社会主义核心价值观的内在要求。在中华民族大家庭当中，居住在北部湾畔的中越边境线上的海洋民族——京族人民，与其他兄弟民族一道，世代和睦相处，相融相生；他们和各民族同胞共同创造了灿烂的民族文化，形成了自身优秀的传统家风和美德。

一、以海为家，爱国奉献的优良传统

（一）倚海而居，以海为家

京族人世代勤劳勇敢，旧时都以捕鱼为业，以海为伴。俗语说"靠山吃山，靠海吃海"。每年3—7月，京族三岛的人们就在深海中捕捉鲨鱼、鱼虾。小小的竹排往来于惊涛骇浪之间，早出晚归，习以为常。山心、巫头的群众，晚上在海中看守渔箔，白天还须在田间耕作。[1]几百年来，京族人民在山海相连的土地上繁衍生息，勤劳勇敢，团结友爱，和睦相处，从事海洋性社会生活、生产活动，在与海洋关系演变发展的过程中，形成了京族人勤劳勇敢的民族性格。京族在长期的浅海生产过程中积淀了丰富的海洋文化。旧时，由于生产技术比较落后，京族先民长期采取浅海捕捞和杂海渔业这样原始的谋生方式。浅海捕捞主要以拉网、塞网、渔箔、鱼笼等传统捕捞工具在近海作业，杂海渔业则以较为原始的竹筏、麻网、鱼钩、鱼叉、蟹耙等工具从事简单的近海渔业生产[2]。清光绪元年（1875年）澫尾岛京族制订的《乡约》上说"承先祖父洪顺三年贯在涂山[3]，漂流出到……立居乡邑，一社二村，各有亭祠"[4]。古代的

---

① 被采访人：苏维芳，男，京族，1942年11月生于澫尾村，退休干部，京族字喃文化传承研究中心主任，访谈人：任才茂，访谈时间：2016年3月20日。
② 钟珂：《民国以来京族海洋渔捞习俗变迁及其文化蕴涵研究》，广西师范大学硕士学位论文，2010年。
③ "洪顺"是16世纪越南后黎封建王朝的年号，"洪顺三年"即1511年。
④ 广西民族事务委员会：《防城越族情况调查》，南宁：广西民族出版社，1954年，第85页。

京族岛民，在没有先进的航海工具和技术的条件下，浅海捕捞与滩涂作业成为京族世代生产习俗的主要特征。京族岛民的海洋民俗之所以成为独特的文化特征，是因为原来这里的地理条件适合京族先民们的文化生存模式。当时京岛四面环水，与大陆沟通不便，多沙少土、淡水资源匮乏，不具备农业开发的基本条件与价值，居住环境恶劣。种种不利因素使得环北部湾地区以农耕为主的壮、汉、瑶等民族完全放弃了这几个小岛，而京族先民却把岛屿视为天然的庇护所和新家园，并扎根繁衍。

（二）英雄先祖，流芳百世

京族世代流传着许多先人英勇的故事。德高望重的阮大将军（原名不详）。阮大将军是最早登上京族三岛的阮世家族第三代长孙，生前是村中有名望的村老大（翁古），当过道公师傅，为村民做过很多好事，同时又是村中大网的网头。后来，因为带领渔民上山砍山藤回来做网绳拉大网，不幸死于山上。他死后，村民为他做斋事，道公在斋科法事中被"玉皇大帝加封阮大将军"，成为第一位加入哈亭的"家仙神位"（左昭右穆）之神[①]，并在龙庭右下供奉。

永抗敌贼的民族英雄苏光清。苏光清（1819—1905 年），法名苏三郎，字法仙，是苏氏家族第四代人。曾任海宁府万宁州宁海总（总是旧行政区域名称，属县下辖乡镇）里役副总职务。1840 年鸦片战争爆发后，被清政府任命为统领，组织乡民奋起反抗，驱逐了北部湾西洋鸦片海船的侵入，为保卫边民安全和祖国海疆完整做出了卓越贡献。此外，苏光清作为边境线上京族岛民的领袖，积极为岛民谋福祉，多次奔走于防城县向政府的路上，提出支持京族三岛岛民海上作业的请求，使清政府下文划定北部湾海面至竹山口，东至白龙水口，南抵白苏公石礁海域为三岛京族（当时称安南人）的海上作业区[②]。从此，三岛京族人有了自己的专属作业区，免受遭人驱赶、欺凌之苦。京族后人为纪念这位伟大的祖先，在哈亭设立主要神位供奉。

中越友谊使者暨抗法英雄杜光辉。杜光辉（1840—1928 年），京族杜氏家族第五代人，1873—1884 年组织义军参加抗法名将刘永福的黑旗军，带领东兴一带的京族、汉族、瑶族、壮族人民奋起自卫，转战于中越边境线上，在越南芒街等地增援，与越南军民并肩抗战，一次又一次打击了法国侵略者。京族人民世代传颂他的英勇事迹，并在哈亭设立神位供后人祭拜。

---

① 京族字喃文化传承研究中心：《京族社会历史铭刻文书文献汇编》，南宁：广西人民出版社，2015 年，第 225 页。
② 京族字喃文化传承研究中心：《京族社会历史铭刻文书文献汇编》，南宁：广西人民出版社，2015 年，第 225 页。

（三）崇高的爱国主义和国际主义精神

1884 年，法国对越南进行殖民统治之后，进一步加强了对我国西南边境的侵略。1886—1887 年，法国侵略军占领了江平地区，不甘屈服的京族人民随即纷纷团结起来，共同反抗法国侵略者。

1886 年，京、汉族人民共同组建了一支江平抗敌义军，在冲锋隘和鱼裹岭的战斗中，沉重打击和歼灭敌人，迫使法国侵略军于 1887 年撤出京族地区。这充分体现了京族人民高度的爱国主义和国际主义精神。

1921 年中国共产党诞生后，在党的领导下，京族人民反帝反封建的革命斗争蓬勃发展起来。京族渔民、学生踊跃参加了东兴总工会和农民协会。同时，山心、巫头、澫尾等地群众自发组织农民协会。京族青年、岭南大学学生刘振超领导山心岛数百群众举行了示威游行。

抗日战争爆发后，京族人民积极投入抗日救亡运动。1944 年年初，东兴一带被日寇侵占，澫尾岛群众积极抗日，在岛上修筑炮台，装上两门大炮以抵抗日寇。

京族人民与"越盟"游击队联合抗法。1951 年，"越盟"游击队为抵抗法国侵略军，由游击队头裴章率领的抗法游击队七十多人撤至我京族地区澫尾岛借居，建立抗击法国侵略军基地。他们白天拉大网捕鱼为生，夜间返回越南抗击法国侵略军，直到 1953 年 10 月，前后历时两年多。越南人民奋起反抗法国侵略并撤到我国澫尾岛时，得到了京族人民的无私支援：京族兄弟砍树木、伐竹子、割茅草、拉大网、挖水井……从根本上解决了越南游击队的生活、交通问题，京族人民为"越盟"游击队挖的那口井被命名为"中越友谊井"。裴章感动地说："饮水不忘挖井人，越中人民兄弟亲。"此外，京族人民还为"越盟"游击队编织 2000 多米长的大网，献出了岛上的车辕木，为越南游击队造了两艘渔船。这两艘船成为越南游击队往返中国与越南活动的重要交通工具。京族人民与"越盟"游击队在抗法侵略斗争中结下了深厚的友谊，百年流芳。

京族青年踊跃援越抗美。援越抗美战争是继抗美援朝战争之后，我国政府和人民发扬爱国主义与国际主义精神，支援兄弟国家和人民反抗帝国主义侵略的又一场艰苦卓绝的战争。1964 年 8 月，美国约翰逊政府悍然出动第七舰队驱逐舰"马克多斯一号"，对越南民主共和国的鸿基、禄昭、福利、广溪四个鱼艇基地进行疯狂轰炸，一手制造了震惊世界的"北部湾事件"，全面展开了以"南打北炸"为特征的侵略战争。中国政府发表声明：美国对越南民主共和国的侵略，就是对中国的侵犯，中国人民绝不会坐视不救。这一消息迅速传到京族地区。京族青年踊跃报名参军。1965年3月，经过审批，136名会讲越南话的京族青年光荣入伍，以翻译的身份被分派到前线。

身在异国他乡，京族战士与其他战士们一起，顶烈日，冒酷暑，在瘴气浸漫、疾病肆虐的恶劣环境中坚守岗位。由于缺少翻译，他们甚至不能像其他战士那样执行完一次任务（一次任务是1—3年）就回国，而是多次入越执行任务。但他们无怨无悔，凭着满腔热血，与战友们一起浴血奋战，以血肉之躯保卫了越南领土主权，为我国边境的安宁做出了巨大贡献。在这场历时十年的援越抗美战争中，我军付出了惨重的代价，一千多名战士为国捐躯，京族翻译罗周德也长眠在越南广宁省蒙阳烈士陵园里。他们是新时代最可爱可敬的人，他们将永远活在祖国和人民的心中。

二、尊师重教、崇文尚学的家庭美德

京族人民在以海为伴，靠海吃海的历史长河里，用勤劳的双手创造了灿烂的民族文化，同时也广泛吸纳汉族中原文化。随着京汉文化的交流融合，京族人尊师重教、崇文尚学的风尚日益明显。

（一）订立村规，尊师尚学

1879年，江坪乡恒望村京族，订立村规，尊师尚学。村规指出："江坪恒望村绅耆会长老大后生等，共同立定公约。第三条：关于就学人应当爱重，若本户何人有男子年至十八，尚在学户内，应免其一切夫役；但徒名求学而在做工者，户内令其负担夫役不再宽免，并学生之父母有得失先生，或学生有得罪先生，会长即依照本规约第五条处罚，以分师生、尊卑之别也。"[1]

（二）山心父老捐资办学

江平山心学校纪念碑为长方形，碑面长106厘米，宽76厘米，面刻汉文26行，每行52字，今藏山心哈亭内，部分文字模糊难辨。此碑为中华民国十八年（1929年）钦州省立十二中学毕业生刘振业撰文，防城州警察第二区署长刘杰三书写，为京族人民功德碑。主要内容为："中华民国十七年（1928年）秋，山心村诸父老心系教育，筹备设立初小学校，以伏波庙为校舍，并拨充伏波庙、三婆庙两庙会款为办学自费的事宜。但自费杯水车薪，后有两人不辞辛劳倡议劝捐，得到诸父老同情并支持，众人踊跃捐输，积腋成裘，共成美举。后列族人捐款芳名及数额。"

257

---

[1]《广西京族社会历史调查》，北京：民族出版社，2009年。

（三）潭尾耕读业余学校受到表彰

1965 年，随着全国耕读学校在广大农村的兴起，为满足贫下中农子女入学的要求，既有利于生产，又可以减轻家庭负担和国家负担，潭尾村民积极响应国家号召，贯彻党的"为贫下中农服务，教育与生产劳动相结合"和"两条腿走路"的办学方针，办起了江平公社潭尾耕读业余学校，涌现出了一批全心全意为贫下中农服务的先进民师。江平公社潭尾耕读业余学校被评选为先进单位，潭尾的苏维芳、陶继静、阮成豪等被东兴县评选为先进民师。①

（四）京族学校——传承京族文化的摇篮

在校潭尾村，有一所全国唯一以京族命名的民族学校——京族学校。学校前身为始建于 1952 年的潭尾小学。改革开放后，随着经济的发展，京族人民倍感文化发展的重要性，1995 年，群众自发集资建立了第一所自己的中学——京族中学。建校伊始，办学条件相当简陋，校舍借用村委会的几间陈旧的房子。为了改善办学条件，1997 年，东兴市政府把京族中学改名为"东兴市京族学校"，办成了一所九年一贯制的学校，教学服务范围涵盖整个京族三岛。京族学校自开办以来， 得到了东兴市政府及上级部门的高度重视。市政府划出 46.6 亩土地，先后投入 150 万元兴办学校，防城港市领导多次深入学校调查研究指导工作，自治区教育厅、自治区民委领导挂点京族学校。1997 年以来，自治区民委先后投入 80 万元兴建校舍。学校建设得到教育部的关心重视和支持。2001 年 3 月，时任教育部部长的陈至立同志视察了京族学校，并拨 50 万元用于修建教师宿舍，解决了京族学校教师的住房困难。现在，在校生 1100 多人中，京族学生就有 700 多人，占学生总数的 63%；有教职工 70 余人，专任教师 55 人，其中京族教师 19 人，教师学历合格率达 100%。开办以来，学校坚持正确的办学方向和民族特色教育，在抓好常规教学管理的同时，大力开展富有京族特色的教学活动，2004 年秋季学期，增开越语课程，开办了独弦琴、京族歌舞、竹竿舞等兴趣班，办出了自己的特色，成为传承京族文化的重要教育基地。

三、团结邻里、乐于助人的和谐民风

（一）京族和汉、壮、瑶民族的融洽相处

广泛的异族交流是京族三岛重建民族文化的必然选择。相对固定的海洋文化的形成，是在京族族群文化形成的过程中产生的，即是在语言认同、族

---

① 苏维芳、苏凯：《魅力京岛》，南宁：广西人民出版社，2015 年。

群认同、宗教信仰认同、生产生活方式认同的基础上形成京族与京族文化。而这种认同是在与周边民族的交流融合中才形成的认同心理。为了生存，京族先民必须与周边汉、壮、瑶等民族进行物质上的交流，物质上的交流必定导致精神文化层面的交流与认同。为了不受到周边民族的排斥，也必须认同周边民族的语言、服饰、节日、宗教等各种习俗，对于其他民族的文化的认同必定为本民族传统文化注入新的因子。当母族文化大背景脱落，京族文化置身于北部湾文化背景之中，京族先民面临两个选择：要么拒绝现有文化背景的滋养而枯萎，要么与现有文化背景相连通，从而建立新的适应现存社会环境的文化。为了生存、繁衍和壮大本民族的文化，京族只有一个选择：在发展自身文化的同时积极认同周边文化，构建本民族新的文化框架。因此，从越南迁徙到中国京岛的越南民族，经过与京岛附近各民族若干年的交流、相互认同、涵化吸收，所形成的已经不是原来越南民族文化习俗，而是现在的京族文化习俗。

在长期相互交往、交流与交融的过程中，京、汉、壮、瑶等各民族之间形成了从相互了解到相互帮助、相互支持，甚至相互通婚的血肉关系。新中国成立之前，十万大山的游击队曾经在江平一带活动，得到了京族人民很大的支持和帮助。如，在国民党反动派严重威胁游击队的时刻，山心岛京族渔民经常掩护游击队下海；在游击队生活上最困难的时候，京族老大发动京族群众捐钱捐粮，并且还动员刘仲礼等京族青年积极参加游击队，共同打击敌人。新中国成立后，京族（当时还称越族）人民得到汉族人的先进种植技术的帮助，消除了大汉族主义在越族地区的不良影响。政府在潕尾、山心、巫头分别设立越族自治乡，扩大了民族自治权，京族人民享受到了实施民族优惠政策的福利。

协商签订公约，加强民族团结。1952 年，潕尾、山心、巫头三个越族自治乡成立时，为加强民族团结工作，各自治乡召开了各阶层汉族、京族的联合座谈会，讨论汉、京族群众团结问题，反复协商处理民族间的楠山、渔箔、基围、土地等纠纷问题，消除民族隔阂。各乡汉、京两族都签订了团结公约，约定两族群众共同遵守，团结互助，禁止民族歧视。各乡签订了京、汉民族共同保护基围公约，共同保护楠山公约，共同使用网地箔公约，共同捕鱼公约，渔业和农业相互发展公约。订立公约之后，京、汉两族增强了团结，汉族称京族是兄弟民族，京族又称汉族为汉族老大哥。京、汉两族成立了捕鱼互助组，捕鱼产量迅速增加。过去，汉族姑娘不愿嫁给京族小伙。自签订公约，成立互组小组后，汉族与京族人的通婚十分频繁，亲如一家。

制订团结公约，促进民族融合。新中国成立前，部分汉族迁居到巫头村生活，成为这里的农民，而京族人主要以渔业为主，成为渔民。在日常生产和生活过程中，由于语言和习俗文化差异，渔民与农民之间也会偶尔发生矛盾和冲突。新中国成立后，京族巫头自治乡政府为了搞好渔民与农民之间、京族与汉族之间、村与村之间的团结，召开了专门会议，制订了团结公约。团结公约第一条内容如下"反对大汉族主义狭隘民族主义思想，反对民族分裂，反对民族歧视，主张互相尊重，互相帮助，团结合作"。团结公约还明确规定："纠正过去错误的互相攻击行为。""对渔民的利益要坚决保护不能侵犯，农民捉鱼要尊重渔民意见，渔民在可能的范围内可以照顾农民；渔民不能用水淋农民，农民不破坏渔民捉鱼，要互相尊重，不能无故引起纠纷。"

（二）京族人内部和睦共生

京族人民重情重义，讲求信誉，族群内部关系和睦，很少发生纠纷，多是聚村而居，与邻为善。过去，京族受到外界侵扰压迫时，常常群出御外，集体抵抗。如 1949 年 12 月，一股土匪趁新中国成立初期的混乱，想从海上攻打袭击澫尾岛。得知这一消息，全村京族妇女砍树堵路，男人拿刀持枪外出群体抵御，使土匪不能进村。

改革开放以来，京族的生活渐渐富裕起来，村民之间的相互帮助、济困扶贫的传统没有丢掉。2000 年 11 月 28 日，68 岁的澫尾村京族老人谭家福，和 36 岁的儿子、38 岁的女儿，装满一手扶拖拉机的甘蔗在通往江平的路上，和一辆带挂卡车相撞，女儿当场死亡，谭老和儿子被压成重伤，被送往医院抢救。当村民得知这一不幸消息后，支书苏明芳和村里退休干部吴家齐、裴永彬等人立即组织村干部、哈亭老大们商议，帮助谭家父子渡过难关。他们决定在村里发起募捐活动，还利用 12 月 30 日的歌圩用广播组织大家慷慨解囊，在场的歌手、群众踊跃捐款，有的捐 100 元、有的捐 50 元，几位 90 多岁的老人口袋里虽然没有几个钱，是带来买午餐用的，也全部捐了出来。用了两三天时间，村支书把募捐到的 8000 多元送到了住院的谭家福手中，让他们暂时渡过了难关。当地有句俗话"虾公脚、人心事"，说的是人心可以从虾公脚一般的细枝末节中表现出来。2016 年 3 月 19 日，笔者在沥尾村的公告栏看到了这样一则捐款公告："公示：经村委会发起爱心倡议，广大爱心人士、各村民小组积极响应，纷纷慷慨解囊，为叶春英同志（现正在广州某医院做手术）因病治疗费用捐资。至 3 月 14 日止，共收到捐款 1.3 万元。先将捐资名单公示如下……并示以衷心感谢！……同时，还有热心捐款的个人、企业单位，请与村干部莫振华、孔明东两同志联系。"公示的捐款单位有 9 个，个人捐款 37 人。

（三）京族人与越南人友好往来

居住在澫尾、山心、巫头等地的京族人与越南万柱、茶古村等地世代交往密切，睦邻友好。京族三岛和万柱隔海相望，在退潮的时候，两地相距最近不到 10 千米，往来方便。新中国成立前，还没有准确划定边界时，两地渔民经常到对方的海域挖沙虫、扒螺、捉螃蟹等，也经常同在一片海上捕鱼。此外，由于京族人和越南人同讲越南语，语言相通，双方渔民还经常到对方的集市赶集。再有，京族三岛和万柱都有过哈节的习俗，两地过哈节时，都派代表和表演队到对方演出助兴。自古以来，两地民间交往频繁，还相互通婚，亲戚朋友间的联系从不间断，有的京族青年到万柱、芒街打工，就在越南结婚生子，也有不少越南姑娘嫁到京族三岛。

越南老板给"中国亲人"拜年。2002 年 2 月 26 日，买是中国元宵节。这天，东兴各大商场满是购买年货的越南客人。而他们所买的年货，不是带回越南，而是要给中国的"亲人"拜年。当天中午，在东兴通往澫尾的公共汽车上，一群越南中年人提着水果、鸡鸭、炮竹等年货讲着越南话，其中一名姓阮的越南老板兴致勃勃地用普通话告诉记者，他是澫尾村某老板的生意合伙人，并讲述了他的"中国亲人"故事：2001 年夏天，阮老板拉着一船香蕉来到中国停靠在澫尾海岸码头找原中国订货方，但一连三天都联系不上原订货商。有一群生意人说要低价收购，阮老板不愿赔本卖给他们。眼看这船香蕉就要过期烂掉，这时一名叫阿宾的当地京族老乡很热情地把他接到家，给他们送上热饭热菜，安慰他并说要替他找销路。第二天，阿宾果真带来一位生意人按照原订货价收购了他的香蕉。阮老板拿出 200 元感谢阿宾，阿宾不收，说今后有生意就来找他帮忙。就这样，阮老板和阿宾成了生意伙伴，生意逐步做大。除了做水果生意，还合作做海产品生意。因此，是年元宵节，阮老板和其他越南人商量一同到澫尾村给"中国亲人"拜年。[①]

"两国情，一家亲。"1995 年农历腊月二十九，在澫尾村 12 组的京族

---

① 郑爱强、罗海雄：《边贸结亲情》，《东兴报》，2002 年 3 月 4 日。

村民罗周强家身上，演绎了一场中越渔民一家亲的感人故事。正当新年来临之际，为了一个"年年有余（鱼）"的好兆头，罗家父子决定出海打一趟鱼。罗家父子在海上作业时，船的发动机突然出现故障，无法行驶，只能任凭海浪推打漂流。到了晚上9点多，罗家父子的渔船漂流到越南芒街市茶古村的岸边，父子俩拖着疲惫的身子用越南语敲响了茶古村一户渔民家的屋门。这户黄姓人家热情地接待了他们，给他们换上干衣服，盛上热饭菜，又冷又饿的罗家父子感动得热泪盈眶。次日一大早，黄姓人家帮助罗家修好渔船，并买来柴油，为罗家指明回程航向，引导他们平安返回家乡。经过两个小时的航行，罗家父子终于回到了澫尾。为了报答这份救难情谊，罗周强家认了越南黄姓家父母为义父义母，双方结为亲戚，日后每年春节两家都相互往来拜年。[①]

居住在京族三岛的京族与越南芒街茶古村两岸村民世代友好往来，仍然传承着毛泽东主席和越南胡志明主席的深厚情谊。至今，在越南茶古村翁刃的家里还保存着一副越南文字撰写的对联，上联是"志气壮山河天下英雄惟有一"，下联是"明星光宇宙亚欧豪杰是无双"，横批"胡志明永垂不朽"。主人说："这副对子是胡志明逝世时，毛泽东主席为其战友题的，我们把它作为供奉主席的联子。"可见，中越老一辈领导人铸造的中越友谊像黄山的苍松万古长青，也充分反映了中越边境两国人民世代传承两国主席的语录："中越两国人民的团结战斗友谊万古长青——毛泽东"，"越中情谊深，同志加兄弟——胡志明"。

四、勇于创新、开放包容的宽阔胸怀

（一）开拓进取的创新精神

京族人民将镇海大王与海和谐共处的能力神性化为崇拜的对象，并将其视为人类征服自然灾害的化身。镇海大王的海神崇拜及其传说体现京族海洋开发的想象，颂扬了祖先征服自然、战胜邪恶势力，开辟美好家园的创业精神。这片浩瀚的大海蕴育了一个思想活跃、勇于创新的民族。传统游艺民俗文化在京族代代口授身传的过程中，为了适应不同时代的社会变迁，也得不断注入新的内容和形式。京族琴师把音量较小的旧式独弦琴进行改造，变成电声独弦琴。现在唱哈的歌词中，已经加入了歌颂新中国成立以来党的政策好、京族人民生活繁荣富裕的内容。从20世纪90年代开始，市场经济的活力推动了京岛浅海滩涂养殖和海产经营。近年来，京族人民发挥族源、文化、语

262

---

① 郑爱强：《两国情 一家亲》，《东兴报》，2003年2月24日。

言和地缘优势，靠出海捕捞的单一经营方式被打破，岛民大力开发滩涂，引进人工海水养殖技术，发展海产养殖业，使鱼、虾、蟹、螺等海产品远销各地，京岛人均收入逐年增加。他们崇文善教，积极培养高学历本土人才，大力发展与越南的边境贸易，开办边贸和旅游业。有的村民还在自家门口开办海鲜餐饮店和渔家旅馆，有效满足了京岛旅游业的发展。如今的京族三岛家家都盖起了小洋房，村落大道笔直、干净整洁，一跃成为中国最富裕的少数民族村落之一。①

（二）开放包容的博大胸怀

广阔的海洋联结大千世界，海洋民族易于接受各种文明的影响。京族所依赖的这片大海，与北部湾、南太平洋相通或与陆地江河对接，接受多种文化成分，兼收并蓄，融会贯通，形成多重文化特质。京族祖先在迁徙到中国㵲尾之前，越南曾经受到法国文化和外来宗教等诸多文化的影响；同时，㵲尾地处中越边境地区，在近现代又受到美国文化、东南亚各国文化等外来文化的影响；此外，由南海传播而来的海外文化，诸如印度文化、波斯文化、阿拉伯文化、西洋文化等，既相互融合，又和而不同、共生、共存、共荣，形成一种复合型文化。

由此可见，京族地区的文化是多元共存交流的结果，由此孕育了京族人开放包容的性格，具有宽容博大的胸怀。京族的祖先自迁到广西东兴定居后，保留了在越南居住时的一些民俗，比如哈亭里供奉的一些高山大王、圣祖灵应王等都是沿袭越南村落的信仰神。同时京族在与壮、汉、瑶等民族相互杂居、友好往来以后，文化交流十分密切，吸收了这些民族的优秀文化。在信仰上吸纳了镇海龙王、伏波将军和佛教观音菩萨等；在节日习俗上过汉族的春节、清明节、端午节、中元节、中秋节，同时还过壮族的"三月三"。

此外，京族信仰习俗还接纳了西方文化和宗教。19世纪，法国人入侵越南后把天主教传入越南，之后又在东兴市设立天主教堂，东西方文化的交流与兼容在京族文化中得到认可。约在19世纪50年代，法国传教士来到京族地区设立教堂，并进行传教活动。如有个别京族家庭也信仰天主教，特别是个别京族中年妇女，还到江平镇的天主教堂参加礼拜。可见，京族之所以能够在几个小岛上生存繁衍且不断发展壮大，与他们拥有像大海一样的开放包容、博大仁慈的胸怀是分不开的。

---

① 任才茂：《试论京族三岛的海洋民俗》，《钦州学院学报》，2012年第2期。

参考文献:

[1] 防城港市地方志办公室 . 防城港年鉴 2010[M]. 南宁 : 广西人民出版社, 2011.

[2] 符达升, 过竹, 韦坚平等 . 京族风俗志 [M]. 北京 : 中央民族学院出版社, 1993.

[3] 任才茂 . 京族海洋民俗探论 [J]. 贺州学院学报, 2012 (1) .

[4] 京族简史编写组 . 京族简史·绪论 [M]. 北京 : 民族出版社, 2008.

[5] 钟珂 . 民国以来京族海洋渔捞习俗变迁及其文化蕴涵研究 [D]. 广西师范大学, 2010.

[6] 广西民族事务委员会 . 防城越族情况调查 [M]. 南宁 : 广西民族出版社, 1954.

[7] 广西京族社会历史调查 [M]. 北京 : 民族出版社, 2009.

[8] 苏维芳, 武沛雄, 苏凯 . 京族海洋文化 [M]. 南宁 : 广西人民出版社, 2015.

[9] 马居里, 陈家柳 . 京族 : 广西东兴市山心村调查 [M]. 昆明 : 云南大学出版社, 2004.

[10] 张化声 . 天性——如梦八十秋 [M]. 北京 : 人民文学出版社, 2013.

（作者任才茂是北部湾大学办公室主任、副研究员；钟玮是北部湾大学人文学院讲师、硕士）

广西对越民间外交在"一带一路"倡议中的地位和作用

——基于东兴京族翻译官的个案研究①

钟　珂　陈国保

前　言

随着 2014 年 9 月中国国家主席习近平就共建"丝绸之路经济带"和"21 世纪海上丝绸之路"（"一带一路"）倡议②的提出，中国与周边国家在外交关系和经贸合作方面进入飞速发展的阶段。而广西在国家"一带一路"倡议中的定位为：21 世纪海上丝绸之路与丝绸之路经济带有机衔接的重要门户。作为我国南疆边陲重地，广西有 8 个边境县市共 1020 千米与越南接壤，分别是东兴、上思、宁明、凭祥、龙州、大新、靖西、那坡。广西在中越陆地边境线上拥有国家一类口岸 6 个、二类口岸 7 个、边贸互市点 25 个，是中越双边经贸合作的"桥头堡"和"前沿"。中国连续 13 年成为越南第一大贸易伙伴，2017 年中越双边贸易额达到 938 亿美元，其中广西与越南进出口贸易额为 241.2 亿美元，占中越双边贸易额的 25.5%。③2016 年，越南首次超越马来西亚成为中国在东盟的最大贸易伙伴。随着"三高两铁三桥"④交通基础设施建设的动工和交付使用，我国通往东盟各国的运输道路逐渐打通，越南将成为我国通往东盟各国陆路和海运的必经之地。因此，在越推进"一带一路"倡议不仅对加强我国与东盟国家经贸关系有重要指导性作用，而且对我国全

① 本文为 2017 年广西师范大学越南研究中心课题"桂林越南'九二'学校的人才培养及其校友资源的当代开发"的阶段性成果之一。项目编号：YN2017002。
② 吴磊：《构建"新丝绸之路"：中国与中东关系发展的新内涵》，《西亚非洲》，2014 年第 3 期。
③《2017 年越南对中国广西出口逾 100 亿美元》，《越南海关报》，2018 年 5 月 17 日。
④ "三高两铁三桥"分别指的是中越合建的三条高速公路："南宁—凭祥（友谊关）—谅山—河内高速公路""南宁—东兴—芒街—下龙—河内高速公路""百色—龙邦—高平—河内高速公路"；两条铁路："南宁—凭祥（友谊关）—同登—河内铁路""防城港—东兴—海防—河内铁路"；三条桥梁："中越北仑河二桥""水口—驮隆二桥""峒中—横模大桥"。

球经济布局具有重要意义。广西作为我国与越南接壤的省份，在我国"一带一路"倡议的推进和建设上占有重要地位。

一、京族翻译官情况概述

1964年8月，美国制造"北部湾事件"，派遣美军在越南南方登陆，与越共领导下的越南南方民族解放阵线武装力量直接作战，"越战"正式爆发。中方应越南胡志明主席的请求，秘密派出防空、铁道、国防工程、筑路方面部队共32万人援助越南北方，史称"援越抗美"。为了解决部队士兵在越南国内时的语言沟通障碍，中国解放军总参谋部另招募了400多名越南语翻译编入各部队，配合在越中国部队执行军事任务，其中从东兴走出去的京族翻译官有137名。他们成为援越抗美战争中中越双方不可轻视的信息沟通媒介，对我国部队有效完成援越抗美的军事任务起到必不可少的关键作用。

（一）京族翻译官的来源构成

1964年11月，为了支援越南人民"保卫北方，解放南方，统一祖国"的抗美救国斗争，确保中国援越抗美的部队官兵能够顺利地完成在越各项军事任务，增强中越两国人民和两军的战斗友谊，中国解放军总参谋部委托广州军区在东兴的潭尾、巫头、山心京族三岛特招了18名具有高中学历的京族优秀青年进入桂林步兵学校再转解放军第二外语专科学校学习越文，进行翻译人才储备。1965年春节过后，广州军区连续三次紧急从京族三岛和周边村落又招募了100多名京族翻译进入桂林步兵学校。最后，从广西东兴市江平镇京族三岛7800多名京族人民当中，共挑选出137名年龄在18—40周岁，精通越南语言，熟悉越南人民的风俗习惯，身体健康且有一定文化水平的优秀男性青年特招应征入伍，组成了一支"广西援越抗美京族翻译官"特别小分队，分别为山心村49人、潭尾村47人、巫头村34人、江龙村6人和楠木山村1人。①他们经过中国人民解放军第二外国语专科学校两个多月的政治、军事培训以后，于1965年6月陆续被分配到中国援越抗美参战的各师、团、营、连和站、所等战斗、施工序列单位担任越语翻译官。

（二）京族翻译官在战场上承担的工作

1965年6月至1973年12月，"广西援越抗美京族翻译官"特别小分队被分配到中国援越抗美队伍中，跟随部队派往各个阵地、工地、机关、厂矿、

---

① 任才茂：《试论京族三岛的海洋民俗》，《钦州学院学报》，2012年第2期。

城市、乡村执行军事任务。由于越语翻译人员奇缺，一个支队（师）机关只配备 10 多名翻译，大队（团）配有一个小组，中队（营）则只有 1—2 人，连队除非十分特别需要否则不配备翻译。

京族翻译官在遵守《三大纪律和八项注意》及《中国援越抗美部队八条守则》的前提下，严守国家机密，配合援越抗美的部队完成军事任务。他们的主要任务有：第一，负责援越抗美部队与越南人民军各级领导的翻译和联络任务，准确翻译部队领导与友军领导的讲话、谈判等内容。第二，在部队转移阵地时，随先遣队与当地群众联系，勘察地形，寻找合适的布放地点和山头阵地，寻找水源，组织驻地越南百姓抢修便道、搭建草棚等后勤生活保障工作。第三，在战斗打响时，和战士们一起搬运炮弹、抢救伤员，组织越南百姓疏散进入防空洞隐蔽；战斗结束以后，他们又组织战士们为越南群众抢修房屋、建房搭棚、重建家园。第四，击落美国飞机时，迅速带领特击队战士披荆斩棘抓获美国飞行员，运回美国飞机残骸、炮弹供我方研究。第五，在战斗间隙，组织连队指战员帮助驻地越南群众栽秧割禾、治病救人、抗洪抢险、抢修公路、训练民兵和放电影宣传毛泽东思想等。

（三）京族翻译官获得的奖章、奖励概况

援越抗美的高炮部队入越作战是"分期分批，半年轮战一次"，而担任高炮部队的京族翻译官由于人员缺少、无法轮换，只能长期在越南战场上坚守岗位，甚至有的随部队回国后又马上随新部队出国。这 137 名京族翻译官个个奋勇争先、英勇作战，来自满尾的罗周德牺牲在广宁省鸿基战场上，梁达光、黄永彬、武秀安、杜福华、阮元益、黄永高、刘友新、武瑞光、武超凡、阮继生等 16 人负伤，其中武秀安 2 次负伤，黄永彬 3 次负伤，武超凡、武秀安的弹片至今还在身上尚未取出。战火中 62 人加入了中国共产党，35 人荣立二等功和三等功，黄永辉、阮纯安、黄玉坤、刘国新、吴朝积、吴永彬、苏权生、李世平、江文权等还荣获越南政府主席授予三级军功章，阮纯安所在单位荣获越南政府主席授予二级军功章，黄永彬、阮兴义、苏春就、莫裕祯所在单位荣获越南政府主席授予三级军功章，每一个京族翻译官都荣获越南政府授予、范文同总理签名的"团结战胜美帝"证书和纪念章、越南政府"8·5 决胜"纪念章。①

267

---

① 刘小明：《京族翻译官纪事（内部资料）》，2017 年第 12 期，第 2 页。

（四）京族翻译官回国后的去向

1973 年 12 月部队归国后，除了"18 名特招生"作为"翻译储备"和极少的京族招募翻译留部队外，大部分京族翻译官返回东兴京族三岛，重新操起老本行，以捕鱼为生。1974 年年初，中国海军执行收复被越南南方伪政府军队长期侵占的我西沙群岛部分岛屿的战斗任务时，京族翻译官小分队 12 名队员再次随南海舰队出发，担任越语翻译任务，为解放西沙战役的胜利贡献了力量。留在部队工作的京族翻译官到了 1979 年又参加对越自卫反击战，担任各部队越语翻译，战斗结束后转业回地方工作，10 年前都已退休，大部分定居在东兴市或京族三岛上。

（五）京族翻译官目前状况

援越抗美战争已经过去了 53 年，当年参加援越抗美战斗中的 137 名京族翻译官健在的只剩 114 名，其中年纪最大的 93 岁，年纪最小的也有 71 岁了。由于各种原因，现在他们的待遇十分微薄，有些身患严重疾病，在医院接受长期治疗，生活十分困难。

二、京族翻译官在广西对越民间外交中的作用

（一）京族翻译官是中国无偿援越抗美的历史见证人

从 1965 年 6 月至 1973 年 12 月，137 名京族翻译官编入中国人民解放军援越抗美的部队中担任翻译，在极端恶劣的战场条件下，头顶美国飞机的狂轰滥炸，英勇奋战在第一线，圆满完成了党和政府托付的重任，以自己的汗水和鲜血谱写出一曲曲中越友谊之歌。近年来，两国在各级政府层面的多领域交流合作广泛加强，各种民间外交活动也得到深入发展。援越京族翻译官是中越两国并肩作战的历史亲历者。在上世纪 60 年代艰苦的战争环境下，他们远离祖国和亲人，为了援助越南人民争取国家独立和民族解放，不怕牺牲勇赴异国战场，与越南人民一起同生共死、共同抵御美帝入侵，成为两国缔结"同志加兄弟"深厚友谊的历史见证人和参与者。

（二）京族翻译官是维系中越两国普通民众的情感纽带

京族翻译官中唯一牺牲的罗周德来自东兴㽘尾岛，于 1966 年 8 月在下龙市执行施工任务时被敌机扔下的炸弹夺去了年轻的生命，如今长眠在越南广宁省蒙阳烈士陵园里。此外，中国援越抗美 5 年多时间里共牺牲了 1446 名将士。他们的遗骸至今留存在越南北方 40 个烈士陵园里。尽管中越关系时有变化，但在越南境内众多的中国烈士陵园一直保持完好，没有一个民众刻意去泄愤、

破坏。每个烈士陵园都由越南政府指定墓葬所在村的村长负责日常的维护和管理，定时带领村民对所在村的中国烈士陵园开展清明节的祭拜、杂草清除和陵园的修缮工作。近年来，一些援越老兵和京族翻译官代表团也纷纷到越南寻找过去战斗过的地方、祭奠长眠在越南的战友，受到了越南当地政府和人民热情的接待。2015 年 12 月，中国援越老兵代表团受越南国防部邀请访问越南，受到越共中央政治局委员、中央军委副书记、越南国防部部长冯光清大将的接见并颁发了奖章。事实证明，以京族翻译官为代表的援越老兵们用自己的牺牲和奉献，铸就了中越两国人民"同志加兄弟"的深厚情感。中越两国的传统友谊用鲜血凝成，无论时光如何更替，历史不会忘记他们。

（三）京族翻译官推动中越两国民间交往活动的开展

这些年来，围绕推动中越传统友谊的中越民间外交活动频繁、形式丰富多彩，比如中越边民贸易、两国青少年联欢活动、界河对歌、元宵节足球友谊赛等，通过两国人民的共同参与，旨在促进双方的沟通和了解，推动中越跨境民间活动的蓬勃展开。有京族翻译官的援越抗美经历作为铺垫，建立建设爱国主义教育基地，在青少年学生群体中开展国际共产主义教育活动，组织中越两国青少年重走京族援越翻译官当年参加援越抗美战争的革命路线，让援越老兵们讲述当年的战斗故事，举办援越京族翻译官学术研讨会、援越老兵摄影展等活动，以多种形式推动中越两国民间交流活动的开展，促进中越两国传统友谊的广泛宣传和联结，使得中越民间外交的活动内容更充实、形式更多样。

（四）京族翻译官促进中越传统友谊的延续和发展

京族三岛 137 名参战翻译官每一个人都荣获越南政府授予的"团结战胜美帝"证书和越南政府"8·5 决胜"纪念章。他们为越南人民争取民族独立奉献了自己的青春和热血，许多人在战争中负伤并留下后遗症，甚至献出了自己的生命。虽然已过去半个多世纪，但是京族翻译官们为援越抗美战争做出的巨大贡献影响至今，越南人民对中国军民给予他们的无偿奉献铭记于心。京族翻译官们用自己的鲜血铸就了中越人民的深厚情感，用自身的实际行动体现了爱国主义和国际共产主义精神。他们为增强中越两国人民和军队的友谊做出了重大贡献，他们是维系中越传统友谊的内在纽带和媒介。而这种国际主义奉献精神一直激励着我们，促使着当代的年轻人继续为中越友好关系的延续和发展不断努力。

三、广西对越民间外交对"一带一路"倡议的深远意义和影响

（一）广西对越民间外交是中越关系友好发展的助推剂

历史上的中越关系，在古代中国与周边国家国际关系体系中占有重要地位。在中华人民共和国成立以后，中越两国人民更是在并肩战斗中续写了两国的传统友谊，结下了"同志加兄弟"的革命情谊。而今，中越双方本着"长期稳定、面向未来、睦邻友好、全面合作"的方针和"好邻居、好朋友、好同志、好伙伴"的精神，着力建立和发展全面战略合作伙伴关系。由于广西的地缘和人缘优势，对越民间外交活动丰富多样，结合京族翻译官在援越抗美期间所做出的重大贡献，强调中越传统友谊，再现硝烟背后的红色记忆，既是维护和发展中越睦邻友好关系的现实需求，也是推进"一带一路"倡议的助力器，同时也是推动中越关系友好发展的强心针和重要助推剂。

（二）广西对越民间外交是"一带一路"倡议在越南推进的外交纽带

广西与越南边界线长 1020 千米，中越边界周边区域原住民的民间往来和姻亲关系较密切，广西与越南北部各省的官方交往活动也十分频繁。2018 年2 月 23—24 日，广西与越南边境的广宁省、谅山省、高平省、河江省的党委书记在桂林举行新春会晤联谊活动。据不完全统计，2017 年全年，广西与越南边境四省部级以上团组互访 11 批，边境地区党委、政府及其部门之间开展互访 148 批，边境县（市、区）缔结友好村屯增加到 20 对，经济贸易合作不断加深。① 广西的桂林、崇左、东兴与越南的下龙、谅山、芒街等市已缔结为国际友好城市，双边政府高层每年会定期进行会晤和贸易会谈，双方的互访和民间外交活动也较为频繁。东兴京族翻译官作为中国援助越南的历史见证人，会不定期组团到越南祭拜长眠在此的战友们，而他们的前往也受到了越南当地政府的欢迎和接待。京族翻译官在越南祭奠战友的民间活动，会不断提起和加深中国援助越南抗击美国的这段历史，让世人永远缅怀和纪念这段用鲜血铸就的中越友谊，这是推动广西对越民间外交活动开展的重要助力，也是促进我国"一带一路"倡议在越南不断推进的外交纽带。

（三）广西对越民间外交是"一带一路"倡议中潜在的外交力量

广西京族翻译官所在的京族三岛是 16 世纪从越南海防等地迁徙而来的越南人逐渐聚居形成的。广西的京族人与越南人存在千丝万缕的关系。他们积极参与对越民间外交活动。改革开放以来，京族三岛中 70% 的京族人依靠自

① 刘小明：《京族翻译官纪事（内部资料）》，2017 年第 12 期第 3 页。

身的语言和族群优势直接或间接参与到中越边境贸易、文化交流、民俗活动中，是广西对越民间外交活动的桥梁和支柱。京族翻译官在越美战争期间对越南的重要牺牲和贡献，得到了越南党和政府的高度评价和肯定。时至今日，京族翻译官等援越抗美战士到访越南，都会受到当地政府官员的热情接待，许多官兵还获得了越南政府颁发的功勋奖章和证书，这足以说明京族翻译官在广西对越民间外交中的重要地位。他们也成为我国对越"一带一路"倡议中重要的人脉资源，是我国对越民间外交活动中潜在的外交力量。

（四）广西对越民间外交对"一带一路"在东盟国家的外交示范作用

广西作为我国"一带一路"倡议向南延伸的"重要门户"和"桥头堡"，在中国与东盟各国外交关系的发展中占据重要地位。据广西的统计数据显示，广西对越贸易进出口额逐年上升，越南多年来是广西最大的贸易伙伴，双边贸易总额占越南与中国双边贸易总额的约三分之一。 2017年，越南与广西双边贸易额达241.2亿美元，其中广西对越南出口额超过137.7亿美元，进口额超过103.5亿美元。[①]广西地理位置优越，在对越贸易上存在一定的地缘优势，有多条铁路、公路以及海运线路与越南相连，交通运输便利，中国销往东南亚的商品多数经过越南从陆路或海路运往各国，因此，中国与越南的外交关系尤为重要。广西的对越民间外交活动是对中越关系的重要支撑，广西与越南的双边关系对于推动中国与东盟国家外交关系的发展将起到一定的示范作用。

四、结 语

广西与越南一衣带水，双边往来十分频繁。广西对越民间外交活动内容丰富、形式多样。在当前国家"一带一路"倡议的前瞻性指导之下，广西与越南的民间外交活动将进一步拓展和深入展开，这不仅顺应国家发展战略的总体趋势，也是区域经济融合发展的必然之路。广西对越民间外交活动的顺利开展，不仅将提升本地区与越南在经济、文化、教育、艺术各个方面的深入合作和交流，同时也能加深中越两国在经济合作开发和文化教育交流中的认识和了解，这将进一步推动中越传统友谊的延伸和发展。此外，广西对越民间外交活动的频繁举行，将对中国与东盟国家开展经贸、文化合作交流起到一定的示范作用，这会推动我国"一带一路"倡议在东南亚国家的顺利展开和布局。广西与越南双边友好关系的发展，在提升区域经济发展、促进国

---

① 《越南是中国广西壮族自治区最大的贸易伙伴》，中国国际贸易促进委员会官网（HTTP://WWW.CCPIT.ORG/CONTENTS/），2018年4月26日。

际贸易额持续增长的基础上，对建设广西成为"一带一路"倡议的"重要门户"的纲领性目标将起到重要的推动作用。

（作者钟珂是广西师范大学历史文化与旅游学院讲师；陈国保是广西师范大学历史文化与旅游学院教授）

援越抗美京族翻译官概述

刘小明

在 20 世纪 60 年代的抗美援越中，有 138 名京族儿女走上了战场，担任部队越语翻译。四十多年过去了，目前他们当中还有 90 多人健在。作者花了长达五年多的时间追踪这个群体，拍摄了一系列珍贵的照片，编成了《京族翻译官纪事》一书，并在该书中记下了这样一段文字，用以纪念这些为国家民族做出贡献的京族翻译官。

1964 年 8 月发生"北部湾事件"后，大量美军登陆越南南方，与越共领导下的越南南方民族解放阵线武装力量直接作战，同时美军轰炸机越过军事临时分界的北纬 17 度线，对越南北方进行大规模轰炸。越南北方公路、铁路、桥梁、机场、码头、车站、港口被炸毁，许多工厂、矿山、城市、乡村、公共设施变成一片废墟。美军的轰炸不断升级，范围已经扩展至中越边境一线，甚至"误入"中国境内，战争乌云浓重地笼罩在中越边境的上空。广东、广西、云南千里边境线大量疏散人口，高炮部队快速布防。所有城镇、乡村、公共场所、单位、个体民居和附近的山山岭岭，到处都在挖掘防空洞，并且很快完成。一次又一次群众性的防空演习连续进行，只要防空警报响起，人们已经能够快速、熟练地进入防空洞。美国飞机几天一次、一天一次或一天多次飞临中越边境。每当凄厉的防空警报鸣响，进入防空洞隐藏的人们，透过洞口观看中越边境上空掠过的美国飞机，耳听天空中传来飞机的轰鸣声，人的耳膜和精神都被震动，心压上了一块石头，沉甸甸，防空、防炸已变成边境人们必须熟习的"生活常态"。一夜之间，战争似乎要降临。

1965 年 5 月，胡志明主席秘密访问中国，请求中国援越抗美，中方答应援助物资和秘密出动防空、铁道、国防工程、筑路方面部队援助越南北方。6 月 9 日夜，一列长长的车队关闭大灯，穿行在边陲东兴城狭窄的街道上，街两旁

273

站满了居民。他们好奇的目光透过敞开的篷布，看到车上是穿着越南军军装和蓝黑色制服正襟危坐的士兵。人们日常接受政治和国防教育，不敢询问也不敢议论，只在心里自问自答。车队开上中越大桥，很快没入越南广宁省茫茫黑夜之中……这是配备有多个高射机枪连的工程兵2支队进入越南的一部分，其他部分从湛江（海上）进入越南，工程兵1支队从广西凭祥同时入越，炮兵、工程兵、铁道兵、通信兵、海军、空军、后勤运输等16个支队32万人进入越南北方，就此拉开援越抗美的帷幕，史称"援越抗美"。

虽然中国做好了打的准备，但并不想与美军直接冲突，不动用步兵与美国开战，只派出高炮、工程、铁道、汽车运输和海军等进入越南北方。周恩来总理透过巴基斯坦、英国和华沙中美大使级会谈将"中国不会主动挑起对美国的战争；中国人说话是算数的；中国是做了准备的；战争打起来，就没有界限"的政策转告美国。美方也表态"美国无意同中国作战""绝不把战争扩大到中国"。敌对双方既要较量又不想发动一场对双方没有任何好处的中美大战，在政治上达成了默契。美军地面部队不越过北纬17度线，不引发中国步兵进入越南作战，只使用飞机对越南北方一切军用目标和民用设施进行大规模轰炸，让北越瘫痪；援越部队则要保卫军事和民用目标，修复、扩建和新建一切设施，让北越活起来，有能力继续进行抗美战争。这样的较量，对空军力量强大的美国而言极为有利，但对防空力量薄弱的中国来说则是被动而惨烈的，但在冷战中这是一种"减压"，是中、美双方的"无奈之举"。

而在此之前的1964年冬，"北部湾事件"不久，解放军总参谋部考虑到战争的需要，委托广州军区在东兴的潕尾、巫头、山心京族三岛特招了18名具有高中学历的京族优秀青年进入桂林步兵学校再转解放军第二外语专科学校学习越文，储备翻译，但战争到来的速度之快还是超出了人们的意料。

1965年春节过后，广州军区连续三次紧急从京族三岛和江龙、楠木山村落，招募100多名京族翻译进入桂林步兵学校（后转解放军第二外语专科学校）。一声"到军校学习越语"招募令下，京族三岛和四周的京族村庄掀起报名应征的热潮。虽然没有明说上战场，但每天听着数千米的外越南传来的轰炸声，眼看美国飞机在不远的天空飞过，只要不是傻子，谁都明白是怎么一回事。生产大队征求意见、个人报名、父给子报名、母给子报名、妻给夫报名、兄弟同时报名，摩肩接踵，争先恐后。从16岁的少年到40多岁的中年，只要身体健康会越语都是征招对象，甚至平时"不能越雷池半步"的"家庭成分"也放宽了，只问表现和能力，不问出身。孤儿罗周德、杨秀兴、李永胜、苏春就、阮玉寿、刘基雄被录取。漓尾岛苏维芳、苏维芬，阮兴义、阮兴仁，武瑞芳、武瑞成，何永朝、何永仁；巫头岛吴朝德、吴朝有；山心岛李世平、李世安，刘杨信、刘扬仁，这些亲兄弟同时被录取。苏维芬仅新婚一个多月，妻子何英主动替他报名。现年93岁、当年41岁的梁世华，和女婿刘扬幸（援越期间休假）两人同时被录取，岳婿同上战场，打虎亲兄弟，上阵父子兵。现年87岁的阮兴义当年是漓尾渔业大队支书，已经生育6个子女。招募人员对他说："那么多京族人去，你做支书也应该去，他们听你的话。"阮兴义想也不想，马上说："我去！"妻子立即前往大队替丈夫报名，经体检合格后被录取。京族翻译到达桂林陆军步兵学校后（之后还陆续来了一些去湛江培训后挑选过来的京族翻译），与各地征招募来的越南华侨、中国留越大学生、会越语的边境村民和其他人员，集中进行越语培训。京族翻译不属部队编制序列，开始未能享受正规军待遇，是军校最寒酸的人。渔夫出身的他们，穿短裤和赤脚是日常生产和生活常态，因招募人说不用带衣服，到部队会发，大家只穿平常劳动的一身短衫、短裤便出发，个别穿"海陆空"车胎胶鞋，大部分人是赤脚到达桂林陆军步兵学校。每天早上京族翻译穿着短衫裤、赤脚与正规着装的军校学员一起在操场跑步、出操，滑稽之至。每两三天，晚上脱下短衫短裤洗净晾开，用电风扇吹，早上不管干不干穿上就出操训练去。15天后每人才发得两套旧军装和两双旧解放鞋，但不少人年龄小、个子小、不合身、不合脚，"小人穿大人衣服"。不管从哪个方面哪个角度都不被看好的京族翻译，就是一群灰头土脸的丑小鸭。

　　6月上旬，由京族和其他人员混编的翻译队伍，一小批又一小批分配到援越部队，进入越南北方（18名特招生1967年7月毕业入越），随部队分布到各个阵地、工地、机关、厂矿、城市、乡村。由于翻译奇缺，支队（师）机关只有10多名，大队（团）一个小组，中队（营）只有1—2人，连队除非十分特别需要否则不配备。京族的母语是越南语，是每时每刻使用的语言，这是京族翻译的优势，部队最需要的就是这种与越南方面交流和联系的日常用语翻译，因此，对他们刮目相看，十分倚重。曾有首长对京族翻译说："在我看来，一个翻译起到的作用比一个连还重要！"有一名京族小翻译，刚进入越南时见到部队在树林中防空，好奇地爬树想看飞机，被中队长叫下，并被一脚踢中腰部跪下。中队长大骂："我不是怕你死，我是怕你死了，叫我去哪里找翻译！"援越部队实行轮战，炮兵半年、工程兵一年、铁道兵一年

275

以上轮换回国，但所有的翻译人员无法轮换，有的随部队回国后当天马上随新部队出国，更多的就在高炮阵地和施工场地上送走旧部队，迎接新部队。当时潜伏北方的南越特工很多，专门引导美机轰炸援越部队阵地、营房和工地。京族翻译有一个任务，要到越南市民、村民中了解社会情况和敌情动态。

在桂林步兵学校培训时，有一次几个京族翻译星期天出城，在一个院子看到有人正在扎几百副担架，大家知道是准备上战场使用，其中一人害怕，第二天逃跑回家。在开往凭祥准备进入越南的军用卡车上，一位京族翻译哭起来，说想回家不出国了，家里有两个儿子尚小，老人照顾不过来，原以为能到军校读两三年书，成为文化人，谁知道却分到部队出国作战。阮元益翻译用越南语对他说："我们是国家的人才，现在党中央号召我们出去，我们就出去，有什么困难生产大队会帮助解决！"他默默平静下来并坚决地走上战场。欧荣辉进入越南后，看到敌机轰炸的残酷性，心里打了退堂鼓，想到如果有机会要跑回家，后来经历多了慢慢坚强起来，一直战斗到完成任务。武超凡说，刚进入越南时面对美军的大轰炸，他吓得脸色青黑，躲在竹笆床下，"吃"过多次炸弹的火药味，15天后便不怕了，"你炸你的，我做我的"。亲历大规模轰炸，长期惨烈战斗，生离死别、危险和艰难，京族翻译一步一步走过来，战火的锤炼和灵魂洗礼让一个个普通"丑小鸭"般的渔民变成坚强、勇敢和视死如归的战士。

1965年9月，阮瑞彬所在的工程兵4支队18大队，负责高平至太原路段3号公路的扩建、改建。因全体人员穿蓝黑色制服，与当时解放军海军制服相似，BBC广播说："中国一个海军陆战师进入越南……"

黄永彬所在的"扫雷敢死队"用橡皮艇拖拉安装扫雷器的竹排进行排雷。

阮纯安所在的"海军水雷调查研究队"在越南北方重要港口和航道排第一颗水雷时不成功发生爆炸，第二次用绳子绑住大家合力拉上海滩，分解后送回国内研究，研制扫雷艇部署到越南扫雷。

阮兴仁在安沛机场亲历了一次多达170架敌机的突袭，援越部队高炮猛烈还击，双方殊死搏斗。

武瑞光在太原市区亲历了150架敌机的轰炸。他说在战争面前个人的力量像尘埃一样太渺小，太微不足道。

阮世英的残骸组缴获坠毁美军飞机发动机，转送国内研究。

武瑞成所在的残骸组缴获坠毁敌机的六管机关炮，转送国内研究。

黄常汉所在的大队缴获并分解了一枚美军未爆炸的导弹，转送国内研究。

1972年6月正值援越抗美后期，黄永辉调到广州军区运输48团，跟随张金永团长、崔副团长前往河内与越军协商卸放援越物资地点，往返途中，曾4次被敌机追尾轰炸，在危险中每次大家跳下车滚出路外坡坎、水沟，炸弹在四周爆炸，避过死亡。

京族翻译享受军官待遇，每年可以回国休假。苏维芳、梁达光、阮瑞彬、黄永彬、陈振源、李永堂、罗周才、裴永成回国休假时，正值"文化大革命"交通中断无法返程，战场就在前方，战友正在战斗，他们主动到东兴县武装部，联系并搭乘友军的后勤给养车从东兴出境进入越南广宁省，绕道谅山省返回中国友谊关，找到各自部队的后勤给养车，再乘搭进入越南北方归队。来自满尾岛的翻译罗周德牺牲在广宁省鸿基战场上，梁达光、黄永彬、武秀安、杜福华、阮元益、黄永高、刘友新、武瑞光、武超凡、阮继生等16人负伤，其中武秀安2次负伤、黄永彬曾3次负伤，武超凡、武秀安的身上至今还有弹片尚未取出来。

经历4年的战场生涯，京族翻译官们十分向往和平与安宁的生活，回家是他们最强烈的意愿。部队归国后，除"18名特招生"和年龄比较轻、文化程度较高的少数人留在部队之外，大部分人都接到回乡的命令。阮兴义知道自己可以回家后十分高兴，说家里6个孩子确实太需要他；龚云生的部队首长问他是否再随部队去支援老挝，龚云生表态"不能去了"，要回家照顾老婆、孩子；部队想留下武超凡，但他一定要回家，要娶亲成家立业；何华回家继续做他原来的小学公办教师。当时是"文化大革命"期间，政府、机关都不大正常工作，于是这些出征时享受副排级待遇（特招生正排）、领军官薪水、在战场浴血奋战数年的京族优秀儿子，脱下战衣，真真正正还原回到上战场前的角色——渔夫。

我们的历史不应该被遗忘：

在援越抗美战争中，一个有7800人口的京族，就有138名京族翻译义无反顾走上战场，占全部翻译400人的三分之一。当年他们奋勇争先，人人勇敢作战，牺牲1人，负伤16人，荣立二等、三等战功35人，黄永辉、阮纯安、黄玉坤、刘国新、吴朝积、吴永积、苏权生、李世平、江文权等还荣获越南政府主席授予的三级军功章，阮纯安所在单位荣获越南政府主席授予的二级军功章，黄永彬、阮兴义、苏春就、莫裕祯所在单位荣获越南政府主席授予的三级军功章。战火中62人加入中国共产党，他们每一个人都荣获越南政府范文同总理签名的"团结战胜美帝"证书和纪念章，越南政府"8·5决胜"纪念章。

（作者现就职于中共东兴市委宣传部）

中国京族研究的特点及余论

——基于中国知网现有京族研究成果的分析

蒋玉山

一、基于中国知网对中国京族研究成果的结构分析

本文的初衷并非京族研究的文献综述，因而本文迥异于文献综述，比如已有的中国京族文献综述有《中国京族研究综述》[①]《海洋族群的经济基础、文化特性与社会变迁——国内京族社会与文化研究进展》[②]，但显然对京族研究的文献综述不无裨益。以"京族文化研究"为关键词在中国知网进行搜索，共显示有315单位（篇/份）相关研究成果，其时间节点介于1978年10月至2018年8月。其中期刊论文233篇、硕士论文49篇、博士论文6篇，其中一定程度相关性研究2篇，[③] 高相关性研究4篇[④]。报纸论文或专题报告17篇、[⑤] 辑刊4份、会议（含国际和国内）论文6篇。从时间节点看，上述研究成果肇于"文化大革命"结束后两年，即1978年10月，[⑥] 当时中国经济社会百废待兴，学术活动更是如此，京族文化研究能够在学界较早发声，既表明学界的视角的敏锐，也表明政府对中国京族人的关切。截止到2018年8月。[⑦] 时间跨度四十载，上述数据是迄今为止，囊括了中国学界对中国京族研究的公开成果，因而是一个相对完整的统计基数。

① 黄安辉：《中国京族研究综述》，《广西民族研究》，2010年第6期。
② 王书明：《海洋族群的经济基础、文化特性与社会变迁——国内京族社会与文化研究进展》，《中国海洋大学学报（社会科学版）》，2016年第3期。
③ 黄玲：《中越跨境民族文学比较研究——以民间叙事文学为例》，陕西师范大学，2011年；黄爱莲：《北部湾区域旅游合作创新研究》，中央民族大学，2010年。
④ 阮青生：《跨界民族视角下的广西东兴市江平镇京族发展变迁研究》，云南大学，2017年；黄安辉：《中国京族哈节研究》，中央民族大学，2008年；赵卓煜：《京族文化、政治认同变迁研究》，陕西师范大学，2017年；龙滢：《民族文化传承中的京族教育特色研究——以澫尾村京族学校为个案》，中央民族大学，2012年。
⑤ 含《人民日报》《广西日报》《中国民族报》《中国文化报》《中国旅游报》《中国县域经济报》《钦州日报》等。
⑥ 《昔日"瞎子岛"今日文化村——京族三岛扫除文盲的调查》，《广西民族大学学报（哲学社会科学版）》，1978年第10期。
⑦ 黄兰：《刍议京族医药文化保护与传承》，《遗产与保护研究》，2018年第8期。

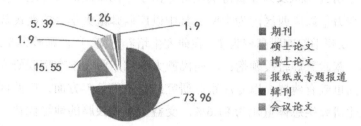

图 1 中国京族研究成果比例构成图

就公开发表论文看。在公开发表的 233 篇论文中，普通刊物论文占论文总数的 76.83%。在期刊论文中，（北大）中文核心论文 54 篇，占公开发表期刊论文总数之比为 23.17%，这一比例是比较高的，说明研究人员是下了功夫的，因而论文质有保证。其中约 44 篇核心论文主要发表在下述十余类期刊杂志——《广西民族研究》9 篇、《广西师范大学学报》（哲学社会科学版）7 篇、《广西民族大学学报》（哲学社会科学版）6 篇、《广西社会科学》4 篇、《民族文学研究》4 篇、《学术论坛》3 篇、《民族教育研究》3 篇、《民族艺术》3 篇、《西南民族大学学报》（哲学社会科学版）2 篇、《中央民族大学学报》（哲学社会科学版）2 篇、《中南民族大学学报》（哲学社会科学版）1 篇等相对分散均衡，占核心论文总数的 80%，表明核心论文杂志相对多元，在核心期刊论文区域结构中，广西地方核心杂志公开发表核心论文约占核心总数的 50%。普通刊物共计 98 种，其中绝大部分为广西区外期刊杂志，凡 76 种，占比 77.5%。广西区内刊物 22 种，占比 22.5%。上述情况说明京族前沿研究成果发布从立足于广西本土，迅速向全国辐射，京族研究至少在学界具有了某种程度的全国影响力。从硕士论文的构成看，广西民族大学 16 人（含越南籍 1 名）、广西师范大学 10 名、广西大学 10 名、广西艺术学院 3 名、广西师范学院 1 名、中央民族大学 2 名，中南民族大学、西北民族大学、中南大学、哲江大学（越南籍）、南京林业大学、云南大学、广东技术师范大学各 1 名。

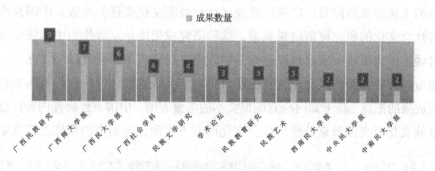

图 2 京族研究核心论文成果发表期刊分布图

关于研究团队及人才资源的培养。由于中国京族的特殊地缘位置，故当前的研究力量以广西区内为中坚，其中以广西师范大学、广西民族大学、广西大学、钦州学院四所高校为主。在研究生培养方面，广西师范大学以廖国一、颜小华、蓝武芳等教授领衔；广西民族大学和广西大学在京族研究的研究生培养方面也颇有建树。以专注京族研究的硕士生培养方面，广西区内高校占京族文化研究生总体量比为81.6%。受益于得天独厚的地缘优势，钦州学院京族研究异军突起，比如黄家庆、张秋萍、吴小玲、陈锋、何良俊、任才茂等老师也培养了浓厚的兴趣并有了较多成果。但在高端人才的培养方面，即专注于京族研究的博士培养方面仍全部为区外高校，包括云南大学、中央民族大学和陕西师范大学，广西区内高校存在着巨大短板，区内高校急需要填补这一空白。从研究人员的地域结构看，一个显著的特点是具有典型的地域性，即以生于斯、长于斯的广西本土学者为绝对中坚力量。但由于京族的跨界特征，因而京族研究人员也超出国界而具有跨界性，从统计数据来看，共有3名越南留华学生选择中国京族研究为研究方向。

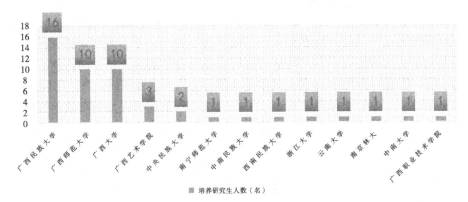

■ 培养研究生人数（名）

图3 京族研究专业硕士高校分布图

从1978年国内学者关注中国京族文字扫除文盲开始，[1] 到周建新、吕俊彪的《从边缘到前沿：广西京族地区社会经济文化变迁》出版，中国京族经济社会文化的研究可谓硕果累累，这种研究成果既是京族作为中国较少民族对融入中华民族大家庭过程和结果的肯定，对京族革新开放以来在社会主义建设过程中，经济社会文化发展所取得的巨大成就的认同，也是京族文化研究成果的汇总。基于知网研究成果文本的考察表明，中国京族研究内容广泛，京族文化研究涉及京族经济社会文化的方方面面，包括中国京族语言文字，

---

① 《昔日"瞎子岛" 今日文化村——京族三岛扫除文盲的调查》，《广西民族大学学报（哲学社会科学版）》，1978年第10期。

比如京族语言的变化及其使用①、京族喃字等。传统民间艺术如京族民歌、京族舞蹈、京族独弦琴；非物质文化遗产"哈节"中敬酒舞、祭舞、丧礼、京族竹竿舞，及传承京族艺术中美学研究、传统体育等。传统习俗和文化如生活与节庆习俗、婚嫁习俗、宗教文化、传统服饰和饮食文化、民族医药②、京族传统建筑追述（京族家屋与村落的空间建构）③。海洋文化特色、民族习惯法，以及关于京族经济社会发展现状与对策研究、海洋特色城区建设、京族非物质文化遗产文化传承与创新、教育发展模式建议等林林总总，不一而足。改革开放政策、民族照顾政策、三岛人民及京族文化研究多种合力使京族三岛总体经济社会发展水平高于广西其他少数民族，仅次于主体民族汉族。在地方政府和京族文化研究者的共同努力下，海洋和民族特色旅游快速发展，建成了江平京族特色文化名镇，现代规模渔业已经基本成形。紧跟全国人民步伐，京族三岛人民正朝着社会主义的康庄大道阔步前进。

二、从京族经济社会文化研究看京族及京族研究的特点

从研究团队和研究成果发表的载体看，中国京族文化具有显著的民族性、海洋性和地区性特征。从研究团队的构成看京族文化的区域性和非普及性。

从民族的起源和区域特征看，京族文化具有跨区域性，因而也具有了国际上的文化意义。因而研究中越京族文化的共性和各自的特性，找出新时代文化的趋同性，有利于边境民族之间的文化互动合作、经贸交流、互信建构。从而经过一定的时间，我们认为，有利于塑造中（国）越（南）命运共同体，充分印证了习近平总书记的命运共同体是具有理论依据、历史基础和现实的可行性的。

从研究成果和研究人才队伍的储备来看，其一是中国京族研究已经建立了较为充足的人才储备，人才队伍具有梯次性、层次性，即有本科生（如民族学类）、硕士生和博士生专门研究京族文化专题。

从京族研究的政策条件来看，京族研究学者迎来了重要的机遇期。加强中国京族文化研究有利于中国民族大团结、少数民族权益保障、民族照顾和各民族一律平等，共同致富的社会主义民族理论的丰富、完善及实证，因此

---

① 周庆生：《从经济社会发展看京语使用变化》，《中国社会语言学》，2014 年第 7 期。
② 刘远文：《京族医药的民族风》，《中国农村卫生》，2015 年第 6 期。
③ 黄玲：《沼边之地与边疆家园：京族家屋与村落的空间建构——跨境民族文化遗产研究之二》，《百色学院学报》，2017 年第 5 期第 53~58 页。

从理论和战略上，继续加强京族研究是中国尤其是广西本土京族文化学者的神圣使命。同时，国内尤其是广西高校及市、县社科机构对京族研究课题政策重视和给予了一定的财政支持，以及随着对少数民族传文化的重视，中国京族文化研讨会逐步机制化，建立了年会制度，虽然这种年会制度还有待进一步完善。或许这将为京族经济社会文化研究成果的井喷迎来重要的机遇期。

三、关于中国京族经济社会文化研究的关切

（一）中国京族文化民族特性承袭与融入汉族主流文化的问题。

随着经济社会的发展，外部联系的加强，年轻一代的京族向上流动的自主意愿增强，即越来越融入主流经济与文化，比如从京族三岛（原住地）到防城港市（地市）再到（首府）南宁或更发达的城市，这样就提出了这样一个问题，即京族文化的传统性的保持、传承乃至发扬光大，与现代主流文化的碰撞和适应性问题。即如何使非主流的尤其是较少数民族的与主流的文化存在着碰撞和交融，最后达到互适性。

（二）京族研究知识谱系构建与完善的问题。

从研究现状来看，京族研究学者宣称中国或者说广西的京族研究已经从边缘领域达到学术前沿。① 毋庸置疑，京族研究学人对广西京族研究的不懈努力和贡献，但不可否认的事实是知识体系远未成形，也并未真正成为我国民族研究和社会学研究的一门显学，如壮族研究之成为壮学、瑶族研究之成为瑶学等，能否或如何使京族研究成为京学？这取决于其知识谱系的构建和完善与否。表面上看，京族研究已经从北部湾区域延伸到广西全区域，已从边缘或冷门研究走向区域文化研究的前台，而且建立了自己的前沿学术阵地。从研究成果看，350 余份研究成果中，有 50 余篇核心论文成果，有专著。在京族研究影响力的宣传与推介方面也煞费苦心，有地方媒体从地市级《钦州日报》到省级《广西日报》《中国民族报》，甚至《人民日报》等载体。但迄今京族研究的边缘性和冷门研究的性质并未发生根本性改变，不得不承认，京族研究并非一门热门科学，也并不时髦，因此研究人员要有坐冷板凳的精神，要捺得住寂寞，坚守自己的阵地，为京族研究继续做贡献，构建甚至完善中国京族研究的知识谱系。知识谱系的构建起点是三岛京族，目标是塑造从县域到市域，再拓展到省域乃至整个华南区域，并到有全国影响力的京族认知观和京族研究的话语体系。在人才体系—学术成果—成果载体外，媒体宣传

---

① 李志荣、周建新、吕俊彪：《从边缘到前沿：广西京族地区社会经济文化变迁》，《广西民族大学学报（哲学社会科学版）》，2008 年第 1 期。

推介必不可少，地方政府和公民社会给予课题赞助，必须要具有可持续性。

（三）民族文化或传统文化或非物质文化遗产、生态环境保护与经济社会发展、群众致富之间的矛盾与平衡。

即京族经济社会文化的和谐问题。一方面是如何实现产业化的问题，这里包括纯粹文化研究的规模化，即研究团队如人才辈出，新的研究成果的大量涌现。另一方面是当前经济社会如何实现发展的转型问题，京族三岛经济相对落后，当然不能够一味地陶醉于本乡本土的丰收嘉年华——"哈节"或传统文化，文化研究在当今尤其不能脱俗，它要解决民众传统文化的护持和经济可持续增长及民众福利增长的问题，具体到三岛京族，就是要发展文化旅游产业、海洋旅游业等特色旅游并使之规模化和产业化，形成规模经济效应，这种文化的海洋性特征与当前国家向海经济高度耦合，务必把握这一千载难逢的机遇期，实现民族经济的跨越式发展。文化研究者要因应这场重要的社会和经济转型，依据旧有京族文化，改变叙事模式，重构新的京族文化表现模式，要推动媒体—学者—政府—到原住民之间四位一体的旅游开发模式，打造可持续的文化绿色旅游综合体，塑造新的京族文化话语表现范式，是为推动京族经济社会和更好更快地发展，反之也会助推京族传统文化的传承与保护，二者相辅相成。

（四）学界如何推动京族研究的可持续性问题。

即如何培育新的京族文化研究的着力点和突破口，适应主流文化与传统京族文化共存、互适、融合共同发展的问题。功力深厚的学者从故纸堆里或田野调查中找出新的发现，已然不易。年轻学子的硕士论文稿件能够通过系统查重，获得学位证书，固然令人欣喜。但不可不提及的是，在以京族文化为志趣的研究生培养方面，为了学位论文和研究方向选择困难，迫不得已进行花样翻新而了无新意的研究取向并最终导致平庸化问题，或在学科发展中存在的同一研究内容或方向反复炒作，论文资料循环论证或滚木头式引用的问题，是显然既不利于京族文化研究的发展的。这也从另一个侧面说明了京族经济社会或文化研究的固有瓶颈和短板问题。如何创建新的研究范式，在传承和弘扬京族三岛传统文化的基础上，推陈出新，加快京族研究从边缘走上前台，甚至成为文化学者热衷研究的问题值得思考。当然，京族研究的可持续性问题，其发力的关键还在于广西自身资源。

18.40%　　　　　　　　　　　　　　81.60%

■ 广西区内高校 ■ 广西区外高校

图4　研究生培养区内外高校比例构成图

（五）恪守京族研究中的议题选择的开放性与政治正确和安全防范平衡问题。

即关于具有跨境特性的京族文化研究课题的开放性与国家利益的排他性之间的平衡问题。随着对外开放的进一步深化、中越全面战略伙伴关系的建立、中国边境开发和开放战略及中国"一带一路"倡议的稳步推进，超越传统京族研究局囿，其跨境民族京族的研究作为一个时尚的议题，包括中越京族文化、习俗的趋同性和趋异性研究问题，这对于边境跨境相同民族，甚至不同民族间民心相通和文化交融问题具有不可或缺的作用。但不得不提及的是，在处理这个议题时一定要注意处理好国家认同和民族认同孰轻孰重、孰主孰从之间的大是大非问题，即承认民族身份上的"我者"，但更不能去"他者"意识，也即中国京族与越南京族是两个不同的国家身份下的民族。作为跨境民族，从民族起源上，中国京族作为从越南涂上五百年前迁徙而来，在血统、语言、文化、艺术和生活习惯上，京族三岛居民与越北京族有着千丝万缕的联系，不可否认，二者具有共有民族身份认同。而且在当前中越全面战略伙伴关系进一步深化、"亲、诚、惠、容"睦邻外交政策进一步实施、中国"一带一路"倡议南向通道建设和进一步深入的时代背景下，民族认同具有重要的意义。这要求中国与"一带一路"沿线国家与民族之间实现交通联通、资金融通、经贸互通、心灵相通。以中越为例，在反殖民主义时期，同命运、共呼吸，有了命运共同体的先例。当前中国京族可是中越民族之间联系与交流的纽带与桥梁，因而推动中国京族与越族之间的经贸、文化和体育等密切交流，有利于深化两国之间命运共同体意识的孕育。同时也要注意培育国家主义意识、捍卫国家利益和民族利益。正是因为中国京族与越南京族有相同的民族身份，及其地理位置的特殊性，对京族居民爱国主义教育，国家利益、国家安全观的教育，防范国家安全事故的教育等显得尤为重要，绝不能将民族经济研究、民族文化研究与地缘政治问题完全撕裂。

（作者是北部湾大学北部湾海洋文化研究中心研究员、博士）